关税纪事与评论

（2019—2020）

李九领　主　编
钟昌元　副主编

上海财经大学出版社

图书在版编目(CIP)数据

关税纪事与评论.2019—2020 / 李九领主编.—上海：上海财经大学出版社,2022.7

ISBN 978-7-5642-3988-6/F·3988

Ⅰ.①关… Ⅱ.①李… Ⅲ.①关税制度-研究报告-中国-2019-2020 Ⅳ.①F752.53

中国版本图书馆CIP数据核字(2022)第100879号

责任编辑：江　玉
封面设计：张克瑶

关税纪事与评论(2019—2020)

著　作　者：	李九领　主编　　钟昌元　副主编
出版发行：	上海财经大学出版社有限公司
地　　　址：	上海市中山北一路369号(邮编 200083)
网　　　址：	http://www.sufep.com
经　　　销：	全国新华书店
印刷装订：	江苏凤凰数码印务有限公司
开　　　本：	787mm×1092mm　1/16
印　　　张：	17.25(插页：2)
字　　　数：	337千字
版　　　次：	2022年7月第1版
印　　　次：	2022年7月第1次印刷
定　　　价：	78.00元

关税纪事与评论

(2019—2020)

编委会

主　编

李九领

副主编

钟昌元

主要成员（按姓氏笔画排序）

匡增杰　李　宇　张　磊
金宏彬　查贵勇　赵永辉
高　军　崔志坤

序　言

　　2019年以来,世界经济继续在动荡中深度调整,主要经济体增速放缓,国际贸易和投资需求低迷,经济区域化和集团化加速发展,国际贸易保护主义抬头,逆全球化趋势进一步加剧。在2019年底,新冠肺炎疫情爆发更进一步重创全球经济和贸易秩序,造成全球产业链和供应链断裂,致使世界经济和全球贸易陷入严重萎缩。2009—2019年,全球经济和货物贸易年均增长率分别为2.6%和2.2%,其中经济增速明显低于1960—2019年年均3.5%的长期增长率。而保护主义和孤立主义又往往与世界经济衰退相伴而生。以英国脱欧为标志,逆全球化潮流兴起。特朗普就任美国总统后推行"美国优先"政策,并大举退出国际多边组织,受其影响,德国、法国、意大利和巴西等国均不同程度转向保守,经济全球化遭受重大挫折。

　　与之对应,亚太区域很多国家选择加强区域合作,通过深化全球化、继续坚持自由贸易和多边主义来应对危机。据世界贸易组织统计,目前在全球范围内,涉及亚洲经济体的自由贸易协定(FTA)数量占全部自由贸易协定数量的一半以上,截至2020年7月,亚洲区域内处于生效中的自由贸易协定有52个,亚洲经济体与域外经济体签署并生效的自由贸易协定多达106个。在区域合作方面,继2018年《全面与进步跨太平洋伙伴关系协定》(CPTPP)正式生效之后,2020年底,由东盟十国发起的全球最大的自由贸易协定《区域全面经济伙伴关系协定》(RCEP)正式签署,协定区域内90%以上的货物贸易将实现零关税,大多数立刻实现零关税或在10年内实现零关税。《区域全面经济伙伴关系协定》与世界贸易组织规则有效衔接,是对多边贸易体制的有益补充,将有利于促进经济全球化和贸易自由化。

　　中国致力于加强与各国经贸合作,实现互利共赢。中国政府坚定维护多边贸易体制,积极参与世界贸易组织改革。同时,积极推动共建"一带一路"高质量发展,构建面向全球的高标准自由贸易区网络。坚持共商共建共享,遵循市场原则和国际通行规则,发挥企业主体作用,开展互惠互利合作。推动签署《区域全面经济伙伴关系协定》《中欧全面投资协定》,推进中日韩等自由贸易谈判进程。在相互尊重的基础上,共同落实中美第一阶段经贸协议,推动中美平等互利经贸关系向前发展。积极考虑加入《全面与进步跨太平洋伙伴关系协定》(CPTPP)。

2019年是中国"十三五"规划的关键之年,2020年是"十三五"规划的收官之年。面对新冠肺炎疫情突发、世界经济深度衰退等多重冲击,在以习近平同志为核心的党中央坚强领导下,全国各族人民努力拼搏,全面完成"十三五"规划提出的各项目标任务,脱贫攻坚取得决定性胜利,疫情防控取得重大战略成果,在全球主要经济体中唯一实现经济正增长。2020年国内生产总值首次突破100万亿元,比上年增长2.3%。同时,对外开放持续扩大,共建"一带一路"成果丰硕。由于中国疫情防控得力,率先控制新冠肺炎疫情蔓延,良好的国内经济及社会环境使2020年我国利用外资逆势增长,成为全球最大外资流入国。2020年全国实际利用外资总额9 999.8亿元,增长6.2%,成为全球最大外资流入国,实现引资总量、增长幅度、全球占比"三提升"。面对当今世界百年未有之大变局,党的十九届五中全会通过的《中共中央关于制定国民经济和社会发展第十四个五年规划和二〇三五年远景目标的建议》提出"加快构建以国内大循环为主体、国内国际双循环相互促进的新发展格局",这既是应对错综复杂的国际环境变化的战略举措,也是有力推动我国开放型经济向更高层次发展的重大战略部署。

关税是财政和贸易政策中统筹国内国际经贸的集合点,是传统的财政和贸易政策工具,是加快形成国内国际双循环新发展格局的重要杠杆。在当前全球贸易发展低迷、贸易保护主义抬头、新冠肺炎疫情影响严重、国际经济合作和竞争局面发生深刻变化的复杂环境中,关税依然发挥着其调节进出口贸易、保护国内产业、维护国家利益和安全等重要作用。首先,我国实施灵活精准的关税政策,有效应对美国贸易战。特朗普政府上台后,以美国贸易逆差和中美贸易不平衡为由,挑起了新一轮中美贸易摩擦。继2018年分两次、三阶段对中国输美产品加征10%~25%不等的关税之后,2019年5月9日美国政府宣布,自5月10日起对从中国进口的2 000亿美元清单商品加征关税税率由10%提高到25%。为反制美方单边主义、贸易保护主义的霸凌行径,中国也相应采取加征关税措施,国务院关税税则委员会决定自2019年6月1日0时起,对已实施加征关税的600亿美元清单美国商品中的部分提高加征关税税率,分别实施25%、20%或10%加征关税。2019年8月23日,中国对美实施第三轮关税反制。关税税则委员会于2020年2月21日、5月12日、9月14日、12月25日,分别公布了第二批对美加征关税商品第一次排除清单、第二批对美加征关税商品第二次排除清单、对美加征关税商品第一次排除延期清单、对美加征关税商品第二次排除延期清单,对清单附件所列商品在规定期限内,不再加征为反制美 301 措施所加征的关税,对已加征的关税税款予以退还。这些关税政策既有效反制了美国加征关税挑起的贸易摩擦,也保护了国内相关产业的发展。其次,大幅调减关税税率,促进更高水平的开放。自 2019 年 1 月 1 日起,我国对 850 余项商品实施低于最惠国税率的进口暂定税率。为推动"一带一路"高质量发展,根据与有关国家(地区)签订的自由贸易协定或优惠贸易安排,2019—2020 年我国继续对原产于 23 个国家或地区的部分商品实施协定税率。同时,实施关税减让,助推区域一体化合作。2020 年 11 月 15 日,我国与东盟十国、澳大利亚、新西兰、韩国、日本共同签署《区域全面经济伙伴关系协定》(RCEP),这既是东亚地区经济一体化的重要里程碑,也是维护全球贸易自由化的重要机制,是全球经济治理新格局的一个良好开端,同时也为中国破解欧美发达经济体的经贸"围堵"、迈向更高水平的改革开放提供了契机。

精准、科学的关税政策不仅能有效应对贸易战,而且在推动构建国内国际双循环新发展格局和建设更高水平的开放型经济体制中也能发挥重要的积极作用。展望"十四五",关税政策将在统筹推进国际市场布局、国内区域布局、商品结构、经营主体、贸易方式"五个优化"方面发挥更加积极的作用,进而助力建设现代化经济体系,全方位推进高质量发展。

为反映我国关税政策的变化和海关征税制度改革的进展情况,同时对世界各国关税政策的演变调整作系统研究,以更好地利用关税手段为国家服务,上海海关学院海关税收研究中心于 2010 年启动"关税纪事与评论"项目,通过持续收集、整理、分析国内外关税制度、政策及相关资料,每两年出版一辑国内外关税资讯和评述,作为各方了解和研究各国关税制度的基础性资料,为我国关税制度和政策的制定提供参考,至今已先后编辑出版五辑《关税纪事与评论》(以 2009—2018 年的资料,每两年出版一辑)。

本书是《关税纪事与评论》第六辑,主要以 2019—2020 年中外关税制度方面的变化为对象,分十个模块整理资料并加以评述。主要包括:国内外经贸形势与政策分析、中国海关法律规范及关税政策的变化、境外关税政策的变化、中美贸易争端中的关税政策、进口环节代征税和出口退税政策的变化、商品归类与原产地规则的变化、关税谈判与自由贸易区发展、国际贸易摩擦与贸易救济、世界贸易组织争端、经济全球化与关税政策展望等内容。本辑增加了一首一尾两个模块内容,即国内外经贸形势与政策分析、经济全球化与关税政策展望,使本书分析国内外关税政策的站位更高,逻辑更完整,内容更丰富,也更有参考价值。本书五个附表分别列出我国海关税收收入、中美贸易摩擦中的关税政策变化、原产地规则主要法律文件、我国已经签订和正在谈判的自由贸易协定情况等内容,供读者参考。

上海海关学院海关与公共经济学院院长、海关税收研究中心执行主任李九领教授负责该书的整体策划,研究确定本书的撰写思路、篇章结构和主要内容、研究团队、审稿和出版等事宜。钟昌元副教授具体负责组织实施并承担统稿工作。各章资料的收集整理和评述写作的分工情况如下(按照本书的章节顺序):崔志坤教授(第一章)、钟昌元副教授(第二章和附表一至附表五)、拱北海关专家李宇(第三章和第四章)、张磊博士(第五章)、金宏彬博士(第六章)、匡增杰副教授(第七章)、查贵勇副教授(第八章)、高军博士(第九章)、赵永辉副教授(第十章)。上海海关学院税务专业硕士研究生程培怡、梁欣欣和部分本科生参与了本书部分原始资料的收集和初步的整理工作,钟昌元副教授对各章资料进行了筛选、梳理与整合。

本书原始资料主要来源于中国中央政府、海关总署、商务部、财政部、国家税务总局、中国自由贸易区网、中国贸易救济信息网等官方网站。由于收集资料的困难以及项目组成员的水平所限,本书可能存在一些遗漏和不足,恳请读者批评指正。

《关税纪事与评论》编委会
2021 年 5 月

目 录

第一章 国内外经贸形势与政策分析 (1)
第一节 国际经贸形势及政策演变 (1)
第二节 国内经贸形势及政策创新 (11)

第二章 中国海关法律规范及关税政策的变化 (21)
第一节 2019—2020年中国海关法律法规规章变化 (21)
第二节 2019—2020年中国关税政策变化 (28)
第三节 中国海关法律规范及关税政策变化评述 (56)

第三章 境外关税政策变化 (66)
第一节 2019—2020年境外进口关税政策变化 (66)
第二节 2019—2020年境外出口关税政策变化 (80)
第三节 境外关税政策变化评述 (83)

第四章 中美贸易争端中的关税政策 (87)
第一节 2019—2020年中美贸易争端下美国的关税政策 (88)
第二节 2019—2020年中美贸易争端下中国的关税政策 (90)
第三节 中美贸易争端中的关税政策评述 (97)

第五章 进口环节代征税和出口退税政策的变化 (101)
第一节 2019—2020年进口环节代征税政策的变化 (101)
第二节 2019—2020年出口退税政策的变化 (110)
第三节 进口环节代征税与出口退税政策变化评述 (111)

第六章 商品归类及原产地规则的变化 (116)
第一节 2019—2020 年商品归类的变化 (116)
第二节 2019—2020 年原产地规则的变化 (118)
第三节 商品归类与原产地规则变化评述 (121)

第七章 关税谈判与自由贸易区发展 (127)
第一节 2019—2020 年全球主要自由贸易区谈判发展动态 (127)
第二节 2019—2020 年中国自由贸易区发展情况 (135)
第三节 关税谈判与自由贸易区发展评述 (140)

第八章 国际贸易摩擦与贸易救济调查 (146)
第一节 2019—2020 年境外对中国出口产品贸易摩擦情况 (146)
第二节 2019—2020 年中国对进口产品贸易救济情况 (174)
第三节 国际贸易摩擦与贸易救济评述 (194)

第九章 世界贸易组织争端 (221)
第一节 2019—2020 年中国参与世界贸易组织争端概况 (221)
第二节 中国参与世界贸易组织争端情况评述 (226)

第十章 经济全球化与关税政策展望 (235)

附表一 中国海关税收收入情况一览(1980—2020) (250)
附表二 中美贸易摩擦中的关税政策变化一览(2018—2020) (252)
附表三 中国原产地规则主要法律文件一览(截至 2020 年 12 月) (258)
附表四 中国已经签订的自由贸易协定情况一览(截至 2020 年 12 月) (262)
附表五 中国正在谈判的自由贸易协定情况一览(截至 2020 年 12 月) (265)

第一章

国内外经贸形势与政策分析

改革开放40余年来,中国在经济社会发展等各领域取得了举世瞩目的成就,特别是在受新冠肺炎疫情影响的2020年,国内生产总值首次突破100万亿元,稳居世界第二位,实属不易。2017年中国共产党第十九次全国代表大会召开以后,建设现代经济体系、推动形成全面开放格局成为共识,作为中国经济社会发展的新目标。2017年1月美国总统特朗普上台后,奉行"美国优先"(America First)的发展理念,先后退出跨太平洋伙伴关系协定、联合国教科文组织、巴黎气候协定等国际组织,同时悍然发动对华贸易战,给国际经济开放格局带来阴霾,也给中国经济发展形成不小的障碍。2019年12月,中方宣布中美达成第一阶段经贸协议,中美贸易战告一段落。但令人意想不到的是,从2020年1月开始,新冠肺炎疫情在全球爆发,各国经济进入"封闭"状态,中国的经济发展战略不得不作出重大调整。本章回顾2019—2020年国内外的经贸形势与政策,并给予适当分析与评论,希望对我国未来的经济社会发展及相关政策的制定和完善提供相应的智力支持。

第一节 国际经贸形势及政策演变

美国总统特朗普上任后所采取的一系列政策影响了近年来全球经贸的发展,对全球主要经济体如欧盟、日本、中国等产生了重要影响,尤其是对中国采取了遏制战略。美国通过各种可能的手段发动贸易战,采取不合理措施遏制中国高新科技和相关产业的发展。美国一味奉行单边主义发展战略,给全球经济发展带来不小的挑战。

一、美国奉行单边主义,特朗普"四年退群路"

美国总统特朗普上台后奉行"美国优先"的发展战略,在单边主义的道路上越走越远,其采取的措施促使单边主义加强、贸易保护主义抬头,大国之间博弈加剧,发展与安全问题突出,国家间矛盾不断激化。下面来梳理一下特朗普上任后退出了"哪些群"[①]。

2017年1月23日,特朗普上任的第三天,美国退出跨太平洋伙伴关系协定。跨太平洋伙伴关系协定旨在帮助成员国内部实现贸易自由化、零关税等众多互惠政策。特朗普认为该协定在一定程度上剥夺了美国的劳动就业机会,致使本土企业竞争恶化。

2017年6月2日,美国退出巴黎气候协定。巴黎气候协定于2015年12月12日在巴黎气候变化大会上通过,并于2016年4月22日在纽约签署,旨在应对2020年后全球气候变化,目标是控制温室气体排放量,抑制气温的不断上升。特朗普坚持认为巴黎气候协定是以伤害美国利益、牺牲美国的就业为代价而签署的,美国的财富将被大规模地重新分配,这对美国而言损失过大,因而希望寻求更好的协议。最终达成的结果是美国遵循联合国规定程序,在2020年11月退出巴黎气候协定。

2017年10月13日,美国退出联合国教科文组织。由于难以偿付长期拖欠的5亿美元会费,美国国务院正式宣布退出联合国教科文组织,这一决定在2018年12月31日正式生效。

2017年12月2日,美国退出全球性难民和移民协议。美国驻联合国代表机构表示:这份协议中包含的诸多规定与美国政府现行的移民和难民政策及特朗普总统的移民原则不相符,因此,特朗普决定美国将不再参与全球性难民和移民协议的制定工作。

2018年5月8日,美国退出伊核协议。在伊核协议中,伊朗以放弃核武器、全面开放为代价,换得了经济松绑。美国退出伊核协议后,重新开始全面执行对伊朗的经济制裁。

2018年6月20日,美国退出联合国人权理事会。美国以该组织对以色列带有偏见为由退出。而美国退出后,却经常对他国人权问题指指点点。

2018年10月17日,美国宣布启动退出万国邮政联盟。白宫新闻处表示,万国邮政联盟的现行费率制度让中国和其他发展中国家受益,对美国不公平。白宫方面威胁称,如果之后的一年时间内无法将万国邮政联盟的现有协议修改成有利于美国的内容,美国将会退出该组织。

2018年10月3日,美国退出维也纳外交关系公约。美国国家安全事务助理博尔顿表示,特朗普总统已决定美国退出涉及国际法院管辖问题的维也纳外交关系公约,

---

① 退群大师——特朗普目前退出多少群?[EB/OL]https://www.bilibili.com/read/cv6891619/.

特朗普的决定与巴勒斯坦因美国搬迁驻以色列大使馆的仪式将美国告上国际法院相关。

2019年8月2日,美国退出中导条约。2018年10月20日,美国宣布6个月后将退出冷战时期与俄罗斯签署的中导条约,指责莫斯科多年来违反了条约规定。该条约于1987年签署,条约规定禁止两国部署所有射程在500~5 500公里的陆基巡航导弹和弹道导弹。

2020年7月6日,美国宣布退出世界卫生组织。美国政府于当日通知联合国秘书长将退出世界卫生组织,并告知这一决定将于2021年7月6日正式生效。美国指责世界卫生组织未能及时做出有利决定,这与美国作为最高会费国不相符。但是美国退出该组织时,仍拖欠2亿美元会费。

如上所述,特朗普政府接连退出一系列国际组织和多边条约,甚至在2020年新冠肺炎疫情肆虐全球之时,宣布退出世界卫生组织。"退群"是特朗普在用自己的方式,努力兑现其所谓"美国优先"的诺言。从现实来看,美国"退群"之举贪图眼前小利、牺牲长远利益,透支美国的国家信誉,削弱盟国间信任,损害美国同其他国家的双边、多边关系,归根结底是在破坏美国亲手参与建立的国际体系和秩序。这些或已说明:"退群"没有实现所谓"美国优先",反而持续损害了美国的全球领导力。美国奉行的单边主义策略破坏了经济全球化的快速发展,违背了大多数国家的意愿,损害了相关国家的利益。从长远来看,单边主义在经济上和安全上都是难以为继的。当前及今后,经济全球化的趋势不可逆转,市场利益相互依存,安全利益同样相互依存。

二、"无上限"的量化宽松政策副作用不容忽视

欧洲央行2019年9月通过"降息加买债"祭出新一轮超宽松货币政策,试图挽救陷入僵局的经济,并及时抑制通胀预期下滑的危机。2019年9月12日,欧洲央行宣布下调存款利率10个基点至-0.5%,这是欧洲央行自2016年3月以来的首次降息。欧洲央行同时宣布,重启量化宽松政策(QE),即自2019年11月1日起,以每月200亿欧元的速度购买债券。欧洲央行"开闸放水",目的是要为不景气的欧元区经济注入"强心剂"。全球货币政策联动,市场普遍认为,美联储大概率也会跟随降息,这就给各国提供了货币政策"喘息"的空间。除美联储外,英国、日本、瑞士、挪威、土耳其、印度尼西亚等国的央行相继公布利率决定。据不完全统计,2019年全球有近40多个国家央行实行降息,全球货币政策重启宽松周期。欧洲央行降息和重启量化宽松消息公布后,欧洲主要股指普遍上涨。

2020年,面对经济衰退风险与金融市场剧烈震荡,美联储出其不意祭出了"零利

率＋量化宽松"的政策组合拳。然而,这种"危机模式"般的政策反应加剧了市场投资者的焦虑。3月份全球投资市场动荡有增无减,各类资产遭遇无差别抛售,避险资产不再保险。亚洲股市全线重挫,欧洲多国股指狂跌逾10%,美股期指暴跌触发交易限制,黄金、原油纷纷跳水。在特朗普政府的纾困举措刺激下,美股在2020年3月13日报复性反弹逾9%,但被证明只是昙花一现。3月16日,华尔街无视美联储超常规降息100个基点,启动7 000亿美元量化宽松计划的"救市"努力,掀起新一轮抛售潮。

美国通过扩大基础货币供给持续实施量化宽松政策,实质上是向全球征收铸币税。这一政策在为美国扩大财政支出、维持赤字政策提供支持的同时,也导致美元持续贬值,全球初级产品价格大幅度上涨,美国外债的市场价值也因此大幅度缩水。量化宽松极有可能带来恶性通货膨胀的后果。央行向经济注入大量流动性,不会导致货币供应量大幅增加。但是,一旦经济出现恢复,货币乘数可能很快上升,已经向经济体系注入的流动性在货币乘数的作用下将直线飙升,流动性过剩在短期内就将构成大问题。需要注意的是,量化宽松政策不仅降低了银行的借贷成本,也降低了企业和个人的借贷成本。现在全球经济低迷,各国政府都在实行超低利率,其本意是希望经济迅速复苏。但结果事与愿违,那些本该进入实体经济的量化宽松货币,在有些国家却流入了股市,形成了更大的泡沫和风险,加剧了全球经济的波动。

为应对新冠肺炎疫情,全球开启史无前例的宽松浪潮。主要国家采取了总计12万亿美元的财政措施。根据国际金融协会(IIF)统计,截至2020年第三季度,全球债务规模增长了15万亿美元,创下超过272万亿美元的新纪录。国际金融协会预计,到2020年底,全球债务将达到277万亿美元,占GDP的365%,金融部门以外的债务将达到210万亿美元。[①] 债务膨胀将给全球经济复苏带来羁绊,其潜在的风险不容忽视。

三、国际贸易保护主义有所抬头,影响经济全球化进程

为了缩减美国的国际贸易逆差,特朗普政府实施了贸易保护主义政策,并不惜代价与贸易伙伴开展贸易战,国际贸易保护主义抬头,深刻影响了经济全球化进程。近年来由美国发起的中美贸易大战,更是深刻体现了"美国优先"策略,"贸易保护主义"抬头趋势明显。贸易保护主义不仅对中美贸易造成了重大影响,而且对欧盟、日本等重要经济体同样产生了较大的负面影响。表1.1按照时间顺序展现了中美贸易战的过程。从中可以看出,中国坚决反对贸易保护主义,是国际自由贸易的维护者。在中

---

① 2020年全球经济金融大事件回顾与展望[EB/OL]https://new.qq.com/rain/a/20210104A0BZFN00.

美贸易战中,中国不愿打、不怕打,必要时不得不打。中国第三轮反制行动毫无悬念地宣示:面对美国一些人单方面挑起并升级经贸摩擦,中方有能力坚决奉陪到底。

表 1.1 中美贸易摩擦进展

时　间	事　件
2017-08-18	美方宣布:美国正式对中国发起"301调查"。 中国商务部回应"301调查":坚决捍卫中方合法权益。
2018-03-23	特朗普宣布对600亿美元中国进口商品增税。
2018-03-26	美国大豆协会发表声明,反对美国政府对华贸易保护举措。
2018-04-04	美国贸易代表办公室在网站上公布了拟加征关税的中国进口商品清单。该清单包含大约1 300个独立关税项目,价值约500亿美元,涉及航空航天、信息和通信技术等行业,拟加征税率为25%。 中国迅速对美方对华产品加征关税建议清单作出了回击:中国对美国商品加征25%的关税。
2018-04-06	中国呼吁欧盟抵制美国保护主义。
2018-04-16	美拟发起新"301调查";美国商务部下令禁止美国公司向中兴通讯公司出口电信零部件产品,期限为7年。
2018-04-16	欧盟就美国钢铝关税提出磋商请求。
2018-04-17	中国商务部发布2018年第38号公告,公布对原产于美国的进口高粱反倾销调查的初步裁定。
2018-04-17	美国禁止移动运营商使用联邦补贴购买中国企业生产的任何电信设备,包括华为科技有限公司和中兴通讯公司在内。
2018-04-18	中国台湾对大陆钢铁发起反补贴调查;澳大利亚对中国轮毂发起"双反"调查;美国对中国轮毂产品发起"双反"调查。
2018-05-03	美国国家纳税人联盟向特朗普和国会发出公开信,反对美国政府贸易保护主义措施。这封公开信由超过1 100名经济学家联合签署,其中包括十几位诺贝尔经济学奖得主以及特朗普之前28年来美国总统的经济顾问。
2018-06-06	中兴通讯公司与美国签署协议。
2018-06-15	特朗普公布将对价值500亿美元的中国高科技及工业产品加征25%关税的清单。
2018-06-16	中国宣布对美国500亿美元进口商品加征关税。
2018-06-18	特朗普宣称将对2 000亿美元中国商品加征10%的关税;而且,他还威胁,如果中国继续反击,美国将对额外2 000亿美元中国商品追加额外关税。
2018-07-06	美国对第一批清单上818个类别、价值340亿美元的中国商品加征25%的进口关税。作为反击,中国也于同日对同等规模的美国产品加征25%的进口关税。
2018-07-10	因为中国对美国加税的反击,特朗普下令,开启对额外2 000亿美元中国商品加征10%关税的程序,涉及行李箱、轮胎、猫狗粮、电视机元件等广泛领域。500亿+2 000亿美元,目前美国对华关税已覆盖2 500亿美元中国商品。
2018-07-16	白宫再次对中国施压:如果美方愿意的话,可以对其他3 250亿美元的中国商品加征关税。

续表

时　间	事　件
2018-07-26	美国和欧盟达成贸易协议,美国同意不向欧洲汽车加征关税,欧盟则同意进口更多美国大豆和天然气。
2018-08-02	美国贸易代表声明称,拟将7月10日美国政府发布的对从中国进口的约2 000亿美元商品加征关税的税率由10%提高至25%。 针对美方上述措施,经国务院批准,国务院关税税则委员会决定对原产于美国的5 207个税目约600亿美元的商品,加征25%、20%、10%、5%不等的关税。
2018-08-08	美国贸易代表办公室宣布,将从8月23日起对从中国进口的约160亿美元商品加征25%的关税。作为反制,中方决定对160亿美元自美进口产品加征25%的关税,并与美方同步实施。
2018-09-18	美国政府宣布实施对从中国进口的约2 000亿美元商品加征关税的措施,自2018年9月24日起加征关税税率为10%,自2019年1月1日起加征关税税率提高到25%。
2018-09-18	中国决定对原产于美国的约600亿美元进口商品加征关税。
2019-05-10	美方将对2 000亿美元中国输美商品加征的关税从10%上调至25%。
2019-05-13	中国决定对美国部分进口商品提高关税。
2019-05-15	美国将华为科技有限公司列入管制清单。
2019-05-22	美国欲制裁海康威视。
2019-06-01	中国实施对美国部分进口商品加征关税。
2019-06-13	包括美国最大超市沃尔玛在内的逾600家公司联名致信特朗普政府,认为关税将打击美国企业和消费者,要求尽快解决美中经贸争端。
2019-08-02	美国称拟对3 000亿美元中国商品加征关税。
2019-08-05	首批俄罗斯大豆入境中国。
2019-08-06	美国财政部将中国列为"汇率操纵国"。
2019-08-15	《华尔街日报》再次警告美国关税政策,由此产生的不确定性将令美国经济增长放缓甚至陷入衰退。
2019-09-12	美国推迟上调关税。
2019-12-15	中国暂不对美国部分商品加征关税。
2020-01-14	美国将中国移出"汇率操纵国"名单。
2020-01-15	中美签署第一阶段经贸协议。
2020-06-05	美国将中国24家相关机构列入出口管制实体清单。
2020-07-21	美国再制裁11家中国企业。
2020-07-29	美国威胁巴西弃用华为科技有限公司产品。
2010-09-15	世界贸易组织专家组认定美国对中国实施的301关税非法。

续表

时 间	事 件
2020-09-17	美国对腾讯投资游戏公司进行审查,禁止任何美国个人及企业与TikTok母公司字节跳动进行任何交易,禁止美国个人及企业与腾讯公司进行与微信有关的任何交易。
2020-12-03	美国政府将两家中国企业列入黑名单,包括中芯国际(SMIC)和中海油(CNOOC)。
2020-12-18	美国制裁中国77个实体,美国商务部将中芯国际列入实体清单。
2020-12-21	美国政府再对中国官员实施签证限制。

资料来源:笔者根据大事记网站(http://www.dsj365.cn/)资料整理。

实践证明,美国实施的贸易保护主义政策并没有减少美国的贸易逆差。美国商务部2021年2月5日公布的数据显示,2020年美国贸易逆差达6 787亿美元,较2019年增加17.7%,创2008年全球金融危机以来新高。数据显示,2020年美国出口额较前一年减少3 964亿美元至2.131 9万亿美元,降幅为15.7%;美国进口额较前一年减少2 945亿美元至2.810 6万亿美元,降幅为9.5%。2020年美国贸易逆差占美国国内生产总值的比重为3.2%,高于2019年的2.7%。过去4年中,特朗普政府把消除贸易逆差作为其重要施政目标之一,宣称贸易逆差阻碍了经济增长,并导致美国相对于其他国家处于劣势。但是,美国巨额贸易逆差成因复杂,与美国的政策取向、产业结构、出口管制、货币地位、储蓄率低等有密切关系。这不仅意味着特朗普政府贸易政策的彻底破产,也提醒美国新一届政府,用加征关税来解决贸易不平衡是不现实的。

四、新冠肺炎疫情重创全球经济,但复苏在望

2020年突如其来的新冠肺炎疫情令处在低迷的全球经济雪上加霜,最严重的时刻经济出现了"负增长",全球经济按下了"暂停键"。为控制疫情的进一步蔓延,各国采取旅行禁令、居家隔离、关闭工厂、封城以及封国等多种措施,致使全球经济和社会活动陷入停摆,经济大幅衰退,深层次矛盾进一步积累。自2018年以来,全球的贸易格局发生了重大变化,全球经济发展出现了下行趋势,2018年全球GDP增长速度同比下降了0.2%。到了2019年,全球经济增速依然下降,全年的GDP仅增长了2.4%,创造了近几年的新低。2020年,随着新冠肺炎疫情爆发和影响范围不断扩大,经济发展速度进一步下降。

新冠肺炎疫情加剧了全球贫富差距和社会分化,要求各国提高抗风险能力。总部位于日内瓦的世界经济论坛发布《2021年全球风险报告》指出,新冠肺炎疫情不仅夺去了数百万人的生命,还加剧了各国和地区之间的贫富差距和社会分化,拉大了长期存在的健康、经济和数字差距。报告认为：未来两年，明确的风险包括传染病、就业危机、数字不平等和网络安全等；未来3~5年，受新冠肺炎疫情的影响，全球在经济和技术领域的风险会逐渐显现，包括资产泡沫破裂、通信设备基础设施崩溃、价格波动和债务危机等；未来5~10年，从风险发生的概率和影响来看，环境风险仍居首位，但地缘政治紧张局势也可能进一步加剧。

世界经济论坛强调，随着各国政府、企业和国际社会逐渐摆脱疫情危机，全球必须立即行动和加强合作，完善经济和社会制度，以提高集体抗风险能力，推动建设更公平的社会体系并保护地球。疫情反复冲击全球市场预期，制造业为经济增长注入动能。根据 HIS Markit 的数据，2020年12月全球采购经理人指数为52.7，出现连续两个月下降。从数据来看，短期内经济低迷局面不会结束，综合采购经理人指数下降主要受服务业采购经理人指数表现不佳的拖累，疫情相关封锁措施对服务贸易构成直接冲击，2020年12月全球服务业采购经理人指数降至51.8，为5个月来最低值。与此同时，聚焦到主要经济体的制造业采购经理人指数来看，美国制造业采购经理人指数实现两年来最大增长，中国制造业采购经理人指数连续增长10个月，韩国制造业项目管理协会连续扩张3个月，东盟制造业项目管理协会保持2个月扩张，表明全球经济在一定程度上有所复苏。[①]

五、《区域全面经济伙伴关系协定》(RCEP)签署，将重构全球贸易体系

随着世界经济增长持续低迷，去全球化、单边主义和贸易保护主义现象越来越明显，一些发达国家通过推行各种贸易限制措施以强化本地市场保护。亚洲地区身处贸易保护主义的核心地带，频繁受到来自发达国家的贸易调查与限制。特别是美国特朗普政府的贸易保护主义政策打乱了亚洲生产网络和全球价值链的正常秩序与发展，对亚洲地区的经济繁荣构成了严重威胁。美国利用高关税挑起贸易摩擦的做法对包括其自身在内的众多国家的国际贸易形成了强烈冲击，这种不良情绪拖累了亚洲经济体的经济增长，其形成的不确定性深深影响着跨国企业的投资活动，进而破坏亚洲区域稳定的价值链网络。在这一背景下，RCEP 经过成员方多年艰辛谈判与协商修成正果。

2020年11月15日，15国领导人共同见证了 RCEP 的签署，作为世界上参与人口最多、成员结构最多元、发展潜力最大的自由贸易区，这不仅仅是东亚区域合作极具标志性意义的成果，更是多边主义和自由贸易的胜利，必将为促进地区的发展繁荣增添

---

① 疫情反复冲击全球市场预期，制造业为经济增长注入动能[EB/OL] https://new.qq.com/omn/20210219/20210219A01VRV00.html.

新动能,为世界经济实现恢复性增长贡献新力量。当前国际形势下,RCEP经过8年谈判得以签署,让人们在阴霾中看到光明和希望,表明多边主义和自由贸易是大道、正道,仍然代表着世界经济和人类前进的正确方向。在保护主义抬头、贸易争端接连上演的大背景下,RCEP将是维护全球贸易自由化的重要机制。

RCEP谈判在之前"10+3"合作基础之上,进一步将范围扩大到"10+5"。此前,中国已经与东盟十国组建了自由贸易区,中国-东盟自由贸易区零关税已经覆盖了双方90%以上的税目产品。2020年前三季度,中国与东盟贸易额达4818.1亿美元,同比增长5%,东盟历史性地成为中国第一大贸易伙伴,中国对东盟投资同比增长76.6%。商务部副部长兼国际贸易谈判副代表王受文认为,在区域里形成一个统一的自由贸易区,有助于本地区内根据比较优势形成供应链和价值链,对本区域内的商品流动、技术流动、服务流动、资本流动,包括人员跨境流动都会有非常大的好处,形成"贸易创造"效应。亚洲经济体主动作为、危中寻机,以消除关税和非关税贸易壁垒、促进投资便利化和自由化为重要目标,通过构建RCEP,彰显对自由贸易和多边体制的坚定支持,对美国的贸易保护主义和单边主义行动做出有力反击。在世界经济形势复杂多变的背景下,RCEP致力于共同打造一个跨区域的、宽领域、高质量的贸易和投资环境。RCEP的参与方以亚洲发展中经济体为主,维护了东盟在区域经济合作中的中心地位,沿用"东盟方式"的合作原则。

RCEP成员方中既有最发达的国家,也有最不发达的国家,各成员方经济发展水平迥异,社会政治制度与历史文化都不一样,这么不同的多样性的国家能够走在一起,达成各方都能接受的高水平自由贸易协议,这种具有高度包容性的南北型经济合作,显然比美国正在推动的所谓"互惠对等"的公平贸易更具实践价值,对于未来全球经贸规则的制定也具有重要和深远的意义。

六、英国脱欧尘埃落定,影响深远

2020年1月31日,英国正式脱离欧盟,这对于英国和欧盟来说是具有历史意义的事件,给英国、欧盟以及全球经济带来了不可避免的影响。[①]

(一)英国脱欧影响本国经济,激化社会矛盾

欧盟是英国最大的贸易伙伴,从2013—2019年进出口数据可以看出,英国贸易对欧盟的进出口依赖度很高,都在50%左右。可以说英国从与欧盟的自由贸易协定中获得许多好处,因此,英国脱欧对本国贸易的影响不容忽视。英国脱欧之后,会加强与

---

① 从文君.浅析英国脱欧对全球及中国经济的影响[J].对外经贸,2020(4).

其他欧盟国家合作,以刺激本国经济发展,其贸易利润及经济增长率都会相应降低。与此同时,外汇和股票将会贬值,资本外流,其他欧盟国家在英国的投资活动将会因为失去免息免税等政策的吸引而减少,进而导致英国的失业率上升,激化社会矛盾。由于欧盟是英国最大的贸易伙伴,脱欧会使之前英国作为欧盟成员国所签订的贸易协定、所享有的贸易优惠政策,如"零关税"政策等,全部失效。关税壁垒、贸易保护等问题随之而来,进出口货物难度加大,商品竞争力水平下降,贸易环境的恶化对人们的日常生活也会造成一定的影响。

(二)英国脱欧对欧盟经济发展造成阻碍

英国是重要的贸易实体、经济强国和金融中心,其对欧盟在贸易、经济、金融和军事等方面均有不小助力。英国脱欧不仅会对本国经济产生影响,还会导致欧盟的国际地位和贸易受到不小冲击。欧盟许多成员国在经济发展水平、综合竞争力等方面差异较大,英国脱欧会在一定程度上破坏欧元区的经济结构,影响欧盟其他成员国的经济发展。英国脱欧使欧盟失去一个重要伙伴,欧洲一体化"三驾马车"解体,极大地打击了成员国深化一体化的士气和凝聚力,加重了相关国家和欧洲社会"疑欧"情绪的扩散。

(三)英国脱欧将会对全球经济增长与治理造成冲击

英国脱欧导致英镑与欧元汇率下跌,美元、日元以及黄金等避险资产将得到实质性支撑,影响资本市场稳定,也会影响各国的股市。英国和欧盟的对外关税相同,英国脱欧后不会过多影响关税,这对美国而言,基本不会影响美国与欧盟之间的贸易合作。然而日本却会因为日元汇率上升而导致贸易、旅游等行业持续低迷。各国在英国的投资有很多,对于已经合作的项目,一些国家就会采取观望、消极的态度,投资者趋于谨慎,从而给企业的效益带来一定的影响。此外,英国脱欧不仅影响到欧洲经济一体化进程,其传达的"去全球化"思潮甚至会波及全球政治经济格局。

英国脱欧给全球治理带来巨大考验,对当前全球化进程形成诸多阻力,增加多重不稳定性。欧盟通过自身不断深化的成就和扩大的规模促进了全球一体化进程,是一个相对成功的区域一体化例子。但是,英国退出欧盟,放弃区域合作,这也映射出存在于欧洲社会的保护主义和民粹主义势力有所抬头。这种反一体化倾向不仅使欧洲的多边合作受挫,更对全球合作治理构成巨大威胁。[1]

---

[1] 江明月.英国脱欧对世界造成的影响[J].公共世界,2021(2).

第二节　国内经贸形势及政策创新

2019—2020年,留在大家印象中的感受可以用"艰难"来形容。特朗普上任后悍然发动对中国的贸易战,给中国国内经济社会发展带来不小的挑战,使中国意识到经济社会发展的瓶颈与掣肘。随着中美签署第一阶段经贸协议,本可以为两国经贸往来带来一丝曙光,但2020年伊始席卷全球的新冠肺炎疫情又给国内经济发展带来阴霾。中国政府一手抓疫情防控,一手抓复工复产,同时出台强有力的政策措施,最终中国经济在2020年交出了令世界瞩目的答卷。

一、中美贸易战给国内经济带来的影响及应对

2018年3月23日,美国总统特朗普签署备忘录,基于美贸易代表办公室公布的对华"301调查"报告,指令有关部门对从中国进口的约600亿美元商品大规模加征关税,并限制中国企业对美投资并购。中美贸易战"正式"开打。本轮"301调查"于2017年8月启动,调查重点在中国企业是否"涉嫌侵犯美国知识产权和强制美国企业作技术转让,以及美国企业是否被迫与中方合作伙伴分享先进技术"等议题。这属于特殊301条款,是美国继1991年4月、1991年10月、1994年6月、1999年4月、2010年10月之后第六次对中国动用301条款。[①] 经过几个回合较量,中方奉行"不愿打、不怕打"的理念,果断采取反制措施,最终中美在2020年1月签署第一阶段经贸协议。

中美贸易战对国内部分外向型企业有冲击,可能带来成本增加、订单下降等问题,企业面临减产歇业、调整重组的挑战。电子通信、电气机械、木材加工、化学产品等行业企业受影响相对较大。不过,与此同时,美国对中国部分出口商品加征关税,将逐步向着产业链和价值链上下游传导,最终结果会由出口商、上游原材料和零部件供货商以及美国采购者分担。从国内消费看,中美经贸摩擦带来的影响可控,对中国老百姓的影响并不大。比如大豆,中国从美国进口的大豆占比不足三分之一,而且主要用来榨油,对大豆加征关税可能表现豆油价格上升。经贸摩擦对中国经济发展的冲击,"有影响,可控制,需应对"。

以高科技企业发展进程主导权为中心的争夺成为这次贸易战最具特色的竞争核心。美国对中国的贸易战避开了中国具有优势的传统贸易的中低端产业,而是针对美国具有相对优势的高科技领域来阻止中国的经济产业升级与转型,以此来打断中国经

---

① 任泽平.中美贸易战原因、影响、展望及应对[EB/OL].凤凰网,2018-03-24.

济后工业化战略目标的实现。中国的应对战术是对美方的挑战不惧怕、不妥协,有理有据地展开反制。首先,运用世界贸易规则粉碎美方以国内法为基础建立对美国有利的单边经济交往贸易方式的规则企图,迫使美国回到传统和公认公平开放的国与国的贸易方式。其次,对美方的挑战不妥协,不逼战,不退让,主动迎战,本着有理有节的原则,采取税率对等、金额对等、力度有效的原则,做到打疼、打狠,打中要害,迫使其回归到平等交往的轨道上来。一旦美方贸易战继续升级,将采取不设边界、不设范围的惩罚原则。再次,加速中国以"一带一路"建设为主导、以全球大开放为中心的世界贸易建设,加速中国以高科技为核心的经济发展和转型的步伐,进一步完善互利平等开放的世界贸易体系规则和标准,从而推动世界和中国经济的和谐发展。

二、经济下行压力增大,果断采取措施激发市场活力

2019年是新中国成立70周年,也是全面建成小康社会的关键之年。这一年,中国经济发展面临的外部环境和内部条件更趋复杂,一些经济的、非经济的困难和挑战明显增多。全球经济形势逆转,由2018年的"同步复苏"转向"同步减速",主要经济体货币政策由"加息""缩表"转向了"降息""扩表"(QE),经贸摩擦此起彼伏,保护主义愈演愈烈,英国脱欧、地缘政治以及多地上演的民粹主义都为全球经济带来了更大的风险和挑战。从国内看,中国政府加大逆周期调节,积极实施"六稳"(稳就业、稳金融、稳外贸、稳外资、稳投资、稳预期)政策,实现"六保"(保居民就业、保基本民生、保市场主体、保粮食能源安全、保产业链供应链稳定、保基层运转)目标,国民经济总体保持在合理区间,但增长速度换挡期、结构调整阵痛期、前期刺激政策消化期的"三期叠加"影响及国际经贸形势的不稳定,使得进入2019年的中国经济下行压力增大。中国经济下行压力持续增大,根源来自外部环境收紧和国内经济大调整两个方面:外部环境收紧与全球经济减速、中美贸易战升级有关;内部经济大调整既与中国经济新旧动能转换的结构性因素有关,也与去杠杆、防风险、控房市等政策性因素相关联。

为应对我国经济下行压力,2019年我国政府出台多项政策措施,积极改善经济环境,主要措施包括减税降费、推动基建投资、刺激内需消费等。

减税降费是我国振兴企业与提高居民收入的重要举措。2019年上半年,国家出台的包括个税改革、深化增值税改革、社保降费三个方面的一系列政策措施已经陆续开始生效。

个税改革:2018年8月,十三届全国人大第五次会议通过了关于修改个人所得税法的决定。本次个税改革采取两步实施的方法:第一步自2018年10月1日开始生效,主要将个税起征点从之前的3 500元/月提升至5 000元/月;第二步自2019年1

月1日开始生效,纳税人在子女教育、住房贷款利息或住房租金等方面的支出可以按规定采取定额扣除或限额内据实扣除的方式实施六项专项附加扣除。

深化增值税改革:2019年3月,财政部、国家税务总局、海关总署联合发布《关于深化增值税改革有关政策的公告》,公布了一系列自2019年4月1日起开始实施的配套举措。减税举措涉及对多个行业适用税率的降低,其中制造业等行业增值税税率从现行的16%降至13%,建筑业、交通运输业等行业由现行的10%降至9%。此外,此次增值税改革还扩大了进项税抵扣范围;开始试行期末留抵退税制度,缓解了因留抵导致的企业资金占压问题;对部分纳税人进行加计抵减,使其可以抵减更多的应纳税额。本次深化增值税改革以制造业为减税重点,配套措施均以制造业受益最为明显。

社保降费:2019年4月,国务院办公厅印发了《降低社会保险费率综合方案》。方案明确自2019年5月1日起降低城镇职工基本养老保险单位缴费比例、继续阶段性降低失业保险和工伤保险费率等措施,同时提出要调整社保缴费基数政策,合理降低部分参保人员和企业的社保缴费基数。社保降费将有效减轻企业的人力成本压力,为企业盈利提升创造有利条件。

推动基建投资是2019年提振经济的有力措施。2019年6月,中央办公厅、国务院办公厅印发了《关于做好地方政府专项债券发行及项目配套融资工作的通知》,鼓励地方政府和金融机构使用专项债券等方式,重点支持京津冀协同发展、长江经济带发展、"一带一路"建设、粤港澳大湾区建设等重大战略和重大项目建设,积极鼓励金融机构提供配套融资支持,明确允许将专项债券作为符合条件的铁路、高速公路、供电供气方面国家重点支持的重大项目资本金。此次文件明确部分专项债可做资本金,放松此前债务性资金不得作为项目资本金的要求,将有利于放大地方财政撬动效应,解决重点基建项目的融资障碍,加速重大基建项目推进速度。

5G网络建设是我国基础设施建设的一个重点领域。针对5G建设,国家相关政策不断出台,从2017年8月的"力争"到2020年5G商用的启动,再到2019年6月6日5G商用牌照的提前发放,我国对5G建设的推动速度不断加快。

在刺激内需消费方面,除减税降费中包含的个税改革以外,为推动重点消费品更新升级,促进形成强大的国内市场,增强我国经济抵御外部风险的能力,国家发改委、生态环境部、商务部于2019年6月3日印发了《推动重点消费品更新升级畅通资源循环利用实施方案(2019—2020年)》。方案重点围绕汽车、家电、消费电子产品领域促进更新消费。

2019年,面对国内外风险挑战明显升级的复杂局面,我国坚持稳中求进的工作总基调,深入贯彻新发展理念,坚持以供给侧结构性改革为主线,推动高质量发展,扎实做好"六稳"工作,统筹推进稳增长、促改革、调结构、惠民生、防风险、保稳定,保持经济社会持续健康发展,为全面建成小康社会打下决定性基础。

三、出台一揽子有效应对疫情防控的财税激励与扶持政策

突如其来的新冠肺炎疫情给中国经济增长带来严峻挑战。为了使中国经济更快走出阴霾,中国政府一手抓疫情防控,一手抓复工复产,出台了一揽子有效应对疫情的财税激励与扶持政策,取得明显成效。2021年1月18日,国家统计局发布数据显示,初步核算,2020年国内生产总值1 015 986亿元,按可比价格计算,比上年增长2.3%。分季度看,第一季度同比下降6.8%,第二季度增长3.2%,第三季度增长4.9%,第四季度增长6.5%。分产业看,第一产业增加值77 754亿元,比上年增长3.0%;第二产业增加值384 255亿元,增长2.6%;第三产业增加值553 977亿元,增长2.1%。2020年,面对严峻复杂的国内外环境特别是新冠肺炎疫情的严重冲击,各地区、各部门坚持稳中求进的工作总基调,统筹疫情防控和经济社会发展工作,扎实做好"六稳"工作,全面落实"六保"任务,经济运行稳定恢复,就业民生保障有力,经济社会发展主要目标任务完成情况好于预期。

2020年,按照党中央、国务院部署,各地区、各部门围绕推进复工复产和助企纾困,精准、有力、及时地推出8个方面90项政策措施,主要包括:加大对小微企业和个体工商户的增值税减免;对受疫情影响较大的交通运输、餐饮、旅游等行业企业,亏损结转年限由5年延长至8年;减免各类企业缴纳的养老、失业、工伤三项社保费上半年达6 000亿元,实施失业保险稳岗返还政策惠及8 400多万职工;免收收费公路通行费1 400多亿元,降低电价、气价上半年为企业减负670亿元;实施降准释放1.75万亿元资金;通过专项再贷款再贴现、激励国有大型银行发放普惠小微贷款、增加政策性银行专项信贷额度等,为企业特别是中小微企业和个体工商户提供低成本贷款2.85万亿元;对110多万户中小微企业超过1万亿元贷款本息办理延期还本或付息;加大对春耕生产、畜牧业发展等支持力度。上述举措的积极成效显现,复工复产逐步达到正常水平,企业困难得到一定缓解,经济社会运行逐步趋于正常。各部门和各级政府把做好"六保"作为"六稳"工作的着力点,稳住了经济基本盘。

在财政扶持与激励方面,新增的1万亿元财政赤字和1万亿元抗疫特别国债将全部转给地方,直达市县基层,直接惠企惠民,主要用于保就业、保基本民生、保市场主体,包括支持减税降费、减租降息、扩大消费和投资。2020年积极的财政政策更加积极有为,提高赤字率,发行抗疫特别国债,增加地方政府专项债券,提高资金使用效率,真正发挥稳定经济的关键作用,是对冲经济下行压力的现实需要。出台的激励政策有助于进一步推动供给侧结构性改革,挖掘内需潜力,激发市场活力,培育内生动力,有效应对经济运行中出现的短期冲击和挑战,实现经济社会持续健康发展。

在支持疫情防控和经济社会发展方面,税收政策更给力,主要体现在四个方面:一是支持防护救治方面,对取得政府规定标准的疫情防治临时性工作补助和奖金免征个人所得税,对个人取得单位发放的预防新型冠状病毒感染肺炎的医药防护用品等免征个人所得税;二是支持物资供应覆盖面方面,对疫情防控重点保障物资生产企业全额退还增值税增量留抵税额,对纳税人提供疫情防控重点保障物资运输收入免征增值税,对纳税人提供公共交通运输服务、生活服务及居民必需生活物资快递收派服务收入免征增值税,对疫情防控重点物资生产企业扩大产能购置设备允许企业所得税税前一次性扣除,对卫生健康主管部门组织进口的直接用于防控疫情物资免征关税;三是鼓励公益捐赠方面,对通过公益性社会组织或县级以上人民政府及其部门等国家机关捐赠应对疫情的现金和物品允许企业所得税或个人所得税税前全额扣除,直接向承担疫情防治任务的医院捐赠应对疫情物品允许企业所得税或个人所得税税前全额扣除,无偿捐赠应对疫情的货物免征增值税、消费税、城市维护建设税、教育费附加、地方教育附加,扩大捐赠免税进口物资范围;四是支持复工复产方面,对受疫情影响较大的困难行业企业2020年度发生的亏损最长结转年限延长至8年,阶段性减免增值税小规模纳税人增值税,阶段性减免企业养老、失业、工伤保险单位缴费,阶段性减免以单位方式参保的个体工商户职工养老、失业、工伤保险,阶段性减征职工基本医疗保险单位缴费,鼓励各地通过减免城镇土地使用税等方式支持出租方为个体工商户减免物业租金。

上述一揽子有效应对疫情的财税政策,保证疫情防控和经济社会发展取得了令人称赞的效果,在全球疫情依然严峻的形势下,中国经济率先走向复苏。2020年,我国货物贸易进出口总值达到32.16万亿元,比2019年增长1.9%,外贸规模和国际份额创历史新高,成为当年全球唯一实现贸易正增长的主要经济体。[①]

四、为应对国际国内复杂的经贸形势,"双循环"战略应运而生

2020年5月14日,中共中央政治局常委会会议首次提出"深化供给侧结构性改革,充分发挥我国超大规模市场优势和内需潜力,构建国内国际双循环相互促进的新发展格局"。2020年5月下旬"两会"期间,习近平总书记再次强调,要"逐步形成以国内大循环为主体、国内国际双循环相互促进的新发展格局"。党的十九届五中全会通

---

① 海关总署新闻发言人、统计分析司司长李魁文在国务院新闻办公室举行的新闻发布会上的发言,2021-01-14。

过《中共中央关于制定国民经济和社会发展第十四个五年规划和二〇三五年远景目标的建议》,将"加快构建以国内大循环为主体、国内国际双循环相互促进的新发展格局"纳入其中。构建基于"双循环"的新发展格局是党中央在国内外环境发生显著变化的大背景下,推动我国开放型经济向更高层次发展的重大战略部署。

"双循环"的新发展格局是应对错综复杂的国际环境变化的战略举措。[①] 21世纪以来,新一轮科技革命和产业变革加速发展,世界贸易和产业分工格局发生重大调整,国际力量对比呈现趋势性变迁。2008年国际金融危机后,全球市场收缩,世界经济陷入持续低迷,国际经济大循环动能弱化。近年来,西方主要国家民粹主义盛行、贸易保护主义抬头,经济全球化遭遇逆流。新冠肺炎疫情影响广泛深远,逆全球化趋势更加明显,全球产业链、供应链面临重大冲击,风险加大。面对外部环境变化带来的新矛盾、新挑战,必须顺势而为调整经济发展路径,在努力打通国际循环的同时,进一步畅通国内大循环,提升经济发展的自主性、可持续性,增强韧性,保持我国经济平稳健康发展。

"双循环"的新发展格局是适应我国经济发展阶段变化的主动选择。[②] 经济发展是螺旋式上升的过程,也是分阶段的。不同阶段对应不同的需求结构、产业结构、技术体系和关联方式,要求发展方式与时俱进。改革开放以后相当长的时间内,我国人均收入水平较低,我们发挥劳动力等要素低成本优势,抓住经济全球化的重要机遇,充分利用国际分工机会,形成市场和资源"两头在外"的发展模式,参与国际经济大循环,推动了经济高速增长,人民生活从温饱不足到全面小康。经过长期努力,我国人均国内生产总值超过1万美元,需求结构和生产函数发生重大变化,生产体系内部循环不畅和供求脱节现象显现,"卡脖子"问题突出,结构转换复杂性上升。要解决这一矛盾,就要更多依靠创新驱动,不断提高供给质量和水平,推动高质量发展。这是大国经济发展的关口,我们要主动适应变化,努力攻坚克难,加快构建新发展格局。

面对以国内大循环为主体、国内国际双循环相互促进的新形势,中国的发展将实现以下转变:从过去以出口导向为主的贸易政策,转化为既鼓励出口又鼓励进口、双向开放的贸易政策;既积极引进外资,又鼓励中国企业走出去投资;从部分地区(主要是沿海地区)开放为主,转变为全国上下一盘棋,实现全方位、宽领域、多渠道的开放;开放的领域从以工商产业为主,扩展到金融、教育、卫生、文化等领域;从侧重于资金、要素的开放,扩大到更广阔、更纵深的规则制度的开放,实现营商环境的国际化、法治化、

---

① 刘鹤.加快构建以国内大循环为主、双循环相互促进新发展格局[N].人民日报,2020-11-25.
② 刘鹤.加快构建以国内大循环为主、双循环相互促进新发展格局[N].人民日报,2020-11-25.

市场化。[①]

"双循环"发展新格局并不意味着中国经济社会发展范式的根本性变化。从扩大内需到供给侧结构改革，从更大规模的减税降费到营商环境的改善，从全面深化改革到更高质量的经济增长，都内含于"双循环"发展新格局。中美贸易战、英国脱欧、更多国家的债务危机、全球新冠肺炎疫情的严峻形势等，迫使中国将经济增长与国内需求更加紧密地联系起来，出台更多激励支持国内创新的新举措，确保中国在全球经济中的重要地位，为实现人民对美好生活的向往和全球经济发展作出中国的贡献。

五、营商环境持续改善，扩大开放在路上

营商环境是指市场主体在准入、生产经营、退出等过程中涉及的政务环境、市场环境、法治环境、人文环境等有关外部因素和条件的总和。2019年10月24日，世界银行发布《2020年营商环境报告》。中国的全球营商便利度排名继2018年大幅提升32位后，2019年又跃升15位，升至全球第31位。世界银行称，由于"大力推进改革议程"，中国连续两年跻身全球优化营商环境改善幅度最大的十大经济体。

2019年10月23日，国务院总理李克强签署国务院令，公布《优化营商环境条例》（以下简称《条例》），自2020年1月1日起施行。近年来，各地区、各部门按照党中央、国务院部署，顺应社会期盼，持续推进"放管服"等改革，我国营商环境明显改善。为了持续优化营商环境，不断解放和发展社会生产力，加快建设现代化经济体系，推动高质量发展，有必要制定专门的行政法规，从制度层面为优化营商环境提供更为有力的保障和支撑。《条例》认真总结近年来我国优化营商环境的经验和做法，将实践证明行之有效、人民群众满意、市场主体支持的改革举措用法规制度固化下来，重点针对我国营商环境的突出短板和市场主体反应强烈的痛点、难点、堵点问题，对标国际先进水平，从完善体制机制的层面作出相应规定。为持续深化"放管服"改革优化营商环境，更大地激发市场活力，增强发展内生动力，国务院办公厅发布《国务院办公厅关于进一步优化营商环境更好服务市场主体的实施意见》（国办发〔2020〕24号）。

2018年以来，国家发改委贯彻落实党中央、国务院决策部署，立足中国国情，以市场主体和社会公众满意度为导向，牵头研究建立并不断完善中国营商环境评价体系。2018年，组织在东、中、西部和东北地区22个城市开展了两批次营商环境试评价；2019年，组织在直辖市、计划单列市、省会城市和部分地县级市等41个城市开展了营商环境评价，并在东北地区21个城市开展了营商环境试评价；2020年，继续在80个

[①] 黄奇帆在《浙商》2020年会上的演讲. 杭州，2020-11-25.

地级以上城市和18个国家级新区开展营商环境评价。在扎实推进中国营商环境评价工作的基础上,为系统介绍中国营商环境评价方法,全面展现优化营商环境工作的积极成效,更好地总结推广各地区、各部门优化营商环境的典型经验做法,切实发挥中国营商环境评价导向改革的积极作用,国家发改委组织编写《中国营商环境报告2020》,全面梳理了中国营商环境评价制度和评价方法,回顾总结了2019年我国优化营商环境的成效亮点,系统描绘了2020年深化"放管服"改革、优化营商环境的前景展望,认真提炼了参评城市优化营商环境工作的改进提升过程,特别是一大批实践证明行之有效、人民群众满意、市场主体支持的改革举措和典型经验,集中呈现了各重点领域的最佳实践、改革方案和路线图,向社会多角度、多方位展示了各省、自治区、直辖市及新疆生产建设兵团优化营商环境的原创性、差异化探索,具体情况见表1.2。

表 1.2　　　　　　　　　　改善营商环境一省一案例

省　份	内　容
北京	打造国际一流营商环境
天津	"一制三化"改革
河北	全面推行行政执法"三项制度"
山西	企业投资项目承诺制改革
内蒙古	优化用电包装营商环境
辽宁	营商环境体制机制建设
吉林	工程建设项目审批全过程"一码通"服务
黑龙江	推动"办事不求人"
上海	优化营商环境法治保障共同体
江苏	税务"掌上智能注销套餐"
浙江	"最多跑一次"改革
安徽	"四送一服"双千工程
福建	"单一窗口"4.0版、自己批网上办服务模式
江西	掌上政务服务
山东	"一业一证"改革、全面建权放权授权
河南	"三十五证合一"改革、"多证集成、一照通行"改革、"双流程"审批模式
湖北	区域性统一评价
湖南	"一件事一次办"改革
广东	"智能无人秒批"改革、"用地清单制"改革
广西	推进跨境贸易降本增效、提升开办企业便利度

续表

省　份	内　　　容
海南	"海南e登记"平台
重庆	开展区县城市信用检测
四川	"五专"企业服务机制
贵州	"一件事一次办"集成套餐服务
云南	"一部手机"系列平台建设
西藏	优化税收营商环境
陕西	"三服四化"改革
甘肃	税收优惠政策"不来即享"改革
青海	"审批破冰"工程
宁夏	"一张网、集成办"改革
新疆	企业投资项目承诺制改革

资料来源：根据国家发改委2020年10月16日发布的《中国营商环境报告2020》整理。

中国营商环境持续改善，为进一步扩大开放提供了有力的制度保障和外部条件。营商环境完善的过程也是中国持续深入推进改革的过程。2019年10月通过并于2020年1月1日实施的《优化营商环境条例》，是我国营商环境建设的标志性事件，它从市场主体保护、市场环境、政务服务、监管执法、法治保障五大方面提出了明确具体的要求；2019年，党的十九届四中全会提出要进一步深化"放管服"改革，尤其是深化行政审批制度改革；2019年底中共中央、国务院下发的《关于营造更好发展环境支持民营企业改革发展的意见》进一步提出要营造"市场化、法治化、国际化"的营商环境；2020年，中共中央、国务院下发了《关于新时代加快完善社会主义市场经济体制的意见》，更是旗帜鲜明地提出"以一流营商环境建设为牵引持续优化政府服务"，对新时代优化营商环境提出了明确要求。

据不完全统计，2016—2019年，仅国务院办公厅下发的与营商环境相关的政策文件就多达53项，涉及登记注册、不动产登记、行政审批、减政便民、纳税便利化、市场监管、"放管服"、事中事后监管、信用建设、市场改革、贸易便利化、产权保护、对外开放、创新创业、减税降费、降成本、社会投资、政务服务等方面，这为"十三五"期间营商环境各个领域的改革提供了有效的指引。2020年是"十三五"规划收官之年，经过努力全面完成了"十三五"规划提出的各项目标和任务，全面建成小康社会，脱贫攻坚取得决定性胜利，对外开放持续扩大，共建"一带一路"成果丰硕。中国疫情防控得力，率先有效控制住新冠肺炎疫情蔓延，良好的国内经济及社会环境使得2020年我国利用外资逆势增长,成为全球最大外资流入国。2020年全国实际利用外资总额9 999.8亿元,增长6.2%,新设外资企业3.9万家,实现引资总量、增长幅度、全球占比"三提升"。其中,高技术产业利用外资同比增长11.4%。从项目来看,新设或增资合同外资1亿美元以上大项目938个,数量增长12.5%,宝马、戴姆勒、西门子等一批龙头企业在华增资扩产。从区域来看,2020年东部地区实际利用外资总额增长8.9%,占比达到88.4%。自由贸易试验区实际利用外资总额1 790亿元,新设外资企业6 472家,占全国比重分别提升至16.8%和17.9%。[①]

(本章执笔:崔志坤教授)

---

① 商务部.2020年中国成为全球最大外资流入国[C].国务院新闻办新闻发布会,2021-02-24.

第二章

中国海关法律规范及关税政策的变化

第一节 2019—2020年中国海关法律法规规章变化

一、《中华人民共和国进出口货物原产地条例》修订,自2019年3月2日起生效

2019年3月2日发布的国务院令第709号公布了《国务院关于修改部分行政法规的决定》,自公布之日起施行。

该决定指出,为了全面落实党的十九届三中全会审议通过的《中共中央关于深化党和国家机构改革的决定》《深化党和国家机构改革方案》和十三届全国人大一次会议批准的《国务院机构改革方案》,确保行政机关依法履行职责,进一步推进简政放权、放管结合、优化服务改革,更大程度地激发市场、社会的创新创造活力,国务院对机构改革、政府职能转变和"放管服"改革涉及的有关行政法规进行了清理。经过清理,国务院决定对49部行政法规的部分条款予以修改。

由于原国家质量监督检验检疫总局的出入境检验检疫管理职责和队伍被划入海关总署,因而对《中华人民共和国进出口货物原产地条例》中涉及"国家质量监督检验检疫总局""出入境检验检疫机构"的内容进行了修改。删去《中华人民共和国进出口货物原产地条例》第六条第一款、第五款中的"国家质量监督检验检疫总局"。第十七条修改为:"出口货物发货人可以向海关、中国国际贸易促进委员会及其地方分会(以下简称签证机构),申请领取出口货物原产地证书。"第十九条第二款中的"国家质量监督检验检疫总局"修改为"海关总署"。删去第二十三条中的"出入境检验检疫机构"。第二十四条第一款修改为:"进出口货物的原产地标记与依照本条例所确定的原产地不一致的,由海关责令改正。"删去第二十四条第二款。

《中华人民共和国进出口货物原产地条例》于2004年9月3日以国务院令第416号公布,自2005年1月1日起施行。此次根据国务院令第709号《国务院关于修改部分行政法规的决定》作出的修订是该条例第一次修订。

二、《海关总署关于废止部分规章的决定》公布,自2020年12月21日起废止部分规章

2020年12月21日,海关总署发布第244号令,公布了《海关总署关于废止部分规章的决定》,自公布之日起生效。

该决定指出,根据工作实际,决定废止1987年6月30日以〔1987〕署货字第667号公布的《中华人民共和国海关关于进出口货物申请担保的管理办法》、2004年2月6日以海关总署令第112号公布的《中华人民共和国海关关于来往香港、澳门小型船舶及所载货物、物品管理办法》和2014年2月26日以海关总署令第215号公布的《中华人民共和国海关政府信息公开办法》。

三、《中华人民共和国海关进出口货物减免税管理办法》公布,自2021年3月1日起施行

2020年12月21日,海关总署发布第245号令,公布了《中华人民共和国海关进出口货物减免税管理办法》,该办法于2020年12月11日经海关总署署务会议审议通过,自2021年3月1日起施行。2008年12月29日海关总署公布的《中华人民共和国海关进出口货物减免税管理办法》(海关总署令第179号)同时废止。

该办法是为了规范海关进出口货物减免税管理工作,保障行政相对人合法权益,优化营商环境,根据《中华人民共和国海关法》《中华人民共和国进出口关税条例》及有关法律和行政法规的规定制定的。进出口货物减征或者免征关税、进口环节税事务,除法律、行政法规另有规定外,海关依照该办法实施管理。

四、《中华人民共和国海关行政许可管理办法》公布,自2021年2月1日起施行

2020年12月22日,海关总署发布第246号令,公布了《中华人民共和国海关行政许可管理办法》,该办法于2020年12月11日经海关总署署务会议审议通过,自2021年2月1日起实施。2004年6月18日海关总署令第117号公布、2014年3月13日海关总署令第218号修改的《中华人民共和国海关实施〈中华人民共和国行政许可法〉办法》同时废止。

该办法是为了规范海关行政许可管理,保护公民、法人和其他组织的合法权益,维护公共利益和社会秩序,根据《中华人民共和国行政许可法》《中华人民共和国海关法》以及有关法律、行政法规的规定制定的。

该办法所称的海关行政许可,是指海关根据公民、法人或者其他组织的申请,经依法审查,准予其从事与海关监督管理相关的特定活动的行为。海关行政许可的项目管理、实施程序、标准化管理、评价与监督,适用该办法。其他海关规章另有规定的,从其规定。但是对于上级海关对下级海关的人事、财务、外事等事项的审批,海关对其他机关或者对其直接管理的事业单位的人事、财务、外事等事项的审批,不适用该办法。

五、《海关总署关于修改部分规章的决定》公布,自 2021 年 2 月 1 日起施行

2020 年 12 月 23 日,海关总署发布第 247 号令,公布了《海关总署关于修改部分规章的决定》,该决定于 2020 年 12 月 11 日经海关总署署务会议审议通过,自 2021 年 2 月 1 日起施行。

该决定指出,为落实国务院关于《中华人民共和国民法典》所涉相关法律规范的清理要求,海关总署决定对《中华人民共和国海关加工贸易货物监管办法》(海关总署令第 219 号公布,根据海关总署令第 235 号、第 240 号、第 243 号修改)、《中华人民共和国海关统计工作管理规定》(海关总署令第 242 号公布)以及《口岸艾滋病预防控制管理办法》(原国家质量监督检验检疫总局令第 96 号公布,根据原国家质量监督检验检疫总局令第 139 号、海关总署令第 238 号修改)三部规章进行修改。修改后的内容自 2021 年 2 月 1 日起施行。

六、《口岸出境免税店管理暂行办法》公布,自 2019 年 5 月 17 日起施行

为落实党中央、国务院决定,规范管理口岸出境免税店,促进口岸出境免税店健康有序发展,2019 年 5 月 17 日,财政部、商务部、文化和旅游部、海关总署和国家税务总局联合发布了《关于印发〈口岸出境免税店管理暂行办法〉的通知》(财关税〔2019〕15 号),自发布之日起施行。

《口岸出境免税店管理暂行办法》适用于中华人民共和国境内口岸出境免税店的设立申请、审批、招标投标、经营、监管等事项。该办法所称口岸出境免税店,是指设立在对外开放的机场、港口、车站和陆路出境口岸,向出境旅客销售免税商品的商店。这里的免税商品,是指免征关税、进口环节税的进口商品和实行退(免)税(增值税、消费税)进入口岸出境免税店销售的国产商品。免税商品的销售对象,为已办妥出境手续,即将登机、上船、乘车前往境外及出境交通工具上的旅客。

七、《重大技术装备进口税收政策管理办法》发布，自 2020 年 1 月 8 日起施行

2020 年 1 月 8 日，财政部、工业和信息化部、海关总署、国家税务总局、国家能源局发布《关于印发〈重大技术装备进口税收政策管理办法〉的通知》（财关税〔2020〕2 号），自印发之日起实施。《财政部 国家发展改革委 工业和信息化部 海关总署 国家税务总局 国家能源局关于调整重大技术装备进口税收政策的通知》（财关税〔2014〕2 号）和《财政部 国家发展改革委 工业和信息化部 海关总署 国家税务总局 国家能源局关于调整重大技术装备进口税收政策有关目录及规定的通知》（财关税〔2015〕51 号）同时废止。

该办法是为提高我国企业的核心竞争力及自主创新能力，促进装备制造业的发展，贯彻落实国务院关于装备制造业振兴规划和加快振兴装备制造业有关调整进口税收政策的决定而制定的。

根据该办法规定，工业和信息化部会同财政部、海关总署、国家税务总局、国家能源局制定《国家支持发展的重大技术装备和产品目录》和《重大技术装备和产品进口关键零部件及原材料商品目录》后公布执行。对符合规定条件的企业及核电项目业主为生产国家支持发展的重大技术装备或产品而确有必要进口的部分关键零部件及原材料，免征关税和进口环节增值税。

八、《中华人民共和国海关〈中华人民共和国政府和智利共和国政府自由贸易协定〉项下进出口货物原产地管理办法》公布，自 2019 年 3 月 1 日起施行

2019 年 2 月 28 日，海关总署发布公告，公布了《中华人民共和国海关〈中华人民共和国政府和智利共和国政府自由贸易协定〉项下进出口货物原产地管理办法》（海关总署公告〔2019〕39 号），自 2019 年 3 月 1 日起执行。

公告指出，经国务院批准，《中华人民共和国政府和智利共和国政府关于修订〈自由贸易协定〉及〈自由贸易协定关于服务贸易的补充协定〉的议定书》自 2019 年 3 月 1 日起正式实施。为了正确确定《中华人民共和国政府和智利共和国政府自由贸易协定》项下进出口货物原产地，促进中国与智利的经贸往来，海关总署制定了《中华人民共和国海关〈中华人民共和国政府和智利共和国政府自由贸易协定〉项下进出口货物原产地管理办法》，自 2019 年 3 月 1 日起执行。

该办法适用于我国与智利之间的《中华人民共和国政府和智利共和国政府自由贸易协定》项下进出口货物的原产地管理。

九、《海关监管作业场所（场地）设置规范》发布，自 2019 年 4 月 19 日起施行

2019 年 4 月 19 日，海关总署发布公告，公布了《海关监管作业场所（场地）设置规范》（海关总署公告〔2019〕68 号），自发布之日起施行；同时废止了《海关监管作业场所设置规范》（海关总署公告 2017 年第 52 号）。

该规范是根据《中华人民共和国海关监管区管理暂行办法》（海关总署令第 232 号）有关规定制定的。该规范所称的海关监管作业场所（场地）划分为：

（1）监管作业场所，包括水路运输类海关监管作业场所、公路运输类海关监管作业场所、航空运输类海关监管作业场所、铁路运输类海关监管作业场所、快递类海关监管作业场所等。

（2）集中作业场地，包括旅客通关作业场地、邮检作业场地、进境动物隔离检疫场等。

十、《海关涉案财物拍卖若干问题的规定》发布，自 2020 年 5 月 1 日起施行

2020 年 3 月 6 日，海关总署发布公告，公布了《海关涉案财物拍卖若干问题的规定》（海关总署公告 2020 年第 38 号），自 2020 年 5 月 1 日起施行。

公告指出，为了规范海关涉案财物拍卖行为，维护拍卖秩序，保护海关涉案财物拍卖活动中各方当事人的合法权益，根据《中华人民共和国海关法》《中华人民共和国拍卖法》等法律，海关总署制定了《海关涉案财物拍卖若干问题的规定》。该规定所称的海关涉案财物拍卖，是指海关依法委托拍卖企业以拍卖的方式公开处理依法查扣的涉案财物。海关涉案财物拍卖活动应当遵守有关法律、行政法规，遵循公开、公平、公正、诚实信用的原则，并接受社会监督。依照《中华人民共和国拍卖法》和《中华人民共和国公司法》等法律法规设立并取得从事相关拍卖业务许可的拍卖企业可参与海关涉案财物的拍卖。海关涉案财物的拍卖权通过竞价、摇珠或者集体决策等方式合理确定。

十一、国务院印发《海南自由贸易港建设总体方案》

2020 年 6 月 1 日，中共中央、国务院印发《海南自由贸易港建设总体方案》，并发出通知，要求各地区各部门结合实际认真贯彻落实。

该方案指出，在海南建设自由贸易港，是推进高水平开放，建立开放型经济新体制的根本要求；是深化市场化改革，打造法治化、国际化、便利化营商环境的迫切需要；是贯彻新发展理念，推动高质量发展，建设现代化经济体系的战略选择；是支持经济全球化，构建人类命运共同体的实际行动。

海南自由贸易港的发展目标是：到 2025 年，初步建立以贸易自由便利和投资自由便利为重点的自由贸易港政策制度体系。营商环境总体达到国内一流水平，市场主体大幅增长，产业竞争力显著提升，风险防控有力有效，适应自由贸易港建设的法律法规逐步完善，经济发展质量和效益明显改善。到 2035 年，自由贸易港制度体系和运作模式更加成熟，以自由、公平、法治、高水平过程监管为特征的贸易投资规则基本构建，实现贸易自由便利、投资自由便利、跨境资金流动自由便利、人员进出自由便利、运输来往自由便利和数据安全有序流动。营商环境更加优化，法律法规体系更加健全，风险防控体系更加严密，现代社会治理格局基本形成，成为我国开放型经济新高地。到 21 世纪中叶，全面建成具有较强国际影响力的高水平自由贸易港。

该方案指出，以贸易投资自由化便利化为重点，以各类生产要素跨境自由、有序、安全、便捷流动和现代产业体系为支撑，以特殊的税收制度安排、高效的社会治理体系和完备的法治体系为保障，在明确分工和机制措施、守住不发生系统性风险底线的前提下，构建海南自由贸易港政策制度体系。

在贸易自由便利方面，在实现有效监管的前提下，建设全岛封关运作的海关监管特殊区域。对货物贸易，实行以"零关税"为基本特征的自由化便利化制度安排。对服务贸易，实行以"既准入又准营"为基本特征的自由化便利化政策举措。

在税收制度方面，按照零关税、低税率、简税制、强法治、分阶段的原则，逐步建立与高水平自由贸易港相适应的税收制度。

所谓零关税，是指全岛封关运作前，对部分进口商品，免征进口关税、进口环节增值税和消费税。全岛封关运作、简并税制后，对进口征税商品目录以外、允许海南自由贸易港进口的商品，免征进口关税。

十二、《中华人民共和国海关对洋浦保税港区监管办法》发布，自 2020 年 6 月 3 日起施行

2020 年 6 月 3 日，海关总署发布公告，公布了《中华人民共和国海关对洋浦保税港区监管办法》（海关总署公告 2020 年第 73 号），自印发之日起施行。

公告指出，为贯彻落实《海南自由贸易港建设总体方案》要求，支持海南逐步探索、稳步推进中国特色自由贸易港建设，分步骤、分阶段建设自由贸易港政策和制度体系，对进出海南洋浦保税港区的货物，除禁止进出口和限制出口以及需要检验检疫的货物外，试行"一线放开、二线管住"的货物进出境管理制度，海关总署特制定《中华人民共和国海关对洋浦保税港区监管办法》。

该办法是为了打造开放层次更高、营商环境更优、辐射作用更强的中国特色自由

贸易港,服务新时代国家对外开放战略布局,充分发挥洋浦保税港区的先行先试作用,支持建设自由贸易港先行区,规范海关对洋浦保税港区的管理,根据《中华人民共和国海关法》和其他有关法律、法规而制定的。海关依照该办法对进出洋浦保税港区的运输工具、货物、物品以及洋浦保税港区内企业进行监管。

十三、《中华人民共和国海关对海南离岛旅客免税购物监管办法》发布,自2020年7月10日起施行

2020年7月6日,海关总署发布公告,公布了重新修订的《中华人民共和国海关对海南离岛旅客免税购物监管办法》(海关总署公告2020年第79号),自2020年7月10日起施行。

公告指出,为规范对海南离岛旅客免税购物的监管,促进海南自由贸易港建设,根据国务院调整海南离岛旅客免税购物政策的决定,发布重新修订的《中华人民共和国海关对海南离岛旅客免税购物监管办法》,自2020年7月10日起施行。海关总署公告2015年第7号、2016年第7号、2017年第6号、2018年第221号同时废止。

该监管办法适用于海关对离岛旅客在海南省离岛免税商店(含经批准的网上销售窗口)选购免税品,在机场、火车站、港口码头指定区域提货,并一次性随身携带离岛的监管。

十四、《海南自由贸易港进口"零关税"原辅料海关监管办法(试行)》发布,自2020年12月1日起施行

2020年11月30日,海关总署发布公告,公布了《海南自由贸易港进口"零关税"原辅料海关监管办法(试行)》(海关总署公告2020年第121号),自2020年12月1日起施行。

公告指出,为贯彻落实《海南自由贸易港建设总体方案》关于"对岛内进口用于生产自用或以'两头在外'模式进行生产加工活动(或服务贸易过程中)所消耗的原辅料,实行'零关税'正面清单管理"的要求,支持海南自由贸易港建设,特制定《海南自由贸易港进口"零关税"原辅料海关监管办法(试行)》。

该办法规定,在全岛封关运作前,在海南自由贸易港注册登记并具有独立法人资格的企业,进口用于生产自用、以"两头在外"模式进行生产加工活动或以"两头在外"模式进行服务贸易过程中所消耗的正面清单内的原辅料,免征进口关税、进口环节增值税和消费税。"零关税"原辅料正面清单,由财政部会同有关部门制发。

十五、《中华人民共和国海关〈中华人民共和国政府和毛里求斯共和国政府自由贸易协定〉项下进出口货物原产地管理办法》公布，自 2021 年 1 月 1 日起施行

2020 年 12 月 16 日，海关总署发布公告，公布了《中华人民共和国海关〈中华人民共和国政府和毛里求斯共和国政府自由贸易协定〉项下进出口货物原产地管理办法》（海关总署公告 2020 年第 128 号），自 2021 年 1 月 1 日起实施。

公告指出，经国务院批准，《中华人民共和国政府和毛里求斯共和国政府自由贸易协定》将自 2021 年 1 月 1 日起正式实施。为正确确定《中华人民共和国政府和毛里求斯共和国政府自由贸易协定》项下进出口货物原产地，促进我国与毛里求斯的经贸往来，海关总署制定了《中华人民共和国海关〈中华人民共和国政府和毛里求斯共和国政府自由贸易协定〉项下进出口货物原产地管理办法》。

该办法适用于我国与毛里求斯之间的《中华人民共和国政府和毛里求斯共和国政府自由贸易协定》项下进出口货物的原产地管理。

第二节　2019—2020 年中国关税政策变化

一、进口关税政策变化

（一）《2019 年进出口暂定税率等调整方案》公布，自 2019 年 1 月 1 日起实施

2018 年 12 月 22 日，国务院关税税则委员会发布《关于 2019 年进出口暂定税率等调整方案的通知》（税委会〔2018〕65 号）。

通知指出，为促进经济高质量发展和进出口贸易稳定增长，根据《中华人民共和国进出口关税条例》的相关规定，自 2019 年 1 月 1 日起对部分商品的进出口关税进行调整。

《2019 年进出口暂定税率等调整方案》对进口关税税率的调整情况如下：

（1）最惠国税率。

①自 2019 年 1 月 1 日起对 706 项商品实施进口暂定税率；自 2019 年 7 月 1 日起，取消 14 项信息技术产品进口暂定税率，同时缩小 1 项进口暂定税率适用范围。

②对《中华人民共和国加入世界贸易组织关税减让表修正案》附表所列信息技术产品最惠国税率自 2019 年 7 月 1 日起实施第四次降税。

（2）关税配额税率。

继续对小麦等 8 类商品实施关税配额管理，税率不变。其中，对尿素、复合肥、磷

酸氢铵3种化肥的关税配额税率继续实施1%的进口暂定税率。继续对配额外进口的一定数量棉花实施滑准税,并进行适当调整。

(3)协定税率。

①根据我国与有关国家或地区签署的贸易或关税优惠协定,除此前已报经国务院批准的协定税率降税方案继续实施外,自2019年1月1日起,对我国与新西兰、秘鲁、哥斯达黎加、瑞士、冰岛、韩国、澳大利亚、格鲁吉亚以及亚太贸易协定国家的协定税率进一步降低。根据内地与香港、澳门《关于建立更紧密经贸关系的安排》货物贸易协议,自协议实施之日起,除内地在有关国际协议中作出特殊承诺的产品外,对原产于香港、澳门的产品全面实施零关税。

②当最惠国税率低于或等于协定税率时,按相关协定的规定执行。

(4)特惠税率。

根据亚太贸易协定规定,对亚太贸易协定项下的特惠税率进一步降低。

(二)《中华人民共和国进出口税则(2019)》公布,自2019年1月1日起实施

2018年12月29日,《国务院关税税则委员会关于发布〈中华人民共和国进出口税则(2019)〉的公告》(税委会公告〔2018〕11号)发布。

公告指出,根据《中华人民共和国进出口关税条例》及相关规定,公布《中华人民共和国进出口税则(2019)》,自2019年1月1日起实施。法律、行政法规对进出口关税税目、税率调整另有规定的,从其规定。

《中华人民共和国进出口税则》是《中华人民共和国进出口关税条例》的组成部分,包括根据国家关税政策以及有关国际协定确定的进出口关税税目、税率及归类规则,是海关计征关税的依据。公布完整版《中华人民共和国进出口税则》,有利于推动《中华人民共和国进出口税则》法制化建设进程,有利于与国际接轨,促进对外开放,有利于提高关税政策透明度,为公众提供更多便利。

《中华人民共和国进出口税则(2019)》包括"使用说明""进口税则""出口税则"三个部分。"使用说明"主要对各种税率的适用范围、国别代码、计量单位等进行解释和说明,"进口税则"涉及8 549个税目,"出口税则"涉及102个税目。

(三)自2019年3月1日起,我国对原产于智利的部分进口货品适用协定税率

2019年1月31日,国务院关税税则委员会发布《关于中国-智利自由贸易协定项下部分进口货物适用协定税率的通知》(税委会〔2019〕8号)。

通知指出,根据《中华人民共和国进出口关税条例》及经国务院核准的《中华人民共和国政府和智利共和国政府关于修订〈自由贸易协定〉及〈自由贸易协定关于服务贸易的补充协定〉的议定书》,决定自2019年3月1日起,对原产于智利的部分进口货品适用协定税率,具体税目税率见该通知附件。

(四) 从 2019 年 4 月 1 日起,对原产于美国的汽车及零部件继续暂停加征关税

2019 年 3 月 31 日,国务院关税税则委员会发布公告,决定从 2019 年 4 月 1 日起,对原产于美国的汽车及零部件继续暂停加征关税(税委会公告〔2019〕1 号)。

公告指出,为落实中美两国元首阿根廷会晤共识,继续为双方经贸磋商创造良好氛围,根据《中华人民共和国对外贸易法》《中华人民共和国进出口关税条例》等法律法规,国务院关税税则委员会决定对原产于美国的汽车及零部件继续暂停加征关税。

具体规定如下:从 2019 年 4 月 1 日起,对《国务院关税税则委员会关于对原产于美国的汽车及零部件暂停加征关税的公告》(税委会公告〔2018〕10 号)附件 1 所列 28 个税目商品,继续暂停征收《国务院关税税则委员会关于对原产于美国 500 亿美元进口商品加征关税的公告》(税委会公告〔2018〕5 号)所加征 25% 的关税;对税委会公告〔2018〕10 号附件 2 所列 116 个税目商品,继续暂停征收《国务院关税税则委员会关于对原产于美国约 160 亿美元进口商品加征关税的公告》(税委会公告〔2018〕7 号)所加征 25% 的关税;对税委会公告〔2018〕10 号附件 3 所列 67 个税目商品,继续暂停征收《国务院关税税则委员会关于对原产于美国约 600 亿美元进口商品实施加征关税的公告》(税委会公告〔2018〕8 号)所加征 5% 的关税。对暂停加征关税措施截止时间,将另行通知。

(五) 自 2019 年 4 月 9 日起,国务院关税税则委员会调整进境物品进口税政策

2019 年 4 月 8 日,国务院关税税则委员会发布《关于调整进境物品进口税有关问题的通知》(税委会〔2019〕17 号)。

通知指出,经国务院批准,国务院关税税则委员会决定对进境物品进口税进行调整。

具体内容如下:

(1) 将进境物品进口税税目 1、税目 2 的税率分别调降为 13%、20%。

(2) 将税目 1"药品"注释修改为"对国家规定减按 3% 征收进口环节增值税的进口药品,按照货物税率征税"。

上述调整自 2019 年 4 月 9 日起实施。

(六) 自 2019 年 6 月 1 日 0 时起,对原产于美国的部分进口商品提高加征关税税率

2019 年 5 月 13 日,国务院关税税则委员会发布公告,决定自 2019 年 6 月 1 日 0 时起,对原产于美国的部分进口商品提高加征关税税率(税委会公告〔2019〕3 号)。

公告指出,2019 年 5 月 9 日,美国政府宣布,自 2019 年 5 月 10 日起,对从中国进口的 2 000 亿美元清单商品加征的关税税率由 10% 提高到 25%。美方上述措施导致中美经贸摩擦升级,违背中美双方关于通过磋商解决贸易分歧的共识,损害双方利益,不符合国际社会的普遍期待。根据《中华人民共和国对外贸易法》《中华人民共和国进出口关税条例》等法律法规和国际法基本原则,国务院关税税则委员会决定,自2019年6月1日0时起,对原产于美国的部分进口商品提高加征关税税率。

具体规定如下:对《国务院关税税则委员会关于对原产于美国约600亿美元进口商品实施加征关税的公告》(税委会公告〔2018〕8号)中的部分商品,提高加征关税税率,按照《国务院关税税则委员会关于对原产于美国的部分进口商品(第二批)加征关税的公告》(税委会公告〔2018〕6号)公告的税率实施。即:对附件1所列2493个税目商品,实施加征25%的关税;对附件2所列1078个税目商品,实施加征20%的关税;对附件3所列974个税目商品,实施加征10%的关税;对附件4所列595个税目商品,仍实施加征5%的关税。其他事项按照税委会公告〔2018〕6号执行。

(七)自2019年9月1日、12月15日起,对原产于美国的部分进口商品(第三批)加征关税

2019年8月23日,国务院关税税则委员会发布公告,决定自2019年9月1日12时01分和2019年12月15日12时01分起,对原产于美国的部分进口商品(第三批)加征关税(税委会公告〔2019〕4号)。

公告指出,2019年8月15日,美国政府宣布,对从中国进口的约3000亿美元商品加征10%的关税,分两批自2019年9月1日、12月15日起实施。美方措施导致中美经贸摩擦持续升级,极大地损害了中国、美国以及其他各国利益,也严重威胁到多边贸易体制和自由贸易原则。根据《中华人民共和国海关法》《中华人民共和国对外贸易法》《中华人民共和国进出口关税条例》等法律法规和国际法基本原则,国务院关税税则委员会决定,对原产于美国的5078个税目、约750亿美元进口商品加征关税。

具体规定如下:

(1)自2019年9月1日12时01分起,对附件1第一部分所列270个税目商品加征10%的关税,对附件1第二部分所列646个税目商品加征10%的关税,对附件1第三部分所列64个税目商品加征5%的关税,对附件1第四部分所列737个税目商品加征5%的关税,具体商品范围见附件1。

(2)自2019年12月15日12时01分起,对附件2第一部分所列749个税目商品加征10%的关税,对附件2第二部分所列163个税目商品加征10%的关税,对附件2第三部分所列634个税目商品加征5%的关税,对附件2第四部分所列1815个税目商品加征5%的关税,具体商品范围见附件2。

(3)对原产于美国的附件所列进口商品,在现行适用关税税率基础上分别加征相应关税,现行保税、减免税政策不变,此次加征的关税不予减免。

(八)自 2019 年 12 月 15 日 12 时 01 分起,对原产于美国的汽车及零部件恢复加征关税

2019 年 8 月 23 日,国务院关税税则委员会发布公告,决定自 2019 年 12 月 15 日 12 时 01 分起,对原产于美国的汽车及零部件恢复加征关税(税委会公告〔2019〕5 号)。

公告指出,为落实中美两国元首阿根廷会晤共识,2018 年 12 月 14 日,国务院关税税则委员会发布公告,从 2019 年 1 月 1 日起,对原产于美国的汽车及零部件暂停加征关税 3 个月。2019 年 3 月 31 日,国务院关税税则委员会发布公告,从 2019 年 4 月 1 日起,继续对原产于美国的汽车及零部件暂停加征关税,暂停加征关税措施截止时间另行通知。

2019 年 5 月 9 日,美国政府宣布,自 2019 年 5 月 10 日起,对从中国进口的 2 000 亿美元清单商品加征的关税税率由 10%提高到 25%。2019 年 8 月 15 日,美国政府宣布,对从中国进口的约 3 000 亿美元商品加征 10%的关税,分两批自 2019 年 9 月 1 日、12 月 15 日起实施。美方上述措施导致中美经贸摩擦持续升级,严重违背两国元首阿根廷会晤共识和大阪会晤共识。

根据《中华人民共和国海关法》《中华人民共和国对外贸易法》《中华人民共和国进出口关税条例》等法律法规和国际法基本原则,国务院关税税则委员会决定,自 2019 年 12 月 15 日 12 时 01 分起,对原产于美国的汽车及零部件恢复加征关税。

具体规定为:对《国务院关税税则委员会关于对原产于美国的汽车及零部件暂停加征关税的公告》(税委会公告〔2018〕10 号)附件 1 所列 28 个税目商品,恢复征收《国务院关税税则委员会关于对原产于美国 500 亿美元进口商品加征关税的公告》(税委会公告〔2018〕5 号)所加征 25%的关税;对税委会公告〔2018〕10 号附件 2 所列 116 个税目商品,恢复征收《国务院关税税则委员会关于对原产于美国约 160 亿美元进口商品加征关税的公告》(税委会公告〔2018〕7 号)所加征 25%的关税;对税委会公告〔2018〕10 号附件 3 所列 67 个税目商品恢复征收《国务院关税税则委员会关于对原产于美国约 600 亿美元进口商品实施加征关税的公告》(税委会公告〔2018〕8 号)所加征 5%的关税。

(九)国务院关税税则委员会公布第一批对美加征关税商品第一次排除清单,自 2019 年 9 月 17 日起,试行开展对美加征关税商品排除工作

2019 年 5 月 13 日,国务院关税税则委员会发布公告,决定试行开展对美加征关税商品排除工作,并制定了对美加征关税商品排除工作试行办法(税委会公告〔2019〕2 号)。

公告指出,根据《中华人民共和国海关法》《中华人民共和国对外贸易法》《中华人民共和国进出口关税条例》等有关法律法规规定,国务院关税税则委员会决定,试行开展对美加征关税商品排除工作,根据我国利益相关方的申请,将部分符合条件的商品排除出对美加征关税范围,采取暂不加征关税、具备退还税款条件的退还已加征关税税款等排除措施。对美加征关税商品排除工作试行办法见该公告附件。

2019年9月11日,国务院关税税则委员会再次发布公告,决定自2019年9月17日至2020年9月16日(一年),对第一批对美加征关税商品,第一次排除部分商品,分两个清单实施排除措施(税委会公告〔2019〕6号)。

公告指出,根据《国务院关税税则委员会关于试行开展对美加征关税商品排除工作的公告》(税委会公告〔2019〕2号),国务院关税税则委员会组织对申请主体提出的有效申请进行审核,并按程序决定,对第一批对美加征关税商品,第一次排除部分商品,分两个清单实施排除措施。

具体规定为:对清单一所列商品,自2019年9月17日至2020年9月16日(一年),不再加征我国为反制美国301措施所加征的关税。对已加征的关税税款予以退还,相关进口企业应自排除清单公布之日起6个月内按规定向海关申请办理。对清单二所列商品,自2019年9月17日至2020年9月16日(一年),不再加征我国为反制美国301措施所加征的关税。已加征的关税税款不予退还。

(十)自2019年12月15日12时01分起,暂不实施对原产于美国的部分进口商品加征关税措施

2019年12月15日,国务院关税税则委员会发布公告,决定自2019年12月15日12时01分起,暂不实施对原产于美国的部分进口商品的加征关税措施(税委会公告〔2019〕7号)。

公告指出,为落实中美双方近日关于经贸问题的磋商结果,根据《中华人民共和国海关法》《中华人民共和国对外贸易法》《中华人民共和国进出口关税条例》等法律法规和国际法基本原则,国务院关税税则委员会决定,暂不实施对原产于美国的部分进口商品的加征关税措施。

具体规定如下:

(1)自2019年12月15日12时01分起,对《国务院关税税则委员会关于对原产于美国的部分进口商品(第三批)加征关税的公告》(税委会公告〔2019〕4号)附件2商品暂不实施税委会公告〔2019〕4号所规定的加征关税措施。即:对税委会公告〔2019〕4号附件2第一部分所列749个税目商品、第二部分所列163个税目商品,暂不征收税委会公告〔2019〕4号所加征10%的关税;对附件2第三部分所列634个税目商品、第四部分所列1 815个税目商品,暂不征收税委会公告〔2019〕4号所加征5%的关税。

实施时间另行通知。

（2）自2019年12月15日12时01分起，暂不实施《国务院关税税则委员会关于对原产于美国的汽车及零部件恢复加征关税的公告》（税委会公告〔2019〕5号）。即：自2019年12月15日12时01分起，对《国务院关税税则委员会关于对原产于美国的汽车及零部件暂停加征关税的公告》（税委会公告〔2018〕10号）附件1所列28个税目商品，继续暂停征收《国务院关税税则委员会关于对原产于美国500亿美元进口商品加征关税的公告》（税委会公告〔2018〕5号）所加征25%的关税；对税委会公告〔2018〕10号附件2所列116个税目商品，继续暂停征收《国务院关税税则委员会关于对原产于美国约160亿美元进口商品加征关税的公告》（税委会公告〔2018〕7号）所加征25%的关税；对税委会公告〔2018〕10号附件3所列67个税目商品，继续暂停征收《国务院关税税则委员会关于对原产于美国约600亿美元进口商品实施加征关税的公告》（税委会公告〔2018〕8号）所加征5%的关税。实施时间另行通知。

（十一）国务院关税税则委员会公布第一批对美加征关税商品第二次排除清单

2019年12月19日，国务院关税税则委员会发布公告，公布了第一批对美加征关税商品第二次排除清单（税委会公告〔2019〕8号）。

公告指出，根据《国务院关税税则委员会关于试行开展对美加征关税商品排除工作的公告》（税委会公告〔2019〕2号），国务院关税税则委员会组织对申请主体就第一批对美加征关税商品提出的有效申请完成了审核，决定排除其中部分商品，具体规定为：对附件清单所列商品，自2019年12月26日至2020年12月25日（一年），不再加征我国为反制美国301措施所加征的关税。已加征的关税税款不予退还。

（十二）自2020年1月1日起，对部分商品的进口关税进行调整

2019年12月18日，国务院关税税则委员会发布了《关于2020年进口暂定税率等调整方案的通知》（税委会〔2019〕50号）。

通知指出，为优化贸易结构，推动经济高质量发展，根据《中华人民共和国进出口关税条例》的相关规定，自2020年1月1日起，对部分商品的进口关税进行调整。

根据《2020年进口暂定税率等调整方案》，2020年调整进口关税税率如下：

（1）最惠国税率。

①自2020年1月1日起，对859项商品（不含关税配额商品）实施进口暂定税率；自2020年7月1日起，取消7项信息技术产品进口暂定税率。

②对《中华人民共和国加入世界贸易组织关税减让表修正案》附表所列信息技术产品最惠国税率，自2020年7月1日起实施第五步降税。

（2）关税配额税率。

继续对小麦等8类商品实施关税配额管理,税率不变。其中,对尿素、复合肥、磷酸氢铵3种化肥的配额税率继续实施1%的暂定税率。继续对配额外进口的一定数量棉花实施滑准税。

(3)协定税率和特惠税率。

①根据我国与有关国家或地区签署的贸易协定或关税优惠安排,除此前已经国务院批准实施的协定税率外,自2020年1月1日起,进一步降低我国与新西兰、秘鲁、哥斯达黎加、瑞士、冰岛、新加坡、澳大利亚、韩国、智利、格鲁吉亚、巴基斯坦的双边贸易协定以及亚太贸易协定的协定税率。自2020年7月1日起,按照我国与瑞士的双边贸易协定和亚太贸易协定规定,进一步降低有关协定税率。

当最惠国税率低于或等于协定税率时,协定有规定的,按相关协定的规定执行;协定无规定的,二者从低适用。

②除赤道几内亚外,对与我国建交并完成换文手续的其他最不发达国家继续实施特惠税率。自2020年1月1日起,赤道几内亚停止享受零关税特惠待遇。

(十三)自2020年1月1日起,对部分本国子目注释进行调整

2019年12月25日,国务院关税税则委员会发布《关于调整部分本国子目注释的通知》(税委会〔2019〕51号)。

通知指出,根据《中华人民共和国进出口关税条例》的相关规定,自2020年1月1日起,对部分本国子目注释进行调整,具体内容见该通知附件。

(十四)国务院关税税则委员会公布《中华人民共和国进出口税则(2020)》

2019年12月26日,国务院关税税则委员会发布公告,对外公布《中华人民共和国进出口税则(2020)》(税委会公告〔2019〕9号)。

公告指出,根据《中华人民共和国进出口关税条例》及相关规定,公布《中华人民共和国进出口税则(2020)》,自2020年1月1日起实施。法律、行政法规等对进出口关税税目、税率调整另有规定的,从其规定。

(十五)自2020年2月14日13时01分起,调整对原产于美国的部分进口商品加征关税措施

2020年2月6日,国务院关税税则委员会发布公告,决定自2020年2月14日13时01分起,调整对原产于美国的部分进口商品加征关税措施(税委会公告〔2020〕1号)。

公告指出,为促进中美经贸关系健康稳定发展,根据《中华人民共和国海关法》《中华人民共和国对外贸易法》《中华人民共和国进出口关税条例》等法律法规和国际法基本原则,国务院关税税则委员会按程序决定,自2020年2月14日13时01分起,调整

《国务院关税税则委员会关于对原产于美国的部分进口商品(第三批)加征关税的公告》(税委会公告〔2019〕4号)规定的加征税率。该公告附件1第一、二部分所列270个、646个税目商品的加征税率,由10%调整为5%;第三、四部分所列64个、737个税目商品的加征税率,由5%调整为2.5%。

除上述调整外,其他对美加征关税措施,继续按规定执行。

(十六)国务院关税税则委员会决定,开展对美加征关税商品市场化采购排除工作

2020年2月17日,国务院关税税则委员会发布公告,决定开展对美加征关税商品市场化采购排除工作(税委会公告〔2020〕2号)。

公告指出,为更好地满足我国消费者日益增长的需要,加快受理企业排除申请,根据《中华人民共和国海关法》《中华人民共和国对外贸易法》《中华人民共和国进出口关税条例》等有关法律法规规定,国务院关税税则委员会决定,开展对美加征关税商品市场化采购排除工作,根据相关中国境内企业的申请,对符合条件、按市场化和商业化原则自美国采购的进口商品,在一定期限内不再加征我国对美国301措施反制关税。

具体事项如下:

(1)申请主体:申请主体为拟签订合同自美采购并进口相关商品的中国境内企业。

(2)可申请排除的商品范围:可申请排除商品清单为部分我国已公布实施且未停止或未暂停加征对美国301措施反制关税的商品,见附件。对清单外商品,申请主体可提出增列排除商品的申请。对已出台和今后经批准出台的进口减免税政策项下自美国进口商品,以及快件渠道进口商品,自动予以排除并免于申请。纳入对美国加征关税商品排除清单、在排除期限内的商品,也无需进行申请。

(3)申请方式和时间:申请主体应通过排除申报系统(财政部关税政策研究中心网址 https://gszx.mof.gov.cn),按要求填报并提交市场化采购排除申请。排除申报系统于2020年3月2日起接受申请。

(4)申请填报要求:申请主体应根据上述网址关于排除申请的具体说明和要求,完整填写申请排除商品税则号列、采购计划金额等排除申请信息,以作为审核参考。申请增列排除商品的,还需填报加征关税对申请主体影响等必要说明。

申请主体应对填报信息的真实性负责,经核查发现填报虚假信息的,不考虑相关申请主体该项及后续若干批次的市场化采购排除申请。申请主体填报信息仅限于对美加征关税商品排除工作使用,未经申请主体同意不会向第三方公开,但法律法规和国家另有规定的除外。

(5)申请结果及采购实施:国务院关税税则委员会将根据申请主体填报信息,结合第一、二批对美加征关税商品排除申请情况,组织对有效申请逐一进行审核,并通过排除申报系统等方式,及时将排除申请结果通知申请主体。相关申请主体自核准之日起一年内进口核准金额范围内的商品,不再加征我国对美国301措施反制关税;超出部分不予排除,需自行负担加征关税。核准前已加征的关税税款不予退还。对在进口合同中明确规定且数量在10%(含)以内的溢装商品,也适用上述排除措施。检验检疫等其他进口监管事项按现行规定执行。

申请主体需根据相关说明和要求,及时上传成交信息。经核准的采购计划,当月未成交部分在月底自动失效;超出当月采购计划的成交,需在规定时间内追加排除申请,经国务院关税税则委员会核准后予以排除。申请主体应在进口报关前,根据拟报关信息,通过排除申报系统提交自我声明并领取排除编号。国务院关税税则委员会在自我声明提交后3个工作日内予以核准,由排除申报系统生成排除编号。申请主体在报关单上填写排除编号,按海关规定办理报关手续。

(十七)国务院关税税则委员会公布第二批对美加征关税商品第一次排除清单

2020年2月21日,国务院关税税则委员会发布公告,公布了第二批对美加征关税商品第一次排除清单(税委会公告〔2020〕3号)。

公告指出,根据《国务院关税税则委员会关于试行开展对美加征关税商品排除工作的公告》(税委会公告〔2019〕2号),国务院关税税则委员会组织对申请主体提出的有效申请进行审核,并按程序决定,对第二批对美加征关税商品,第一次排除其中部分商品,分两个清单实施排除措施。具体事项如下:

对清单一所列商品,自2020年2月28日至2021年2月27日(一年),不再加征我国为反制美国301措施所加征的关税。对已加征的关税税款予以退还,相关进口企业应自排除清单公布之日起6个月内按规定向海关申请办理。

对清单二所列商品,自2020年2月28日至2021年2月27日(一年),不再加征我国为反制美国301措施所加征的关税。已加征的关税税款不予退还。

(十八)国务院关税税则委员会公布第二批对美加征关税商品第二次排除清单

2020年5月12日,国务院关税税则委员会发布公告,公布了第二批对美加征关税商品第二次排除清单(税委会公告〔2020〕4号)。

公告指出,根据《国务院关税税则委员会关于试行开展对美加征关税商品排除工作的公告》(税委会公告〔2019〕2号),国务院关税税则委员会组织对申请主体提出的有效申请进行审核,并按程序决定,对第二批对美加征关税商品,第二次排除其中部分商品。

具体规定为:对附件清单所列商品,自2020年5月19日至2021年5月18日(一年),不再加征我国为反制美国301措施所加征的关税。对已加征的关税税款予以退还,相关进口企业应自排除清单公布之日起6个月内按规定向海关申请办理。

(十九)自2020年7月1日起,对原产于孟加拉人民共和国的97%税目产品给予零关税待遇

2020年6月16日,国务院关税税则委员会发布了《关于给予孟加拉人民共和国97%税目产品零关税待遇的公告》(税委会公告〔2020〕5号),决定自2020年7月1日起,对原产于孟加拉人民共和国的97%税目产品,适用税率为零的特惠税率。

公告指出,按照我国给予同中国建交的最不发达国家97%税目产品零关税待遇的承诺,根据我国与孟加拉人民共和国换文情况,自2020年7月1日起,对原产于孟加拉人民共和国的97%税目产品,适用税率为零的特惠税率。97%税目产品为《中华人民共和国进出口税则(2020)》(税委会公告〔2019〕9号)特惠税率栏中标示为"受惠国LD"的5 161个税目、"受惠国1LD1"的2 911个税目,以及"受惠国2LD2"的184个税目,共计8 256个税目。

(二十)自2020年7月1日起,原产于基里巴斯共和国的进口货物适用最惠国税率

2020年6月29日,国务院关税税则委员会发布了《关于原产于基里巴斯共和国的进口货物适用最惠国税率的通知》(税委会〔2020〕19号)。

通知指出,根据《中华人民共和国进出口关税条例》以及《中华人民共和国政府和基里巴斯共和国政府经济、贸易、投资和技术合作框架协定》,国务院关税税则委员会决定,自2020年7月1日起,在进出口关税方面给予基里巴斯共和国最惠国待遇,对原产于基里巴斯共和国的进口货物按《中华人民共和国进出口税则(2020)》(税委会公告〔2019〕9号)适用最惠国税率。

(二十一)自2020年8月1日起,对原产于基里巴斯共和国的97%税目产品给予零关税待遇

2020年7月10日,国务院关税税则委员会发布了《关于给予基里巴斯共和国97%税目产品零关税待遇的公告》(税委会公告〔2020〕6号),决定自2020年8月1日起,对原产于基里巴斯共和国的97%税目产品,适用税率为零的特惠税率。

公告指出,按照我国给予同中国建交的最不发达国家97%税目产品零关税待遇的承诺,根据我国与基里巴斯共和国换文情况,自2020年8月1日起,对原产于基里巴斯共和国的97%税目产品,适用税率为零的特惠税率。97%税目产品为《中华人民共和国进出口税则(2020)》(税委会公告〔2019〕9号)特惠税率栏中标示为"受惠国LD"的5 161个税目、"受惠国1LD1"的2 911个税目,以及"受惠国2LD2"的184个税目,共计8 256个税目。

(二十二)国务院关税税则委员会决定,第一批对美加征关税商品第一次排除清单延期

2020年9月14日,国务院关税税则委员会发布了《关于对美加征关税商品第一次排除延期清单的公告》(税委会公告〔2020〕8号)。

公告指出,根据《国务院关税税则委员会关于第一批对美加征关税商品第一次排除清单的公告》(税委会公告〔2019〕6号),第一批对美加征关税商品第一次排除清单将于2020年9月16日到期。国务院关税税则委员会按程序决定,对上述商品延长排除期限。

具体规定为:对附件所列16项商品,税委会公告〔2019〕6号规定的排除期限延长一年,即自2020年9月17日至2021年9月16日,继续不加征我国为反制美国301措施所加征的关税。

(二十三)国务院关税税则委员会决定,第一批对美加征关税商品第二次排除清单延期

2020年12月25日,国务院关税税则委员会发布了《关于对美加征关税商品第二次排除延期清单的公告》(税委会公告〔2020〕10号)。

公告指出,根据《国务院关税税则委员会关于第一批对美加征关税商品第二次排除清单的公告》(税委会公告〔2019〕8号),第一批对美加征关税商品第二次排除清单将于2020年12月25日到期。国务院关税税则委员会按程序决定,对上述商品延长排除期限。

具体规定为:对附件所列6项商品,税委会公告〔2019〕8号规定的排除期限延长一年,即自2020年12月26日至2021年12月25日,继续不加征我国为反制美国301措施所加征的关税。

(二十四)国务院关税税则委员会公布《2021年关税调整方案》

2020年12月21日,国务院关税税则委员会发布了《关于2021年关税调整方案的通知》(税委会〔2020〕33号),通知指出,为支持加快构建新发展格局,推动经济高质量发展,根据《中华人民共和国进出口关税条例》的相关规定,自2021年1月1日起,对部分商品的进口关税进行调整。

《2021年关税调整方案》中进口关税税率调整情况如下:

(1)最惠国税率。

①自2021年1月1日起,对883项商品(不含关税配额商品)实施进口暂定税率;自2021年7月1日起,取消9项信息技术产品进口暂定税率。

②对《中华人民共和国加入世界贸易组织关税减让表修正案》附表所列信息技术

产品最惠国税率,自 2021 年 7 月 1 日起实施第六步降税。

(2)关税配额税率。

继续对小麦等 8 类商品实施关税配额管理,配额税率不变。其中,对尿素、复合肥、磷酸氢铵 3 种化肥的配额税率继续实施 1% 的暂定税率。继续对配额外进口的一定数量棉花实施滑准税,并进行适当调整。

(3)协定税率和特惠税率。

①根据我国与有关国家或地区签署的贸易协定或关税优惠安排,除此前已经国务院批准实施到位的协定税率外,自 2021 年 1 月 1 日起,进一步下调中国与新西兰、秘鲁、哥斯达黎加、瑞士、冰岛、澳大利亚、韩国、智利、格鲁吉亚、巴基斯坦的双边贸易协定和亚太贸易协定的协定税率,其中,原产于蒙古的部分进口商品自 2021 年 1 月 1 日起适用亚太贸易协定税率。自 2021 年 7 月 1 日起,按照中国与瑞士的双边贸易协定和亚太贸易协定规定,进一步降低有关协定税率。

②根据《中华人民共和国政府和毛里求斯共和国政府自由贸易协定》,自 2021 年 1 月 1 日起,对原产于毛里求斯的部分商品实施协定第一年税率。

当最惠国税率低于或等于协定税率时,协定有规定的,按相关协定的规定执行;协定无规定的,二者从低适用。

③继续对与我国建交并完成换文手续的最不发达国家实施特惠税率,适用商品范围和税率维持不变。

此外,为满足产业发展和贸易管理需要,对部分税目、注释进行调整。经调整后,2021 年税则税目数共计 8 580 个。

(二十五)《中华人民共和国进出口税则(2021)》公布,自 2021 年 1 月 1 日起实施

2020 年 12 月 30 日,国务院关税税则委员会发布公告,公布了《中华人民共和国进出口税则(2021)》,自 2021 年 1 月 1 日起实施(税委会公告〔2020〕11 号)。

公告指出,根据《中华人民共和国进出口关税条例》及相关规定,公布《中华人民共和国进出口税则(2021)》,自 2021 年 1 月 1 日起实施。法律、行政法规等对进出口关税税目、税率调整另有规定的,从其规定。

二、出口关税政策变化

(一)自 2019 年 1 月 1 日起,调整部分出口商品出口税率

2018 年 12 月 22 日,国务院关税税则委员会发布《关于 2019 年进出口暂定税率等调整方案的通知》(税委会〔2018〕65 号),自 2019 年 1 月 1 日起对部分商品的进出口关税进行调整。

在出口关税税率方面,自2019年1月1日起继续对铬铁等108项出口商品征收出口关税或实行出口暂定税率,税率维持不变;取消94项出口暂定税率,主要包括化肥、磷灰石、铁矿砂、矿渣、煤焦油、木浆等。

(二)《中华人民共和国进出口税则(2019)》公布,自2019年1月1日起实施

2018年12月29日,《国务院关税税则委员会关于发布〈中华人民共和国进出口税则(2019)〉的公告》(税委会公告〔2018〕11号)发布。《中华人民共和国进出口税则(2019)》中的"出口税则"共涉及102个税目。法律、行政法规对进出口关税税目、税率调整另有规定的,仍依照法律、行政法规实行。

(三)自2020年1月1日起,出口商品出口税率维持不变

2019年12月18日,《国务院关税税则委员会关于2020年进口暂定税率等调整方案的通知》(税委会〔2019〕50号)发布。通知指出,在出口关税税率方面,自2020年1月1日起继续对铬铁等107项商品征收出口关税,适用出口税率或出口暂定税率,征收商品范围和税率维持不变。

(四)《中华人民共和国进出口税则(2020)》公布,自2020年1月1日起实施

2019年12月26日,国务院关税税则委员会发布公告,对外公布《中华人民共和国进出口税则(2020)》(税委会公告〔2019〕9号)。其中的"出口税则"共涉及102个税目,征收商品范围和出口税率维持不变。

(五)自2021年1月1日起,出口商品出口税率继续维持不变

2020年12月21日,国务院关税税则委员会发布《关于2021年关税调整方案的通知》(税委会〔2020〕33号)。通知指出,在出口关税税率方面,自2021年1月1日起继续对铬铁等107项商品征收出口关税,适用出口税率或出口暂定税率,征收商品范围和税率维持不变。

(六)《中华人民共和国进出口税则(2021)》公布,自2021年1月1日起实施

2020年12月30日,国务院关税税则委员会发布公告,公布了《中华人民共和国进出口税则(2021)》,自2021年1月1日起实施(税委会公告〔2020〕11号)。《中华人民共和国进出口税则(2021)》中的"出口税则"共涉及102个税目,征收商品范围和出口税率维持不变。

三、税收减免政策变化

(一)自2019年1月8日起,利比里亚共和国籍的应税船舶适用船舶吨税优惠税率

2019年1月4日,财政部发布《关于利比里亚共和国籍的应税船舶适用船舶吨税优惠税率的通知》(财关税〔2019〕1号)。

通知指出,根据《中华人民共和国船舶吨税法》和《中华人民共和国政府和利比里亚共和国政府海运协定》的相关规定,自2019年1月8日起,利比里亚共和国籍的应税船舶适用船舶吨税优惠税率,实施期限为5年,到期日为2024年1月7日。

(二)2019年度种子种源免税进口计划公布

2019年2月11日,财政部、海关总署、国家税务总局联合发布《关于2019年度种子种源免税进口计划的通知》(财关税〔2019〕7号)。

通知指出,"十三五"期间继续对进口种子(苗)、种畜(禽)、鱼种(苗)和种用野生动植物种源免征进口环节增值税。农业农村部2019年度种子(苗)、种畜(禽)、鱼种(苗)免税进口计划以及国家林业和草原局2019年度种子(苗)和种用野生动植物种源免税进口计划已经核定,按照《财政部 海关总署 国家税务总局关于"十三五"期间进口种子种源税收政策管理办法的通知》(财关税〔2016〕64号)有关规定执行。

(三)自2019年1月1日起,调整进口天然气税收优惠政策部分项目进口天然气年度进口规模

2019年3月21日,财政部、海关总署、国家税务总局联合发布《关于调整部分项目可享受返税政策进口天然气数量的通知》(财关税〔2019〕12号)。

通知指出,为贯彻落实《国务院关于促进天然气协调稳定发展的若干意见》(国发〔2018〕31号)的文件精神,根据《财政部 海关总署 国家税务总局关于对2011—2020年期间进口天然气及2010年底前"中亚气"项目进口天然气按比例返还进口环节增值税有关问题的通知》(财关税〔2011〕39号)和《财政部 海关总署 国家税务总局关于调整进口天然气税收优惠政策有关问题的通知》(财关税〔2013〕74号)中的有关规定,对上述政策中部分项目进口天然气的年度进口规模予以调整,具体如下:

(1)自2019年1月1日起,将浙江液化天然气项目可享受政策的进口规模调整为700万吨/年,将唐山液化天然气项目、天津液化天然气项目、广西液化天然气项目、天津浮式液化天然气项目、上海液化天然气项目可享受政策的进口规模调整为600万吨/年。

(2)浙江液化天然气项目、唐山液化天然气项目、天津浮式液化天然气项目、上海液化天然气项目可享受政策的2018年度进口量分别为547.2万吨、546.6万吨、353.5万吨、398.5万吨。

(四)第二届中国国际进口博览会展期内销售的进口展品税收优惠政策公布

2019年11月4日,财政部、海关总署、国家税务总局联合发布《关于第二届中国国际进口博览会展期内销售的进口展品税收优惠政策的通知》(财关税〔2019〕36号)。

通知指出,为支持第二届中国国际进口博览会(以下简称进口博览会)顺利举办,

将第二届进口博览会展期内销售的进口展品税收优惠政策通知如下：

(1)对2019年11月5日至2019年11月10日期间举办的第二届进口博览会展期内销售的合理数量的进口展品(不包括国家禁止进口商品、濒危动植物及其产品、国家规定不予减免税的20种商品和汽车)免征进口关税，进口环节增值税、消费税按应纳税额的70%征收。

(2)附件所列参展企业享受上述税收优惠政策的销售限额不超过列表额度。其他参展企业享受税收优惠政策的销售限额不超过2万美元，具体企业名单由进口博览会承办单位中国国际进口博览局、国家会展中心(上海)有限责任公司确定。

(3)超出享受税收优惠政策的销售限额又不退运出境的展品，按照国家有关规定照章征税。

(五)重大技术装备进口税收政策有关目录作出调整，自2020年1月1日起执行

2019年11月26日，财政部等五部门联合发布《关于调整重大技术装备进口税收政策有关目录的通知》(财关税〔2019〕38号)。

通知指出，根据近年来国内装备制造业及其配套产业的发展情况，在广泛听取产业主管部门、行业协会、企业代表等方面意见的基础上，财政部、工业和信息化部、海关总署、国家税务总局、国家能源局决定对重大技术装备进口税收政策有关目录进行修订。

(1)《国家支持发展的重大技术装备和产品目录(2019年修订)》(见该通知附件1)和《重大技术装备和产品进口关键零部件、原材料商品目录(2019年修订)》(见该通知附件2)自2020年1月1日起执行，符合规定条件的国内企业为生产该通知附件1所列装备或产品而确有必要进口附件2所列商品，免征关税和进口环节增值税。附件1、2中列明执行年限的，有关装备、产品、零部件、原材料免税执行期限截至该年度12月31日。

(2)进口不予免税的重大技术装备和产品目录(2019年修订)》(见该通知附件3)自2020年1月1日起执行。对2020年1月1日以后(含1月1日)批准的按照或比照《国务院关于调整进口设备税收政策的通知》(国发〔1997〕37号)有关规定享受进口税收优惠政策的下列项目和企业，进口附件3所列自用设备以及按照合同随上述设备进口的技术及配套件、备件，一律照章征收进口税收：

①国家鼓励发展的国内投资项目和外商投资项目；

②外国政府贷款和国际金融组织贷款项目；

③由外商提供不作价进口设备的加工贸易企业；

④中西部地区外商投资优势产业项目；

⑤《海关总署关于进一步鼓励外商投资有关进口税收政策的通知》(署税〔1999〕791号)规定的外商投资企业和外商投资设立的研究中心利用自有资金进行技术改造项目。

为保证《进口不予免税的重大技术装备和产品目录(2019年修订)》调整前已批准的上述项目顺利实施,对2019年12月31日前(含12月31日)批准的上述项目和企业在2020年6月30日前(含6月30日)进口设备,继续按照《财政部 发展改革委 工业和信息化部 海关总署 税务总局 能源局关于调整重大技术装备进口税收政策有关目录的通知》(财关税〔2018〕42号)附件3和《财政部 国家发展改革委 海关总署 国家税务总局关于调整〈国内投资项目不予免税的进口商品目录〉的公告》(2012年第83号)执行。

自2020年7月1日起对上述项目和企业进口《进口不予免税的重大技术装备和产品目录(2019年修订)》中所列设备,一律照章征收进口税收。为保证政策执行的统一性,对有关项目和企业进口商品需对照《进口不予免税的重大技术装备和产品目录(2019年修订)》和《国内投资项目不予免税的进口商品目录(2012年调整)》审核征免税的,《进口不予免税的重大技术装备和产品目录(2019年修订)》与《国内投资项目不予免税的进口商品目录(2012年调整)》所列商品名称相同,或仅在《进口不予免税的重大技术装备和产品目录(2019年修订)》中列名的商品,一律以《进口不予免税的重大技术装备和产品目录(2019年修订)》所列商品及其技术规格指标为准。

(3)自2020年1月1日起,《财政部 发展改革委 工业和信息化部 海关总署 税务总局 能源局关于调整重大技术装备进口税收政策有关目录的通知》(财关税〔2018〕42号)予以废止。

(六)有源矩阵有机发光二极管显示器件项目进口设备增值税分期纳税政策发布

2019年12月16日,财政部、海关总署、国家税务总局联合发布《关于有源矩阵有机发光二极管显示器件项目进口设备增值税分期纳税政策的通知》(财关税〔2019〕47号)。

通知指出,有源矩阵有机发光二极管(AMOLED)显示器件项目进口设备增值税分期纳税的有关政策具体规定如下:

(1)对有源矩阵有机发光二极管(AMOLED)显示器件项目于2019年1月1日至2020年12月31日期间进口的关键新设备,准予在首台设备进口之后的6年(连续72个月)期限内,分期缴纳进口环节增值税,6年内每年(连续12个月)依次缴纳进口环节增值税总额的0%、20%、20%、20%、20%、20%,期间允许企业缴纳税款超过上述比例。

(2)有源矩阵有机发光二极管(AMOLED)显示器件生产企业在分期纳税期间,按海关事务担保的规定,对未缴纳的税款提供海关认可的银行保证金或银行保函形式的税款担保,不予征收缓税利息和滞纳金。

(3)对企业已经缴纳的进口环节增值税不予退还。

上述分期纳税有关政策的具体操作办法依照附件《关于有源矩阵有机发光二极管显示器件项目进口设备增值税分期纳税的暂行规定》执行。

(七)自 2019 年 12 月 17 日起,我国取消新型显示器件进口税收政策免税额度管理

2019 年 12 月 17 日,财政部、海关总署、国家税务总局发布《关于取消新型显示器件进口税收政策免税额度管理的通知》(财关税〔2019〕50 号),自印发之日起执行。

通知指出,为进一步发挥进口税收政策效用,适应市场经济规律要求,对《财政部 海关总署 国家税务总局关于扶持新型显示器件产业发展有关进口税收政策的通知》(财关税〔2016〕62 号)修订如下:

(1)删除通知附件第四条中"在经核定的年度进口金额内,"和"零部件年度免税进口金额根据企业所进口生产设备的总值及设备使用年限,按照附 3 所列进口生产设备维修用零部件免税进口金额计算公式确定。新型显示器件生产企业超出年度免税进口金额进口的维修用零部件,应照章征税"。

(2)删除通知附件第六条中"对于其中涉及进口用于维修规定范围内的进口生产设备所需零部件的新型显示器件生产企业,国家发展改革委会同工业和信息化部将附 3 所列公式所需的新型显示器件生产企业'进口生产设备总值'、'设备的使用年限'等系数同时函告财政部。财政部会同海关总署和国家税务总局核算出新型显示器件生产企业各年度维修用零部件的免税进口金额并印发通知"。

(3)删除通知附件附 3"进口生产设备维修用零部件免税进口金额计算公式"。

(八)自 2019 年 12 月 17 日起,我国取消科技重大专项进口税收政策免税额度管理

2019 年 12 月 17 日,财政部、科技部、国家发展改革委员会、海关总署、国家税务总局发布《关于取消科技重大专项进口税收政策免税额度管理的通知》(财关税〔2019〕52 号),自印发之日起执行。

通知指出,为进一步发挥进口税收政策效用,适应市场经济规律要求,对《财政部 科技部 国家发展改革委 海关总署 国家税务总局关于科技重大专项进口税收政策的通知》(财关税〔2010〕28 号)修订如下:

(1)删除通知附件第五条第 1 项中",且进口数量在合理范围内"。

(2)删除通知附件第六条中"和涉及的进口税款"。

(3)修改通知附件第十条第二段中"免税额度内"为"范围内"。

(4)删除通知附件附1"科技重大专项项目(课题)进口物资确认函"中"免税进口物资额度:"。

(5)删除通知附件附2第3条中",申请免税进口金额、免税税款"。

(6)删除通知附件附2表1和表2中"进口数量、进口金额、进口税额"三列,删除"注:进口金额货币单位:万美元;进口税额货币单位:万元"。

(九)第四批享受进口税收优惠政策的中资"方便旗"船舶清单发布

2019年7月12日,财政部、海关总署、国家税务总局发布《关于第四批享受进口税收优惠政策的中资"方便旗"船舶清单的通知》。

通知指出,根据《财政部 海关总署 国家税务总局关于中资"方便旗"船回国登记进口税收政策问题的通知》(财关税〔2016〕42号)的规定,经审定,"江远太仓"等34艘中资"方便旗"船舶可享受免征关税和进口环节增值税的优惠,具体船舶清单见该通知附件。

(十)享受国有公益性收藏单位进口藏品免税政策的第三批国有公益性收藏单位名单公布

2019年7月8日,财政部、海关总署、国家税务总局发布《关于享受国有公益性收藏单位进口藏品免税政策的第三批国有公益性收藏单位名单的公告》(财政部 海关总署 税务总局公告2019年第79号)。

公告指出,根据《国有公益性收藏单位进口藏品免税暂行规定》(财政部 海关总署 国家税务总局公告2009年第2号)的规定,将享受该项税收优惠政策的第三批国有公益性收藏单位名单予以公告,自公告之日起执行。

(十一)《跨境电子商务零售进口商品清单(2019年版)》公布,自2020年1月1日起实施

2019年12月24日,财政部、国家发展改革委员会、工业和信息化部、生态环境部、农业农村部、商务部、中国人民银行、海关总署、国家税务总局、国家市场监督管理总局、国家药品监督管理局、国家密码管理局、濒危物种进出口管理办公室等13部委发布了《关于调整扩大跨境电子商务零售进口商品清单的公告》(财政部等公告〔2019〕96号)。

公告指出,为落实国务院关于调整扩大跨境电子商务零售进口商品清单的要求,促进跨境电子商务零售进口的健康发展,将《跨境电子商务零售进口商品清单(2019年版)》予以公布,自2020年1月1日起实施。本清单实施后,《财政部等13个部门关于调整跨境电子商务零售进口商品清单的公告(2018年第157号)》所附的清单同时废止。

(十二)自 2020 年 2 月 18 日起,我国取消"十三五"进口种子种源税收政策免税额度管理

2020 年 2 月 18 日,财政部、海关总署、国家税务总局发布《关于取消"十三五"进口种子种源税收政策免税额度管理的通知》(财关税〔2020〕4 号)。

通知指出,为进一步发挥进口税收政策效用,适应市场经济规律要求,对《财政部 国家税务总局关于"十三五"期间进口种子种源税收政策的通知》(财关税〔2016〕26 号)和《财政部 海关总署 国家税务总局关于"十三五"期间进口种子种源税收政策管理办法的通知》(财关税〔2016〕64 号)进行修订:

(1)删除财关税〔2016〕26 号通知正文第二条中"、数量"。

(2)对财关税〔2016〕64 号:

①删除通知正文第四条共八处"、数量"和"和数量"。

②删除通知正文第四条第(一)项中"产业主管部门应在免税进口建议中,对建议数量的增减情况进行分析说明,其中以育种或繁殖为目的的野生动植物种源,建议数量应以确保野生动植物存活和种群繁衍的合理需要为限","可以包括连续数个年度免税进口数量","核定的年度免税进口数量原则上不低于上一年度核定数量的40%","对于每个免税品种,产业主管部门标注确认的免税数量合计,不得超出对该品种核定的年度免税进口计划数量。",",可以在上一年度核定的免税进口计划数量的40%以内"。

③将通知正文第四条第(一)项第 4 点"标注确认进口单位所进口的品种和数量是否符合年度免税进口计划所核定的免税品种、数量范围"修改为"标注确认进口单位所进口的商品是否符合免税政策规定"。

④删除通知正文第五条",并对免税进口计划执行率较低的品种,进行分析说明","以及超过上一年度核定免税计划数量40%","和数量"。

(十三)自 2020 年 3 月 20 日起,我国取消海洋石油(天然气)开采项目免税进口额度管理

2020 年 3 月 20 日,财政部、海关总署、国家税务总局发布《关于取消海洋石油(天然气)开采项目免税进口额度管理的通知》(财关税〔2020〕5 号),自印发之日起执行。

通知指出,为进一步发挥进口税收政策效用,适应市场经济规律要求,对《财政部 海关总署 国家税务总局关于"十三五"期间在我国海洋开采石油(天然气)进口物资免征进口税收的通知》(财关税〔2016〕69 号,以下简称《通知》)修订如下:

(1)删除《通知》第一条中的"在规定的免税进口额度内"。

(2)将《通知》第三条中的"实行《免税物资清单》与年度免税进口额度相结合的管

理方式"修改为"实行《免税物资清单》管理。项目主管单位需按管理规定如实填报和出具《我国海洋开采石油(天然气)项目及其进口物资确认表》"。

(3)删除《通知》第四条中的"暂时进口物资不纳入免税进口额度管理"。

(4)删除《通知》第五条中的"并纳入免税进口额度统一管理"。

(5)删除《通知》附件的第三、四、六、九条。

(6)将《通知》附件第五条中的"各项目主管单位"修改为"自然资源部、中国石油天然气集团有限公司、中国石油化工集团有限公司、中国海洋石油集团有限公司作为项目主管单位";删除"及年度免税进口额度"。

(7)将《通知》附件第十条中的"发现项目主管单位擅自超出政策规定的项目范围或擅自超出上年免税进口额度认定的,暂停确定该项目主管单位下一年度的免税进口额度"修改为"发现项目主管单位擅自超出政策规定的项目范围认定的,暂停该项目主管单位下一年度的免税资格"。

(8)删除《通知》附件的附3《项目进口额申报表》。

对符合《通知》规定的项目,在该通知印发之日前进口的《免税物资清单》所列物资,因超出已印发的年度免税进口额度以及《通知》附件第六条规定免税进口额度而征收的税款不予退还。

(十四)自 2020 年 3 月 20 日起,我国取消陆上特定地区石油(天然气)开采项目免税进口额度管理

2020 年 3 月 20 日,财政部、海关总署、国家税务总局发布《关于取消陆上特定地区石油(天然气)开采项目免税进口额度管理的通知》(财关税〔2020〕6 号),自印发之日起执行。

通知指出,为进一步发挥进口税收政策效用,适应市场经济规律要求,对《财政部 海关总署 国家税务总局关于"十三五"期间在我国陆上特定地区开采石油(天然气)进口物资税收政策的通知》(财关税〔2016〕68 号,以下简称《通知》)修订如下:

(1)删除《通知》第二条中的两处"在规定的免税进口额度内"。

(2)将《通知》第三条中的"实行《免税物资清单》与年度免税进口额度相结合的管理方式"修改为"实行《免税物资清单》管理。项目主管单位需按管理规定如实填报和出具《我国陆上特定地区开采石油(天然气)项目及其进口物资确认表》"。

(3)删除《通知》第四条中的"暂时进口物资不纳入免税进口额度管理"。

(4)删除《通知》第五条中的"上述进口物资均纳入免税进口额度统一管理"。

(5)删除《通知》附件2的第三、四、六、九条。

(6)将《通知》附件2第五条的"各项目主管单位"修改为"中国石油天然气集团有

限公司、中国石油化工集团有限公司作为项目主管单位";删除"及年度免税进口额度"。

(7)将《通知》附件2第十条中的"发现项目主管单位擅自超出政策规定的项目范围或擅自超出上年免税进口额度认定的,暂停确定该项目主管单位下一年度的免税进口额度"修改为"发现项目主管单位擅自超出政策规定的项目范围认定的,暂停该项目主管单位下一年度的免税资格"。

(8)删除《通知》附件2的附3《项目进口额申报表》。

对符合《通知》规定的项目,在该《通知》印发之日前进口的《免税物资清单》所列物资,因超出已印发的年度免税进口额度以及《通知》附件2第六条规定免税进口额度而征收的税款不予退还。

(十五)自2020年4月15日起至2020年12月31日,暂免征收加工贸易企业内销税款缓税利息

2020年4月10日,财政部发布《关于暂免征收加工贸易企业内销税款缓税利息的通知》(财关税〔2020〕13号)。

通知指出,为稳定加工贸易发展,减轻企业负担,自2020年4月15日起至2020年12月31日,暂免征收加工贸易企业内销税款缓税利息。

(十六)《进口不予免税的重大技术装备和产品目录(2018年修订)》适用时间适当延长

2020年6月24日,财政部、工业和信息化部、海关总署、国家税务总局、国家能源局发布了《关于适当延长〈进口不予免税的重大技术装备和产品目录(2018年修订)〉适用时间的通知》(财关税〔2020〕28号)。

通知指出,为支持相关企业积极应对新冠肺炎疫情不利影响,适当延长《进口不予免税的重大技术装备和产品目录(2018年修订)》的适用时间,对《财政部 工业和信息化部 海关总署 税务总局 能源局关于调整重大技术装备进口税收政策有关目录的通知》(财关税〔2019〕38号)中的通知事项第二项修订如下:

(1)将"对2019年12月31日前(含12月31日)批准的上述项目和企业在2020年6月30日前(含6月30日)进口设备"中的"在2020年6月30日前(含6月30日)"修改为"在2020年12月31日前(含12月31日)"。

(2)将"自2020年7月1日起对上述项目和企业进口《进口不予免税的重大技术装备和产品目录(2019年修订)》中所列设备"中的"自2020年7月1日起"修改为"自2021年1月1日起"。

(十七)2020年中国国际服务贸易交易会展期内销售的进口展品税收优惠政策公布

2020年9月4日,财政部、海关总署、国家税务总局发布了《关于2020年中国国际服务贸易交易会展期内销售的进口展品税收优惠政策的通知》(财关税〔2020〕36号)。

通知指出,为支持2020年中国国际服务贸易交易会顺利举办,经国务院批准,将有关问题通知如下:

(1)对在2020年中国国际服务贸易交易会展期内销售的限额内的进口展品(不包括国家禁止进口商品、濒危动植物及其产品、烟、酒和汽车)免征进口关税、进口环节增值税和消费税。

(2)附件所列参展企业享受上述税收优惠政策的销售限额不超过列表额度。其他参展企业享受税收优惠政策的销售限额不超过2万美元,具体企业名单由北京市国际服务贸易事务中心确定。

(3)对展期内销售的超出享受税收优惠政策的销售限额的展品,以及展期内未销售且在展期结束后又不退运出境的展品,按照国家有关规定照章征税。

(十八)中国国际进口博览会展期内销售的进口展品税收优惠政策公布

2020年10月12日,财政部、海关总署、国家税务总局发布《关于中国国际进口博览会展期内销售的进口展品税收优惠政策的通知》(财关税〔2020〕38号),自印发之日起执行。

通知指出,为支持举办中国国际进口博览会,经国务院批准,就有关税收政策通知如下:

(1)对中国国际进口博览会展期内销售的合理数量的进口展品免征进口关税、进口环节增值税和消费税。享受税收优惠的展品不包括国家禁止进口商品,濒危动植物及其产品,烟、酒、汽车以及列入《进口不予免税的重大技术装备和产品目录》的商品。

(2)每个展商享受税收优惠的销售数量或限额,按附件规定执行。附件所列1—5类展品,每个展商享受税收优惠政策的销售数量不超过列表规定;其他展品每个展商享受税收优惠政策的销售限额不超过2万美元。

(3)对展期内销售的超出政策规定数量或限额的展品,以及展期内未销售且在展期结束后又不退运出境的展品,按照国家有关规定照章征税。

(4)参展企业名单及展期内销售的展品清单,由承办单位中国国际进口博览局和国家会展中心(上海)有限责任公司向上海海关统一报送。

(十九)海南自由贸易港原辅料"零关税"政策自2020年12月1日起执行

2020年11月11日,财政部、海关总署、国家税务总局发布《关于海南自由贸易港原辅料"零关税"政策的通知》(财关税〔2020〕42号),自2020年12月1日起执行。

通知指出,为贯彻落实《海南自由贸易港建设总体方案》,经国务院同意,将海南自由贸易港原辅料"零关税"政策通知如下:

(1)在全岛封关运作前,对在海南自由贸易港注册登记并具有独立法人资格的企业,进口用于生产自用、以"两头在外"模式进行生产加工活动或以"两头在外"模式进行服务贸易过程中所消耗的原辅料,免征进口关税、进口环节增值税和消费税。

(2)"零关税"原辅料实行正面清单管理,具体范围见该通知附件。清单内容由财政部会同有关部门根据海南实际需要和监管条件进行动态调整。

(3)附件所列零部件,适用原辅料"零关税"政策,应当用于航空器、船舶的维修(含相关零部件维修),满足下列条件之一的,免征进口关税、进口环节增值税和消费税:

①用于维修从境外进入境内并复运出境的航空器、船舶(含相关零部件);

②用于维修以海南为主营运基地的航空企业所运营的航空器(含相关零部件);

③用于维修在海南注册登记具有独立法人资格的船运公司所运营的以海南省内港口为船籍港的船舶(含相关零部件)。

(4)"零关税"原辅料仅限海南自由贸易港内企业生产使用,接受海关监管,不得在岛内转让或出岛。因企业破产等原因,确需转让或出岛的,应经批准及办理补缴税款等手续。以"零关税"原辅料加工制造的货物,在岛内销售或销往内地的,需补缴其对应原辅料的进口关税、进口环节增值税和消费税,照章征收国内环节增值税、消费税。"零关税"原辅料加工制造的货物出口,按现行出口货物有关税收政策执行。

(5)企业进口正面清单所列原辅料,自愿缴纳进口环节增值税和消费税的,可在报关时提出申请。

(6)相关部门应通过信息化等手段加强监管,防控可能的风险、及时查处违规行为,确保原辅料"零关税"政策平稳运行。海南省相关部门应加强信息互联互通,共享航空器、船舶等监管信息。

(二十)自2020年4月15日起,内销选择性征收关税政策试点扩大到所有综合保税区

2020年4月14日,财政部、海关总署、国家税务总局发布《关于扩大内销选择性征收关税政策试点的公告》(财政部 海关总署 税务总局公告2020年第20号)。

公告指出,为统筹内外贸发展,积极应对新冠肺炎疫情影响,自2020年4月15日起,将《财政部 海关总署 国家税务总局关于扩大内销选择性征收关税政策试点的通知》(财关税〔2016〕40号)规定的内销选择性征收关税政策试点,扩大到所有综合保税区。

(二十一)自 2020 年 8 月 5 日起,不再执行 20 种商品停止减免税规定

2020 年 8 月 5 日,财政部、海关总署、国家税务总局发布《关于不再执行 20 种商品停止减免税规定的公告》(财政部 海关总署 税务总局公告 2020 年第 36 号)。

公告指出,经国务院同意,自公告之日起,不再执行《国务院批转关税税则委员会、财政部、国家税务总局关于第二步清理关税和进口环节税减免规定意见的通知》(国发〔1994〕64 号)中关于 20 种商品"无论任何贸易方式、任何地区、企业、单位和个人进口,一律停止减免税"的规定。

20 种商品包括电视机、摄像机、录像机、放映机、音响设备、空调器、电冰箱和电冰柜、洗衣机、照相机、复印机、程控电话交换机、微型计算机及外设、电话机、无线寻呼系统、传真机、电子计算器、打字机及文字处理机、家具、灯具、餐料(指调味品、肉禽蛋菜、水产品、水果、饮料、酒、乳制品)。

(二十二)防控新型冠状病毒感染的肺炎疫情进口物资免税政策实施

2020 年 2 月 1 日,财政部、海关总署、国家税务总局发布《关于防控新型冠状病毒感染的肺炎疫情进口物资免税政策的公告》(财政部 海关总署 税务总局公告 2020 年第 6 号)。

公告指出,根据财政部、海关总署和国家税务总局联合发布的《慈善捐赠物资免征进口税收暂行办法》(公告 2015 年第 102 号)等有关规定,境外捐赠人无偿向受赠人捐赠的用于防控新型冠状病毒感染肺炎疫情的进口物资可免征进口税收。为进一步支持疫情防控工作,自 2020 年 1 月 1 日至 3 月 31 日,实行更优惠的进口税收政策。

(1)适度扩大《慈善捐赠物资免征进口税收暂行办法》规定的免税进口范围,对捐赠用于疫情防控的进口物资,免征进口关税和进口环节增值税、消费税。

①进口物资增加试剂、消毒物品、防护用品、救护车、防疫车、消毒车、应急指挥车。

②免税范围增加国内有关政府部门、企事业单位、社会团体、个人以及来华或在华的外国公民从境外或海关特殊监管区域进口并直接捐赠,境内加工贸易企业捐赠。捐赠物资应直接用于防控疫情且符合前述第①项或《慈善捐赠物资免征进口税收暂行办法》规定。

③受赠人增加省级民政部门或其指定的单位。省级民政部门将指定的单位名单函告所在地直属海关及省级税务部门。

无明确受赠人的捐赠进口物资,由中国红十字会总会、中华全国妇女联合会、中国残疾人联合会、中华慈善总会、中国初级卫生保健基金会、中国宋庆龄基金会或中国癌症基金会作为受赠人接收。

(2)对卫生健康主管部门组织进口的直接用于防控疫情的物资免征关税。进口物资应符合前述第(1)条第①项或《慈善捐赠物资免征进口税收暂行办法》规定。省级财政厅(局)会同省级卫生健康主管部门确定进口单位名单、进口物资清单,函告所在地直属海关及省级税务部门。

(3)对本公告项下免税进口物资已征收的应免税款予以退还。其中,已征税进口且尚未申报增值税进项税额抵扣的,可凭主管税务机关出具的《防控新型冠状病毒感染的肺炎疫情进口物资增值税进项税额未抵扣证明》,向海关申请办理退还已征进口关税和进口环节增值税、消费税手续;已申报增值税进项税额抵扣的,仅向海关申请办理退还已征进口关税和进口环节消费税手续。有关进口单位应在 2020 年 9 月 30 日前向海关办理退税手续。

(4)本公告项下免税进口物资,可按照或比照海关总署公告 2020 年第 17 号先登记放行,再按规定补办相关手续。

(二十三)海南离岛旅客免税购物政策发布,自 2020 年 7 月 1 日起执行

2020 年 6 月 29 日,财政部、海关总署、国家税务总局发布《关于海南离岛旅客免税购物政策的公告》(财政部 海关总署 税务总局公告 2020 年第 33 号),自 2020 年 7 月 1 日起执行。

公告指出,为贯彻落实《海南自由贸易港建设总体方案》,经国务院同意,将海南离岛旅客免税购物政策(以下称离岛免税政策)公告如下:

(1)离岛免税政策是指对乘飞机、火车、轮船离岛(不包括离境)旅客实行限值、限量、限品种免进口税购物,在实施离岛免税政策的免税商店(以下称离岛免税店)内或经批准的网上销售窗口付款,在机场、火车站、港口码头指定区域提货离岛的税收优惠政策。离岛免税政策免税税种为关税、进口环节增值税和消费税。

(2)本公告所称旅客,是指年满 16 周岁,已购买离岛机票、火车票、船票,并持有效身份证件(国内旅客持居民身份证、港澳台旅客持旅行证件、国外旅客持护照),离开海南本岛但不离境的国内外旅客,包括海南省居民。

(3)离岛旅客每年每人免税购物额度为 10 万元人民币,不限次数。免税商品种类及每次购买数量限制,按照本公告附件执行。超出免税限额、限量的部分,照章征收进境物品进口税。旅客购物后乘飞机、火车、轮船离岛记为 1 次免税购物。

(4)本公告所称离岛免税店,是指具有实施离岛免税政策资格并实行特许经营的免税商店,目前包括海口美兰机场免税店、海口日月广场免税店、琼海博鳌免税店、三亚海棠湾免税店。具有免税品经销资格的经营主体可按规定参与海南离岛免税经营。

(5)离岛旅客在国家规定的额度和数量范围内,在离岛免税店内或经批准的网上销售窗口购买免税商品,免税店根据旅客离岛时间运送货物,旅客凭购物凭证在机场、火车站、港口码头指定区域提货,并一次性随身携带离岛。

(6)已经购买的离岛免税商品属于消费者个人使用的最终商品,不得进入国内市场再次销售。

(7)对违反本公告规定倒卖、代购、走私免税商品的个人,依法依规纳入信用记录,三年内不得购买离岛免税商品;对于构成走私行为或者违反海关监管规定行为的,由海关依照有关规定予以处理,构成犯罪的,依法追究刑事责任。对协助违反离岛免税政策、扰乱市场秩序的旅行社、运输企业等,给予行业性综合整治。离岛免税店违反相关规定销售免税品,由海关依照有关法律、行政法规给予处理、处罚。

(8)离岛免税政策监管办法由海关总署另行公布。离岛免税店销售的免税商品适用的增值税、消费税免税政策,相关管理办法由国家税务总局商财政部另行制定。

本公告自2020年7月1日起执行。财政部公告2011年第14号、2012年第73号、2015年第8号、2016年第15号、2017年第7号,及财政部、海关总署、国家税务总局2018年公告第158号、2018年第175号同时废止。

(二十四)因新冠肺炎疫情不可抗力出口退运货物税收规定发布

2020年11月2日,财政部、海关总署、国家税务总局发布《关于因新冠肺炎疫情不可抗力出口退运货物税收规定的公告》(财政部 海关总署 税务总局公告2020年第41号)。

公告指出,经国务院批准,关于因新冠肺炎疫情不可抗力出口退运货物的相关税收规定,公告如下:

(1)对自2020年1月1日起至2020年12月31日申报出口,因新冠肺炎疫情不可抗力原因,自出口之日起1年内原状复运进境的货物,不征收进口关税和进口环节增值税、消费税,出口时已征收出口关税的,退还出口关税。

(2)对符合第(1)条规定的货物,已办理出口退税的,按现行规定补缴已退(免)增值税、消费税税款。

(3)自本公告发布之日起,符合第(1)条规定的退运货物申报进口时,企业向海关申请办理不征税手续的,应当事先取得主管税务机关出具的出口货物已补税(未退税)证明。

(4)自2020年1月1日起至本公告发布之日,符合第(1)条规定的退运货物已征收的进口关税和进口环节增值税、消费税,依企业申请予以退还。其中,未申报抵扣进口环节增值税、消费税的,应当事先取得主管税务机关出具的《因新冠肺炎疫情不可抗力出口货物退运已征增值税、消费税未抵扣证明》,向海关申请办理退还已征进口关税和进口环节增值税、消费税手续;已申报抵扣进口环节增值税、消费税的,仅向海关申请办理退还已征进口关税。进口收货人应在 2021 年 6 月 30 日前向海关办理退税手续。

(5)符合第(1)条、第(3)条和第(4)条规定的货物,进口收货人应提交退运原因书面说明,证明其因新冠肺炎疫情不可抗力原因退运,海关凭其说明按退运货物办理上述手续。

(二十五)防控新型冠状病毒感染的肺炎疫情进口物资不实施对美加征关税措施

2020 年 2 月 1 日,国务院关税税则委员会发布《关于防控新型冠状病毒感染的肺炎疫情进口物资不实施对美加征关税措施的通知》(税委会〔2020〕6 号)。

通知指出,为积极支持新型冠状病毒感染的肺炎疫情防控工作,对按照防控新型冠状病毒感染的肺炎疫情进口物资免税政策(详见财政部 海关总署 税务总局公告 2020 年第 6 号)进口且原产于美国的物资,不实施对美加征关税措施,即恢复我国对美国 232 措施所中止的关税减让义务、不加征我国为反制美国 301 措施所加征的关税;已加征税款予以退还。上述不实施加征关税措施与免税政策实施时间保持一致。

(二十六)海南自由贸易港交通工具及游艇实施"零关税"政策

2020 年 12 月 25 日,财政部、海关总署、国家税务总局发布《关于海南自由贸易港交通工具及游艇"零关税"政策的通知》(财关税〔2020〕54 号),自公布之日起实施。

通知指出,为贯彻落实《海南自由贸易港建设总体方案》,经国务院同意,将海南自由贸易港交通工具及游艇"零关税"政策通知如下:

(1)全岛封关运作前,对海南自由贸易港注册登记并具有独立法人资格,从事交通运输、旅游业的企业(航空企业须以海南自由贸易港为主营运基地),进口用于交通运输、旅游业的船舶、航空器、车辆等营运用交通工具及游艇,免征进口关税、进口环节增值税和消费税。

符合享受政策条件的企业名单,由海南省交通运输、文化旅游、市场监管、海事及民航中南地区管理局等主管部门会同海南省财政厅、海口海关、国家税务总局海南省税务局参照海南自由贸易港鼓励类产业目录中交通运输、旅游业相关产业条目确定,动态调整。

(2)享受"零关税"政策的交通工具及游艇实行正面清单管理,具体范围见该通知附件。清单由财政部、海关总署、税务总局会同相关部门,根据海南实际需要和监管条件动态调整。

(3)"零关税"交通工具及游艇仅限海南自由贸易港符合政策条件的企业营运自用,并接受海关监管。因企业破产等原因,确需转让的,转让前应征得海关同意并办理相关手续。其中,转让给不符合享受政策条件主体的,应按规定补缴进口相关税款。转让"零关税"交通工具及游艇,照章征收国内环节增值税、消费税。

(4)企业进口清单所列交通工具及游艇,自愿缴纳进口环节增值税和消费税的,可在报关时提出申请。

(5)"零关税"交通工具及游艇应在海南自由贸易港登记、入籍,按照交通运输、民航、海事等主管部门相关规定开展营运,并接受监管。航空器、船舶应经营自海南自由贸易港始发或经停海南自由贸易港的国内外航线。游艇营运范围为海南省。车辆可从事往来内地的客、货运输作业,始发地及目的地至少一端须在海南自由贸易港内,在内地停留时间每年累计不超过120天,其中从海南自由贸易港到内地"点对点""即往即返"的客、货车不受天数限制。

违反上述规定的,按有关规定补缴相关进口税款。

(6)海南省商交通运输、民航、财政、海关、税务等部门制定《海南自由贸易港"零关税"交通工具及游艇管理办法》,明确符合政策条件企业名单的确定程序,"零关税"交通工具及游艇进口后登记、入籍、营运、监管等规定,航空器、船舶经营自海南自由贸易港始发或经停海南自由贸易港的国内外航线的认定标准,车辆在内地停留时间每年累计不超过120天的适用情形及计算方式,"点对点"和"即往即返"运输服务的认定标准、认定部门和管理要求,以及违反规定的处理办法等内容。

(7)海南省相关部门应通过信息化等手段加强监管、防控风险、及时查处违规行为,确保交通工具及游艇"零关税"政策平稳运行,并加强省内主管部门信息互联互通,共享符合政策条件的企业、"零关税"交通工具及游艇的监管等信息。

第三节 中国海关法律规范及关税政策变化评述

作为我国18个税种之一的关税,是对进出境货品征收的一种流转税,它与船舶吨税以及进口环节增值税、消费税一起,都由我国海关征收。海关所征税收是我国财政收入特别是中央财政收入的重要来源。2020年我国海关征收关税收入2 564.25亿元,船舶吨税收入53.72亿元,进口货物增值税和消费税收入14 535.50亿元,海关所征税收收入共计17 153.47亿元,占中央一般公共预算收入82 770.72亿元的20.72%。关税不仅具有重要的财政职能,而且在宏观调控经济、微观调节消费结构、引导资源配置、保护国内产业发展、应对国际贸易摩擦、维护国家主权和利益等方面也有极为重要的作用。

2019—2020年,面对严峻复杂的国际政治经济形势和艰巨繁重的国内改革发展稳定任务,特别是在新冠肺炎疫情严重冲击和中美战略博弈的背景下,我国根据实际情况不断调整关税法律、法规和规章,进一步完善关税法律体系。在进出口关税政策方面,下调了部分进口商品的关税税率,分三次有步骤地降低信息技术产品最惠国税率,取消了化肥、铁矿石等部分出口商品的暂定税率。同时,对跨境电子商务零售进口商品的税收政策进行了调整,对进境物品进口税税率也作出了调整。在减免税优惠政策方面,也不断调整和完善,涉及海南自由贸易港的税收政策、海南离岛免税政策以及一些特定行业的减免税政策,有力地支持了相关产业和区域经济的发展。

一、2019—2020 年海关法律规范及关税变化特点

(一)制定或修改了部分海关法律文件,不断完善关税法律规范

我国关税法律规范包括全国人大及其常委会制定的法律、国务院制定的行政法规,以及海关总署等中央部委制定的行政规章规范性文件等几个层次。2019—2020年我国对涉及海关征税方面的部分行政法规,以及海关总署层次的许多行政规章和规范性文件作了适当修改、调整,特别是在操作层面的行政规章和规范性文件上,变化较多。概括起来主要有以下几个方面:

1. 修改或补充原产地规则,进一步完善我国的原产地制度

例如,为全面落实党和国家机构改革方案,国务院修订《中华人民共和国进出口货物原产地条例》。为正确确定我国参与的自由贸易协定货物的原产地,促进自由贸易区发展,海关总署先后发布《中华人民共和国海关〈中华人民共和国政府和智利共和国政府自由贸易协定〉项下进出口货物原产地管理办法》《中华人民共和国海关〈中华人民共和国政府和毛里求斯共和国政府自由贸易协定〉项下进出口货物原产地管理办法》等文件,我国进出口货物原产地规则进一步完善。

2. 为了建设海南自由贸易港,先后出台多个文件

国务院印发《海南自由贸易港建设总体方案》,指出在税收制度方面,按照零关税、低税率、简税制、强法治、分阶段的原则,逐步建立与高水平自由贸易港相适应的税收制度。为贯彻落实该方案要求,海关总署先后发布《中华人民共和国海关对洋浦保税港区监管办法》《海南自由贸易港进口"零关税"原辅料海关监管办法(试行)》,并修订《中华人民共和国海关对海南离岛旅客免税购物监管办法》。

3. 海关总署、财政部等部门发布多个文件,规范进出口货物减免税管理

例如,海关总署修订并重新公布《中华人民共和国海关进出口货物减免税管理办法》。财政部等多个部门联合发布《口岸出境免税店管理暂行办法》《重大技术装备进口税收政策管理办法》等文件,进一步规范了进出口货物减免税制度。

此外,为进一步推进简政放权、放管结合,优化服务改革,规范海关行政许可管理,落实国务院关于民法典所涉相关法律规范的清理要求,海关总署修订并重新公布了《中华人民共和国海关行政许可管理办法》,废止了《中华人民共和国海关关于进出口货物申请担保的管理办法》,修订了《中华人民共和国海关加工贸易货物监管办法》等文件。

(二)灵活调整进口关税政策,支持经济社会高质量发展

目前我国进口货物关税设置了包括最惠国税率、普通税率、协定税率、特惠税率、暂定税率等税率。2019—2020年我国最惠国税率、普通税率总体上保持稳定,同时出于扩大进口、满足国内消费者需求的目的,对进口暂定税率适度给予调整。协定税率和特惠税率是优惠税率,随着我国加入的自由贸易协定越来越多,适用协定税率和特惠税率的进口货物也在不断增加,税率有所下降。

1. 进口货物最惠国税率总体稳定,暂定税率适度调整

2019—2020年,我国进口关税政策相对稳定,最惠国税率变化较小。但是为积极扩大进口,削减进口环节制度性成本,激发进口潜力,优化进口结构,更好地满足人民生活需要,我国先后多次对进口暂定税率进行调整。

例如,自2019年1月1日起,对706项商品实施进口暂定税率。包括新增对花生粕、棉子粕、葵花子粕等10个税目的杂粕实施零关税;对国内生产治疗癌症、罕见病、糖尿病、乙肝、急性白血病等药品急需进口的重要原料实施零关税。

又如,自2020年1月1日起,我国对850余项商品实施低于最惠国税率的进口暂定税率。其中,为更好地满足人民生活需要,适度增加国内相对紧缺或具有国外特色的日用消费品进口,新增或降低冻猪肉、冷冻鳄梨、非冷冻橙汁等商品进口暂定税率;为降低用药成本,促进新药生产,对用于治疗哮喘的生物碱类药品和生产新型糖尿病治疗药品的原料实施零关税;为扩大先进技术、设备和零部件进口,支持高新技术产业发展,新增或降低半导体检测分选编带机等商品进口暂定税率;为鼓励国内有需求的资源性产品进口,新增或降低部分木材和纸制品进口暂定税率。与此同时,根据国务院全面禁止进口环境危害大、群众反映强烈的固体废物的有关精神,与进口废物管理目录的调整时间相衔接,自2020年1月1日起,取消钨废碎料和铌废碎料两种商品进口暂定税率,恢复执行最惠国税率。

为统筹利用国内国际两个市场两种资源,不断提高供给质量和水平,促进国民经济良性循环,自2021年1月1日起,我国对883项商品实施低于最惠国税率的进口暂定税率。与此同时,自2021年1月1日起,取消金属废碎料等固体废物进口暂定税率,恢复执行最惠国税率,以贯彻落实《固体废物污染环境防治法》。

此外,对《中华人民共和国加入世界贸易组织关税减让表修正案》附表所列信息技术产品最惠国税率先后自 2019 年 7 月 1 日、2020 年 7 月 1 日和 2021 年 7 月 1 日起实施第四步、第五步、第六步降税。

总之,我国充分发挥关税调控作用,主要通过调整暂定税率方式,实行有差异的结构性降税,这样既降低了关税总水平,也有利于满足国内高质量发展和人民日益增长的美好生活需要。

2. 协定税率和特惠税率有所下降,关税配额税率基本不变

协定税率和特惠税率是比最惠国税率更优惠的税率,协定税率适用于原产于与我国签订含有关税优惠条款的区域性贸易协定的国家或者地区的进口货物,特惠税率适用于原产于与我国签订含有特殊关税优惠条款的贸易协定的国家或者地区的进口货物。至 2020 年底,我国签订并实施的自由贸易协定或贸易安排有 17 个,相应的有 17 种协定税率。此外,对原产于 42 个国家或地区的进口货物设置了特惠税率。

2019—2020 年,根据我国与有关国家或地区签署的贸易或关税优惠协定,部分协定税率和特惠税率进一步降低。例如,自 2019 年 1 月 1 日起,对我国与新西兰、秘鲁、哥斯达黎加、瑞士、冰岛、韩国、澳大利亚、格鲁吉亚以及亚太贸易协定国家的协定税率进一步降低。自 2019 年 3 月 1 日起,对原产于智利的部分进口货品适用协定税率。自 2020 年 1 月 1 日起,对我国与新西兰、秘鲁、哥斯达黎加、瑞士、冰岛、新加坡、澳大利亚、韩国、智利、格鲁吉亚、巴基斯坦的双边贸易协定以及亚太贸易协定的协定税率进一步降低。自 2020 年 7 月 1 日起,按照我国与瑞士的双边贸易协定和亚太贸易协定规定,进一步降低有关协定税率。自 2021 年 1 月 1 日起,原产于蒙古国的进口货物可以适用亚太贸易协定的协定税率,对原产于毛里求斯的部分商品实施中国-毛里求斯自由贸易协定的协定税率。

在特惠税率方面,根据亚太贸易协定规定,自 2019 年 1 月 1 日起,对亚太贸易协定项下的特惠税率进一步降低。自 2020 年 7 月 1 日起,对原产于孟加拉人民共和国的 97% 税目产品,适用税率为零的特惠税率。自 2020 年 8 月 1 日起,对原产于基里巴斯共和国的 97% 税目产品,适用税率为零的特惠税率。自 2020 年 1 月 1 日起,赤道几内亚停止享受零关税特惠待遇。

我国对小麦等 8 类商品实施关税配额管理,设置了关税配额税率。同时根据中国-澳大利亚自由贸易协定,对原产于澳大利亚的羊毛,在国别关税配额内的,适用国别关税配额的协定税率。根据中国-新西兰自由贸易协定,对原产于新西兰的羊毛、毛条,国别关税配额内的,适用国别关税配额的协定税率。2019—2020 年,我国关税配额税率基本不变,但对配额外进口的一定数量棉花,适当调整了其滑准税。

协定税率与特惠税率的进一步降低有利于我国扩大双边、多边经贸合作,支持"一带一路"和自由贸易区建设,构建高水平自由贸易区网络,开拓互利共赢新局面。这也在很大程度上为内资企业在全球的发展打通了一条通衢大道,促进我国对外贸易稳定增长。

3. 有效应对中美贸易摩擦,进口加征关税调整频繁

2018年以来,在"美国优先"的口号下,美国抛弃相互尊重、平等协商等国际交往基本准则,实行单边主义、保护主义和经济霸权主义,对许多国家和地区特别是中国启用"201调查""232调查""301调查"等手段,通过不断加征关税等手段进行经济恫吓,掀起贸易摩擦。针对美国对我国商品加征关税的单边主义措施,我国统筹关税反制和关税排除工作,有效应对经贸摩擦。一方面,坚决反制美国单边主义措施。2018—2019年,坚决果断实施三轮关税反制,并灵活调整加征关税措施,充分体现了我国坚定捍卫国家尊严和人民利益、维护自由贸易和多边体制的决心。另一方面,创建关税排除制度体系。为缓解中美经贸摩擦对我国的不利影响,开创性地开展对美加征关税商品排除工作,根据我国利益相关方的申请,将部分符合条件的商品排除出对美加征关税范围,采取暂不加征关税、具备退还税款条件的退还已加征关税税款等排除措施。2019年以来,陆续发布4份排除清单,并自2020年2月起,进一步开展市场化采购排除工作,对相关进口商品采取不再加征我国对美反制关税等措施,及时缓解了企业困难,支持企业按市场化和商业化原则自主开展自美国采购和进口,推动中美经贸关系健康发展。表2.1反映了截至2020年底中美贸易摩擦加征关税及排除信息情况,可以看出,为反制美国,我国对美国产品频繁调整加征关税。

表2.1　　　　中美贸易战关税加征及排除信息汇总(截至2020年底)

加征关税措施	美国对中国产品加征关税情况				中国对美国产品反制加征关税情况			
	加征清单	加征时间	加征税率	排除情况	加征清单	加征时间	加征税率	排除情况
第一轮	340亿美元(818项)	2018-07-06	25%	已排除8批	340亿美元(545项)	2018-07-06	25%	已排除22个税目
	160亿美元(279项)	2018-08-23	25%	已排除3批	160亿美元(由114项调整至333项)	2018-08-23	25%	
第二轮	2 000亿美元5 745项	2018-09-24	10%	已排除11批	600亿美元(5 207项)	2018-09-24	5%和10%	已排除114个税目
		2019-05-10	提高至25%		(5 140项)	2019-06-01	调整至5%、10%、20%、25%	

续表

加征关税措施	美国对中国产品加征关税情况				中国对美国产品反制加征关税情况			
	加征清单	加征时间	加征税率	排除情况	加征清单	加征时间	加征税率	排除情况
第三轮	3 000亿美元（3 798项）	2019-09-01（清单一）	15%（2020-02-14税率降至7.5%）	已排除3批	750亿美元（5 078项）	2019-09-01（清单一1 717项）	5%和10%（2020-02-14税率降至2.5%和5%）	
		2019-12-15（清单二）	15%	暂停加征		2019-12-15（清单二3 361项）	5%和10%	暂停加征

（三）出口关税税率稳中有降

目前我国对一部分出口货物征收出口关税，其目的在于限制资源类产品的过度出口，以保护环境、保证国内资源可持续发展，或者调整国内产业结构和出口产品结构等。

2019—2020年期间，我国适度调整了征收出口关税的商品范围和税率，总体上看缩小了出口关税的征收范围，出口税率有所下调。例如，自2019年1月1日起，取消了包括化肥、磷灰石、铁矿砂、矿渣、煤焦油、木浆等94项出口商品暂定税率，继续对铬铁等108项出口商品征收出口关税或实行出口暂定税率。自2020年1月1日起，继续对铬铁等商品征收出口关税，但征收商品范围和税率维持不变。这种灵活及时的关税调控手段，一定程度上实现了政府的政策目标。

（四）充分利用关税调节工具，发挥减免税政策作用，支持国内经济社会发展

进口税收减免税政策是关税政策的重要组成部分，通过不断调整和完善减免税优惠政策，充分发挥关税调节功能，有力支持了国内相关产业和区域经济的发展。

1. 海南自由贸易港税收政策陆续出台

《海南自由贸易港建设总体方案》指出，按照零关税、低税率、简税制、强法治、分阶段的原则，逐步建立与高水平自由贸易港相适应的税收制度。所谓零关税，是指全岛封关运作前，对部分进口商品，免征进口关税、进口环节增值税和消费税。全岛封关运作、简并税制后，对进口征税商品目录以外、允许海南自由贸易港进口的商品，免征进口关税。

为贯彻落实上述要求，我国进一步完善了海南离岛旅客免税购物政策。离岛免税政策是指对乘飞机、火车、轮船离岛（不包括离境）旅客实行限值、限量、限品种免进口税购物，在实施离岛免税政策的免税商店内或经批准的网上销售窗口付款，在机场、火车站、港口码头指定区域提货离岛的税收优惠政策。自2020年7月1日起，离岛旅客每年每人免税购物额度提高为 10 万元人民币,不限次数。免税商品种类及每次购买数量限制,按照新的规定执行。

根据财政部、海关总署、国家税务总局发布的《关于海南自由贸易港原辅料"零关税"政策的通知》(财关税〔2020〕42 号),自 2020 年 12 月 1 日起,在全岛封关运作前,对在海南自由贸易港注册登记并具有独立法人资格的企业,进口用于生产自用、以"两头在外"模式进行生产加工活动或以"两头在外"模式进行服务贸易过程中所消耗的原辅料,免征进口关税、进口环节增值税和消费税。

此外,《关于海南自由贸易港交通工具及游艇"零关税"政策的通知》(财关税〔2020〕54 号)指出,全岛封关运作前,对海南自由贸易港注册登记并具有独立法人资格,从事交通运输、旅游业的企业(航空企业须以海南自由贸易港为主营运基地),进口用于交通运输、旅游业的船舶、航空器、车辆等营运用交通工具及游艇,免征进口关税、进口环节增值税和消费税,自 2020 年 12 月 25 日公布之日起执行。

2. 为支持新冠肺炎疫情防控工作,出台多项减免税政策

2019 年底爆发的新冠肺炎疫情,在全球范围迅速蔓延,涉及面广,影响深远。为积极支持新型冠状病毒感染的肺炎疫情防控工作,减轻国内企业负担,财政部等相关部门在疫情爆发后第一时间,出台了防疫进口物资减免税政策,有力地保障了进口防疫物资的供给。

根据财政部、海关总署、国家税务总局发布的《关于防控新型冠状病毒感染的肺炎疫情进口物资免税政策的公告》,自 2020 年 1 月 1 日至 3 月 31 日,实行更优惠的进口税收政策:一是适度扩大《慈善捐赠物资免征进口税收暂行办法》规定的免税进口物资范围、免税主体范围等,对捐赠用于疫情防控的进口物资免征进口关税和进口环节增值税、消费税;二是对卫生健康主管部门组织进口的直接用于防控疫情物资免征进口关税;三是对免税进口物资已征收的应免税款予以退还;四是免税进口物资可先登记放行,再按规定补办相关手续。

根据国务院关税税则委员会发布的《关于防控新型冠状病毒感染的肺炎疫情进口物资不实施对美加征关税措施的通知》(税委会〔2020〕6 号),对按照防控新型冠状病毒感染的肺炎疫情进口物资免税政策进口且原产于美国的物资,不实施对美加征关税措施,即恢复我国对美国 232 措施所中止的关税减让义务,不加征我国为反制美国 301 措施所加征的关税,已加征税款予以退还。

另外,为稳定加工贸易发展,减轻企业负担,自 2020 年 4 月 15 日起至 2020 年 12 月 31 日,暂免征收加工贸易企业内销税款缓税利息(财关税〔2020〕13 号)。自 2020 年 4 月 15 日起,内销选择性征收关税政策试点扩大到所有综合保税区(财政部 海关

总署 税务总局公告 2020 年第 20 号）。

而根据财政部、海关总署、国家税务总局发布的《关于因新冠肺炎疫情不可抗力出口退运货物税收规定的公告》，对自 2020 年 1 月 1 日起至 2020 年 12 月 31 日申报出口，因新冠肺炎疫情不可抗力原因，自出口之日起 1 年内原状复运进境的货物，不征收进口关税和进口环节增值税、消费税，出口时已征收出口关税的，退还出口关税。

3. 取消部分行业产品的进口免税额度管理，适应市场经济规律要求

为进一步发挥进口税收政策效用，适应市场经济规律要求，自 2019 年 12 月 17 日起，我国取消新型显示器件进口税收政策免税额度管理（财关税〔2019〕50 号），同时取消科技重大专项进口税收政策免税额度管理（财关税〔2019〕52 号）。自 2020 年 2 月 18 日起，取消"十三五"进口种子种源税收政策的免税额度管理（财关税〔2020〕4 号）。自 2020 年 3 月 20 日起，取消海洋石油（天然气）开采项目免税进口额度管理（财关税〔2020〕5 号），以及取消陆上特定地区石油（天然气）开采项目免税进口额度管理（财关税〔2020〕6 号）。

上述取消免税额度管理的政策，进一步推动相关单位根据市场情况合理确定进口规模，促进相关产业的健康发展。

4. 不再执行 20 种商品停止减免税规定

随着中国加入世界贸易组织，关税大幅降低，显著削减非关税壁垒，为了满足国内消费多样化需要，自 2020 年 8 月 5 日起，不再执行国发〔1994〕64 号文件中"无论任何贸易方式、任何地区、企业、单位和个人进口，一律停止减免税"的规定。这表明，之前不能减免税的 20 种商品，现在可以按规定享受相应的减免税政策。这有助于进一步优化我国贸易结构，推动经济高质量发展。

5. 特定行业、特定用途产品减免税政策得到延续

税收优惠政策是我国贯彻倾斜和扶持政策的重要手段。2019—2020 年，我国进口税收优惠政策体系不断完善，一些特定行业、特定用途产品的减免税政策适当作出调整，但总体上延续了以前的政策，保持了税收政策的延续性和完整性，一定程度上可以反映我国税收减免政策发挥的积极作用。

例如，继续实施中国国际进口博览会展期内销售的进口展品税收优惠政策，公布了中国国际服务贸易交易会展期内销售的进口展品税收优惠政策，调整了重大技术装备进口税收政策有关目录、《跨境电子商务零售进口商品清单（2019 年版）》，发布了有源矩阵有机发光二极管显示器件项目进口设备增值税分期纳税政策，等等。

二、我国关税发展前景

近年来，在全球贸易保护主义抬头的背景下，我国充分发挥关税作用，不断降低关

税税率,关税总水平已降至7.5%以下,略高于欧盟的5.1%,总体上适应了我国进入新发展阶段、提升对外开放水平的需要,显示了我国深化改革、扩大开放的决心,服务了国内高质量发展和消费升级目标,有利于满足国内高质量发展和人民日益增长的美好生活需要。未来,我国将面临更复杂的国内外环境,在进入新发展阶段、贯彻新发展理念、构建新发展格局的进程中,应该更好地发挥关税职能作用,为国内国际双循环服务,使其既能适度保护战略性新兴产业,又能支持高水平对外开放。

(一)加强关税立法,完善海关法律规范

"落实税收法定原则"是党的十八届三中全会决定提出的一项重要改革任务,目前海关征收的税种中,仅船舶吨税由全国人大常委会制定了《中华人民共和国船舶吨税法》。"关税法""增值税法"和"消费税法"还在制定之中。此外,面对近年海关职能的重大变化,原《中华人民共和国海关法》已不适应当前发展形势,需要对其作出重大修改。因此未来一段时间,加强关税立法、进一步完善海关法律规范是一项十分紧迫的任务。

(二)优化关税结构,充分发挥关税动态调控作用,服务国内国际双循环目标

尽管我国关税总水平已降至7.5%以下,但是与欧美国家相比,仍有下调的空间。未来可以研究与我国发展阶段相适应的各类商品关税水平,进一步优化关税税率结构,主要通过暂定税率、配额税率、税目设置等工具,发挥好关税动态调控作用,统筹进口和出口、上游和下游、生产和消费的关系,灵活有效地平衡竞争与保护。充分利用关税的双重职能,既要适度保护国内战略性新兴产业,满足国内大循环的需求,又要支持高水平对外开放,改善我国生产要素配置质量和水平,保障经济循环畅通无阻,使关税成为支持国内国际双循环的有力政策工具。

(三)坚持制度创新,完善区域关税政策,落实深化改革开放重大决策

为落实国内自由贸易实验区、海南自由贸易港、深圳社会主义先行示范区、上海浦东社会主义现代化建设引领区、横琴粤澳深度合作区等区域重大战略部署,未来必须立足国内发展大局,支持改革创新,对标高标准国际经贸规则,围绕制度创新和各特殊区域发展定位,有针对性地制定关税政策制度体系,支持建设改革开放制度高地,积极推动区域经济发展。

(四)积极参与关税谈判,进一步完善自由贸易区网络,开拓互利共赢新局面

截至2020年底,我国已与28个国家或地区签署并实施了16项自由贸易协定或优惠贸易安排,与自由贸易伙伴的贸易额已达我国外贸总额的41%。部分自由贸易协定已签署但尚未实施,例如区域全面经济伙伴关系协定(RCEP)、中国-柬埔寨自由贸易协定等。此外,我国与挪威、以色列等国家或地区的自由贸易谈判还在进行中。

关税是货物贸易自由化的主要议题。协定税率和特惠税率是自由贸易协定的常见优惠税率,对多边双边贸易的发展有很大的促进作用。未来,我国将继续科学制订关税谈判方案并参加谈判,积极参与国际经贸规则制订,在多双边关税谈判中争取达成互利共赢的协定,深化商品等要素流动型开放,不断完善自由贸易区网络,维护以世界贸易组织为核心的多边贸易体制。

(五)加强国际经贸规则博弈,维护国家经济安全,捍卫国家主权和尊严

关税是贸易救济和经贸斗争的重要工具,它对内调控宏观经济,对外代表国家主权,具有很强的政治属性。近年来,国际贸易保护主义有所抬头,国际贸易摩擦时有发生,特别是中美之间的摩擦短时间内难有改善,在国际贸易摩擦中,未来需要统筹多边双边规则博弈,利用包括关税调控在内的多种手段,捍卫国家主权和尊严。为了维护国家利益,保障国家经济安全,要统筹发展与安全,增强风险意识,处理好开放发展和国家安全的动态平衡关系,运用关税手段推动构建多元稳定的贸易渠道,在保障国家粮食安全、能源安全、产业链供应链安全等方面发挥应有作用。针对损害我国产业的不公平贸易行为,应合理运用关税措施实施贸易救济,营造有利于公平竞争的贸易环境。

(六)引导资源有效配置,支持国家战略科技和产业结构调整

关税处于国内国际双循环的联结点,是引导资源配置的有效手段。通过关税税目税率的精准设置,可以统筹国内国际两个市场、两种资源的优势,灵活有效地平衡竞争与保护。未来将继续通过减免税政策和暂定税率,发挥关税动态调控作用,鼓励先进技术设备、关键零部件、原材料等进口,促进产业结构调整和发展,支持科技创新,支持绿色低碳发展,支持高水平开放经济,支持协调平衡发展,增加优质产品进口,推动消费优化升级,努力提高人民群众的获得感和幸福感。

(本章执笔:钟昌元副教授)

第三章

境外关税政策变化

2019年,全球经济增速持续下滑,主要发达经济体增速持续下行,新兴经济体下行压力加大,国际贸易与投资表现不佳,全球贸易增速低于经济增速。美国特朗普政府推行经济单边主义和贸易保护主义政策是全球经济增速下滑的主要原因,各国尤其是发达经济体货币与财政政策效果减弱导致全球总需求不足,也严重抑制了全球经济增长。

2020年,受新冠肺炎疫情影响,世界各国(地区)经济社会停摆,国际贸易急剧萎缩,全球经济陷入衰退。习近平总书记指出,当今世界正在经历百年未有之大变局。新冠肺炎疫情全球大流行使这个大变局加速变化,经济全球化遭遇逆流,保护主义、单边主义上升,世界经济低迷,国际贸易和投资大幅萎缩,给人类生产生活带来前所未有的挑战和考验。

在美国特朗普政府推行经济单边主义、实施全球关税制裁,以及新冠肺炎疫情造成产业链供应链中断、国际贸易大幅萎缩的大背景下,通过考察全球各国关税政策变化,进而深层次理解百年未有之大变局中全球经济与贸易环境变化,具有十分重要的现实意义。

需要说明的是,本章不包括出于贸易救济角度而进行的关税调整,也不包括针对特定国家的关税调整。本章的资料主要来源于中华人民共和国商务部网站(驻外经商机构提供的资讯)。

第一节 2019—2020年境外进口关税政策变化

境外进口关税政策的变化包括进口关税税率的上调、下调或者取消。无论是进口

关税税率的上调、下调还是取消,都是出于调节国内贸易的目的。2019—2020年,境外各国进口关税调整变化具体如下:

(一)欧亚经济联盟降低私人使用产品进口免税门槛

根据欧亚经济委员会理事会决议,自2019年1月1日起通过地面交通进入欧亚经济联盟成员国境内的私人使用产品免关税门槛降至500欧元,重量不超过25千克。该规定涵盖公路、铁路、海运、步行所携带的产品,空运免关税限额不变,仍为10 000欧元。据悉,俄罗斯此前通过公路、铁路、海运私人使用产品免关税限额为1 500欧元,重量限制为50千克。如超过限制,需缴纳产品总值的30%作为关税,超过限额和(或)限重的部分,需缴纳的关税不低于4欧元/千克。

(二)阿联酋阿布扎比自2019年1月15日起对工业进口免征关税

阿布扎比经济发展局(ADDED)公布,为刺激阿布扎比工业发展,自2019年1月15日起对工业进口免征关税,主要包括原材料、机械设备和零部件。

(三)多米尼克取消生物可降解物品进口关税

为配合对聚苯乙烯泡沫塑料产品如一次性便当饭盒、杯子等塑料食品用具禁令的实施,多米尼克政府决定从2019年元旦起取消生物可降解物品的进口关税。

(四)韩国通过2019年关税配额与关税调整法规修订案

韩国国务会议审议通过2019年关税配额与关税调整法规修订案。该案规定,为培育电池等新兴产业的竞争力,降低硫酸钴、锂钴氧化物、切割机、干燥机等28个充电电池制造零配件;电极膜连接体、离子交换膜等4个燃料电池制造零配件;拉伸机、石英玻璃基板等4个显示屏与半导体制造零配件的关税税率。此外,原油、天然气、钢铁、塑料、纤维、皮革、玉米、大豆、大麦等47个以原材料为主的商品关税税率也被下调。关税下降的商品种类较2018年增加了10个,共计79个。同时上调石脑油、冷冻明太鱼、冷冻秋刀鱼、辣椒酱等14个商品的关税税率,主要目的是保护本国农渔产业。上述税率从2019年1月1日执行到2019年12月31日。

(五)欧盟对26种钢产品设置进口配额

欧盟对26种钢产品设置进口配额,不同国家配额不同,超过配额则加征25%的关税。欧盟钢铁进口配额维持在2015—2017年平均进口量上浮5%的水平,计划2019年及2020年7月1日均再上调5%。欧盟委员会2019年8月14日在一份声明中表示,自2019年10月1日起将钢铁保障措施进口配额增幅从5%削减至3%。

(六)约旦自2019年起恢复对全电动汽车征税,税率为25%

约旦海关称,全电动汽车免税政策已在2018年12月31日截止,2019年1月1日起开始征税。

（七）巴基斯坦经济协调委员会允许棉花免税进口

为适应纺织行业的需求，巴基斯坦经济协调委员会决定于2019年2月1日至6月30日批准对进口棉花免征关税、附加税和销售税。这一举措的目的是支持纺织工业，特别是保障其出口部门有足够的棉花供应。报道称，巴基斯坦棉花进口此前一直保持免税状态，2014—2015财年免税政策被取消，征收1%的关税与5%的销售税。目前，棉花进口需征收3%的关税、2%的附加税和5%的销售税。

（八）阿联酋提高螺纹钢、线材进口关税至10%

阿联酋联邦海关总署宣布，自2019年1月起，阿联酋提高螺纹钢、线材进口关税至10%（此前为5%），以保护国内钢铁行业的发展。在新关税税率执行一年后，经济部将对其进行评估。

（九）孟加拉国免征对小散件进口摩托车征收的补充关税

孟加拉国国家税务总局2019年3月18日颁布条例规定，免征对小散件进口摩托车征收的补充关税，以鼓励孟加拉国国内摩托车生产企业发展。2018年孟加拉国摩托车销售量为48万辆，同比增长24%，预计2019年底将达约60万辆。

（十）墨西哥恢复征收进口钢铁关税

该关税针对没有与墨西哥签署自由贸易协定的国家，涉及186种钢铁产品。新钢铁关税将从当地时间2019年3月26日开始，持续半年。

为应对全球钢铁生产过剩和倾销，墨西哥于2015年开始征收钢铁进口关税，涉及97种钢铁产品。

（十一）阿塞拜疆取消喷气发动机燃料进口关税

阿塞拜疆内阁决定，自2019年5月15日至2020年1月1日，取消喷气发动机的TS-1燃料、K-20照明煤油以及KT-2技术煤油15%的进口关税。根据内阁另一项决定，对上述类型的燃料征收1马纳特/吨的消费税，于2019年5月15日至2020年1月1日有效。

（十二）墨西哥调高66项纺织成衣类产品暂时性进口关税税率

为有效管理及防范进口纺织成衣类产品价格低报的现象，墨西哥2019年4月10日发布公告，修改墨西哥海关进出口税则的行政命令：

（1）依据墨西哥政府2014年12月26日颁布的为提升纺织成衣业生产力、竞争力及打击进口纺织成衣类产品价格低报实施相关措施的行政命令，虽然已经责成墨西哥经济部及财政部及时采取有效的办法，但是为更进一步有效管理及防范进口纺织成衣类产品低报价格现象，需尽快修订墨西哥海关税则，尤其针对第55、59、60、61、62、63及94章纺织成衣类产品进行税号调整，新增213项新税号，修改3项税号中产品内容的叙述部分,以及废除 69 项税号,并自公告发布的 15 日后(2019 年 4 月 25 日)生效。

(2)调高 66 项纺织成衣类产品暂时性进口关税税率至 25%,为期 180 日,亦自公告发布的 15 日后生效。

(3)210 项产品于公告生效实施 180 日后,再将进口关税调降为 20%。

(十三)乍得免除农产品增值税和关税

2019 年 5 月 10 日,乍得财政和预算部与矿业、工贸发展和私营业促进部颁布联合法令,宣布即日起免除大米、面粉、食用油和面食增值税和关税。

(十四)尼日利亚对非盟成员国以外国家和地区部分商品征收特别税

2019 年 5 月 20 日,尼日利亚财政部部长扎伊纳巴·艾哈迈德表示,联邦执行委员会已批准对从非盟成员国以外的国家和地区进口到尼日利亚的部分商品征收 0.2% 的特别税。

(十五)美国对双面太阳能组件不再征收关税

2019 年 6 月 12 日,美国贸易代表办公室公布的一份文件显示,经联邦贸易部门裁定,双面太阳能组件将不再受 201 条款的约束,即双面太阳能组件产品出口到美国不用再支付 25% 的关税费用。

(十六)厄瓜多尔对进口电动汽车免征关税

厄瓜多尔《商报》2019 年 6 月 6 日报道,厄瓜多尔对外贸易委员会通过一项决议,对进口电动汽车免征关税。电动汽车电池和充电装置关税也将降至 0%。

2017 年,厄瓜多尔已对离岸价(FOB)不超过 4 万美元的电动汽车及其零配件免征进口关税。厄瓜多尔机动车企业协会数据显示,2018 年,厄瓜多尔共售出电动汽车 130 辆,仅占厄瓜多尔汽车市场份额约 0.1%。目前在厄瓜多尔有售的电动汽车品牌包括中国大阳、汉腾和韩国起亚,均为进口车辆,售价在 7 112~34 990 美元不等。中国汽车制造商比亚迪(BYD)预计于 2021 年在厄瓜多尔开展电动巴士生产业务。

(十七)马达加斯加对部分商品免除海关税和增值税

根据马达加斯加《新闻报》2019 年 6 月 5 日消息,5 月 15 日由部长会议通过的马达加斯加《财政修订法》免除太阳能成套部件、避孕套及用于零售的婴幼儿食用营养牛奶的海关税和增值税。法案中称,此项免除三项产品海关税及增值税的措施预计将减少 2019 年海关税收的 0.14%,即 37.1 亿阿里亚里,约合 106 万美元。

(十八)巴基斯坦减免药品等生活必需品和多种生产原材料关税

巴基斯坦《国民报》2019 年 6 月 17 日报道,巴基斯坦联邦税收委员会(FBR)高级官员表示,政府在 2019—2020 财年预算中为包括药品、食品和饮料在内的各种日常生活必需品提供了税收减免。巴基斯坦政府内阁批准《国家关税政策》,并将于 2020—

2021 财年逐步实施该政策。新关税政策将降低甚至免除原材料进口关税、促进制造业投资、降低进口关税负担并改善消费者福利。

政府对 18 种医疗产品、健康医疗设备、罕见病药品等免征关税,但同时提高奢侈品和非必需品的关税。政府还鼓励地方工业发展和促进国家出口,并为支持地方工业减免了 1 650 多种原材料关税,包括印刷造纸、木材和家具、LED 面板制造、食品行业、纺织机械、家用电器等行业。

(十九)菲律宾降低鸡肉和火鸡肉的机械去骨肉关税

据菲律宾《商业镜报》2019 年 6 月 18 日报道,菲律宾国家经济发展署(NEDA)建议,杜特尔特总统于 6 月 13 日签署行政命令,将鸡肉和火鸡肉的机械去骨肉(MDM)的关税保持在 5%,直到 2020 年。

菲律宾鉴于经济状况需要继续对某些农产品降低税率,以减轻高价商品的影响。菲律宾国家经济发展署副署长 Rosemarie G. Edillon 表示,将关税税率维持在 5% 的决定是为了减少通胀压力。

(二十)多米尼克从 2019 年 10 月 1 日起免征电动车的进口关税和增值税

多米尼克总理斯凯里特在 2019 年 7 月 30 日提交议会的"2019—2020 财年预算案说明"中表示,为促进"把多米尼克建成世界上第一个适应气候变化的国家",多米尼克政府决定从 2019 年 10 月 1 日起把对环境更友好型电动车(包括电动客车、电动汽车和电动摩托车)的进口关税和增值税降为零,以鼓励居民转变车辆使用方式。

斯凯里特同时宣布,从 2019 年 10 月 1 日起对 21~29 座、车龄 5 年以内的客车免征进口关税和消费税,重点促进邮轮旅游业的投资和发展。

(二十一)欧亚经济联盟调整 2020 年肉类进口关税配额

欧亚经济委员会 2019 年 8 月确定各成员国 2020 年肉类进口关税配额,分别为:俄罗斯牛肉 57 万吨、禽肉 36.4 万吨、乳清 1.5 万吨;哈萨克斯坦牛肉 2.1 万吨、禽肉 14 万吨;白俄罗斯猪肉 2 万吨、去骨鸡肉 1 万吨、去骨火鸡肉 0.9 万吨;吉尔吉斯斯坦禽肉 5.8 万吨、牛肉 0.5 万吨、猪肉 0.35 万吨。各成员国依照本国法律分配对贸易伙伴国的关税配额数量,关税配额内的进口商品享受较低关税税率。

(二十二)哈萨克斯坦对进口热轧钢实行配额保护

哈萨克斯坦贸易和一体化部 2019 年 8 月发布消息,为保护金属轧材生产商免受第三国限制措施影响,哈萨克斯坦将在欧亚经济联盟框架下对进口热轧钢实行配额保护政策。哈萨克斯坦为热轧钢产品设定的进口配额为 12 029 吨,对超出配额的进口产品将征收 20% 的关税。上述配额自 2019 年 12 月 1 日起生效。配额和关税政策不适用于自发展中国家、最不发达国家(朝鲜除外)、独联体自由贸易协定各方(乌克兰除外)进口的热轧钢。在配额框架下,哈萨克斯坦仍计划进口本国不能生产的轧钢产品。哈萨克斯坦贸易和一体化部表示,在美国、欧盟采取贸易措施的背景下,实行专门配额有利于保护哈萨克斯坦国内市场,保护哈萨克斯坦商品在欧亚经济联盟市场的份额。

(二十三)尼加拉瓜对部分商品征收进口关税

2019年8月,尼加拉瓜奥尔特加政府对原本免税的16种商品征收进口关税。其中,13种商品按进口产品价格征收15%关税,2种商品征收10%关税,剩下的1种商品征收5%关税。涉及商品包括罐装沙丁鱼、调汤汤料、身体除味除汗剂、手电筒、牙刷、塑料手套、橡胶手套、口罩、精炼花生油、精炼橄榄油、精炼葵花籽油、精炼棉花油、精炼可可油、精炼杏仁油和精炼玉米油。

尼加拉瓜进口关税税率在5%~15%之间,自2008年和2009年起,该国政府对包括上述产品在内的进口商品分别实施了不同程度的关税优惠政策。面对2019年的经济危机和预算赤字等问题,尼加拉瓜政府对原本免税的16种商品征收进口关税。

(二十四)哥伦比亚调高成衣产品关税

哥伦比亚政府于2019年8月公布第1419号行政命令,宣布自11月3日起调高关税税则号第61、62章成衣产品关税,对申报价格(FOB)每千克等于或低于20美元的成衣产品课征37.9%的关税,高于此价格的产品则课征10%再外加3美元的关税。

哥伦比亚成衣关税为15%,另依据2017年第1786号行政命令(有效期至2019年11月2日),对进口申报价格(FOB)每千克等于或低于10美元的成衣产品课征40.0%的关税。

(二十五)哥伦比亚免除进口电动车关税

哥伦比亚政府发布2019年第2051号法令规定,进口电动车关税税率降至0%,并取消进口配额限制;进口纯天然气动力车辆关税税率降至5%。哥伦比亚贸工部副部长巴尔迪维索表示,此法令符合哥国家利益、利于车辆更新换代、减少二氧化碳和颗粒物排放,且可切实履行《巴黎协定》。

哥伦比亚2019年第2051号法令具体内容是:

(1)将原海关编码8701.20.00.00(半挂车用的公路牵引车)新增细分编码8701.20.00.10(纯天然气动力车)和8701.20.00.90(其他),对进口前者的关税税率设为5%,后者设为15%。

(2)对进口纯天然气动力车辆(海关编码:8702.90.20.10、8703.22.10.20、8703.22.90.30、8703.23.10.20、8703.23.90.30、8703.24.10.20、8703.24.90.30、8704.31.10.10)的关税税率设为5%。

(3)对进口电力发动机车辆(海关编码8702.40.10.00、8702.40.90.10、

8702.40.90.90、8703.80.10.00、8703.80.90.00、8704.90.51.00、8704.90.59.00)的关税税率设为0%,并取消原相关法令的有效期及进口配额限制(原办法规定:零关税有效期截至2027年,并设进口配额:2017—2019年1 500辆/年、2020—2022年2 300辆/年、2023—2027年3 000辆/年)。

(4)上述办法自该法令公布之日(2019年11月14日)起15日后正式生效。

(二十六)欧亚经济联盟将进口军用运输机零关税政策有效期延长至2023年底

哈萨克斯坦贸易和一体化部2019年12月发布消息称,近期在圣彼得堡召开的欧亚经济委员会执委会会议讨论了哈萨克斯坦提出的建议,同意将欧亚经济联盟进口军用运输机零关税政策的有效期延长至2023年底。

哈萨克斯坦贸易和一体化部副部长库舒科娃表示,哈萨克斯坦提出上述建议的主要原因是哈萨克斯坦正计划更新本国航空机队,以提高国土防御能力,而目前欧亚经济联盟境内缺乏同类军用运输机的生产制造能力。

(二十七)自第三国进入欧亚经济联盟的每个邮包的免关税门槛自2020年起调整为200欧元

自2020年1月1日起,自第三国进入欧亚经济联盟的每个自用商品邮包的免关税门槛调整为200欧元,此前的标准为每月500欧元,重量限额为31千克。若价值超过200欧元或总重超过31千克,需对超过限额的部分支付15%的关税,且每千克关税不低于2欧元。

(二十八)巴基斯坦免除进口小麦关税

巴基斯坦《黎明报》2020年1月21日报道,由于全国范围内的面粉短缺,巴基斯坦经济协调委员会(ECC)近期批准了免税进口30万吨小麦的决定,允许小麦免税进口至2020年3月31日。

(二十九)巴基斯坦免除进口棉花关税

巴基斯坦内阁经济协调委员会(ECC)宣布:从2020年1月15日起,免除所有进口棉花的关税和其他税,并允许从阿富汗和中亚国家经托尔卡姆边境陆路进口棉花,以满足下游纺织业日益增长的对棉花的需求。

2014—2015年,巴基斯坦政府曾对进口棉花征收1%的关税和5%的销售税。随后几年里,对进口棉花征收3%的监管税、2%的关税和5%的销售税。2019年10月,棉花作物评估委员会预计到2019年底,棉花进口量可达到1 020万包,而巴基斯坦2019—2020财年棉花进口量的目标是1 500万包。为了填补这一空缺,巴基斯坦商务部建议对进口棉花免征关税,且要保证免税进口棉花不会对当地农民的利益造成负面影响。

(三十)印度上调家具、鞋类、家电、手机零配件、玩具等产品进口关税

印度政府财政部长尼马拉·西哈拉曼(Nirmala Sitharaman)在其2020—2021年政府预算中宣布,上调家具、鞋类、家电、手机零配件、玩具等产品的进口关税,并进一步修订关税法中有关反倾销及相关措施的规定以限制进口。

具体上调进口关税的产品包括:鞋类关税从25%上调至35%;玩具关税从20%上调至60%;座椅、灯具和床垫等家具的关税从20%上调至25%;风扇、食物研磨机/搅拌器、剃须刀、热水器、烤箱、烤面包机、咖啡机、加热器和熨斗等电器以及文件柜和纸盘等固定物品的关税从10%上调至20%;商用冰箱的关税从7.5%上调至15%;冰箱和空调压缩机的关税从10%上调至12.5%;铁路运输风扇的关税从7.5%上调至10%;焊接和等离子切割机的关税从7.5%上调至10%;电动汽车方面,完全建成的电动公交车和电动卡车的关税从25%上调至40%;公共汽车、卡车和两轮车的半成品关税从15%上调至25%;乘用车和三轮车的关税从15%上调至30%;所有电动汽车的进口套件(零部件进口到印度再进行组装)的关税从10%上调至15%;去壳核桃的关税从30%上调至100%。从2020年2月2日开始,印度对进口的太阳能电池征收20%的普遍性关税,包括封装的、未封装的太阳能电池。

(三十一)伊朗降低口罩进口关税

伊朗《经济在线》2020年2月26日报道,根据伊朗市场调整工作组有关规定,口罩的进口关税从55%降至5%。健康用品被列入价格管制和反囤积的基本商品清单中。

(三十二)欧亚经济联盟对进口电动汽车零关税

欧亚经济委员会官网2020年3月17日报道,欧亚经济委员会理事会通过决议,取消部分电动机动车的进口关税。零关税政策将执行至2021年12月31日,对进口电动汽车的法人和自然人同等适用。此前,联盟曾于2016年9月15日至2017年8月31日实施类似政策,但未达成预期目标。据悉,目前联盟成员国尚无法生产电动汽车,该举措将有助于在联盟各国形成电动汽车市场,推动电动汽车生产和充电基础设施发展。

(三十三)东非共同体调高制成品关税上限

东非共同体2020年2月决定将制成品关税上限提高至32%。目前该区域的三档统一对外关税最高值为25%,私营部门一直抱怨该关税水平使得外部廉价商品大量进入本区域。东非共同体当前原材料、生产资料和制成品的进口关税分别为0%、10%和25%,并设有敏感商品清单,可以自产的商品,如玉米、大米和纺织品等都属于敏感商品,关税税率为35%~100%。

本次新协议意味着东非共同体将对所有制成品征收32%的关税。私营部门还在推动对低价、倾销、补贴的商品加征额外关税。

(三十四)欧亚经济联盟对急需进口商品免征关税

欧亚经济委员会理事会批准了一份急需进口商品清单,规定2020年4月1日至6月30日期间,对清单内所列商品免征进口关税。清单中包括土豆、洋葱、大蒜、白菜、胡萝卜、辣椒、黑麦、长粒米、荞麦米、果汁和儿童食品。

(三十五)南非政府批准提高鸡肉进口关税

据南非金融24小时网站2020年3月13日报道,南非财政部副部长马桑多批准将带骨鸡肉的进口关税从37%提高到62%,将不带骨鸡肉的关税从12%提高到42%。此前,南非家禽业已对这两类产品申请82%的关税。根据公平竞争运动委员会的数据,2010—2018年,南非鸡肉进口量增长1倍,进口产品占据当地市场近30%的份额。提高关税旨在控制进口,以使当地产业复苏、增长并创造就业机会。该委员会表示,南非有必要采取进一步行动,并希望将进口额限制在当地销售额的10%以内。

(三十六)阿塞拜疆取消棉绒等部分产品的关税

阿塞拜疆内阁2020年3月决定,对棉绒、毛毡和无纺布材料、特殊纱线、绦带、绳索、电缆、钢索及其制品免征关税。该决定至2022年12月31日前有效。

(三十七)哈萨克斯坦对部分蔬菜、谷物和医疗器械、药品等取消关税

据哈通社2020年4月4日报道,哈萨克斯坦对部分蔬菜、谷物和医疗器械、药品等取消关税。享受进口至哈萨克斯坦"零关税"的产品包括土豆、洋葱、大蒜、白菜、胡萝卜、辣椒、黑麦、长粒米、荞麦等蔬菜和谷物,以及儿童食品、儿童果汁、儿童乳制品等,"零关税"有效期至2020年6月30日;部分种类的药品及生产原料,以及预防和治疗新冠肺炎所需的医疗器械、设备及原材料等也取消进口关税,直到2020年9月30日。

(三十八)伊朗降低医用防护服进口税

据伊通社2020年3月30日报道,伊朗工矿贸易部副部长希阿巴尼在给伊朗海关总署署长的信中表示,根据内阁决议,为保证国内医用防护服供应充足,将医用防护服的进口税从55%调至5%。

(三十九)欧盟对进口医疗物资、个人防护装备暂免征收关税

欧盟委员会2020年4月3日决定,对从欧盟之外进口的医疗物资、个人防护装备暂免征收关税和增值税。这一决定生效日期追溯至2020年1月30日,初步期限为6个月,未来也有可能延长。

(四十)英国对关键抗疫物资取消征收进口税

英国财政部2020年3月31日确认,自2020年3月27日起已取消对呼吸机、新冠病毒检测试剂盒和防护服等关键抗疫物资征收进口税。免税期将持续至2020年7月31日。

(四十一)巴西对抗击新冠肺炎的药品和医疗产品实施零关税

巴西政府2020年3月26日宣布,从现在起到2020年9月30日,将对用于抗击新冠肺炎的药品和医疗产品实施零关税,共涉及61种医疗产品,包括新冠病毒测试剂、呼吸机、医用酒精、温度计等。此前,巴西政府已对酒精凝胶和口罩等50种抗疫物资产品实施零关税。

(四十二)瑞士对抗击新冠疫情重要医疗产品暂时免除关税

瑞士联邦经济总局2020年4月8日发布公告称,医疗防护物资是当前抗击新冠疫情的重要物资,发挥着中心作用,由于瑞士本国产量有限,依赖进口,因此,为改善这类物资的供应,保证进口简便、低价,联邦委员会决定,对于重要的医疗产品暂时免除关税。

这类医疗物资包括口罩、医用手套、防护服、防护镜和消毒用品等。进口商无需在进口时提供原产地证书,且不分政府或个人进口,一律免税。该规定于2020年4月10日生效,执行至2020年10月9日。

(四十三)保加利亚对疫情防控相关的个人防护设备免征进口关税和增值税

保加利亚内阁部长会议2020年4月22日决定,对疫情防控相关的个人防护设备免征进口关税和增值税;同时,消毒剂、一次性防护服、护目镜、丁腈手套等物品未经卫生部长特批一律禁止向非欧盟国家出口。

(四十四)加拿大政府对部分进口医疗产品减免关税

2020年5月6日,加拿大政府宣布对部分进口医疗产品减免关税。受惠的进口产品包括医用口罩、手套、防护服、消毒剂、湿巾等防护、消毒杀菌物资,以及一些医疗耗材。

(四十五)尼日利亚对医疗物资免征进口税

作为尼日利亚为应对COVID-19大流行而加强卫生基础设施的努力的一部分,2020年5月,布哈里总统已批准全面免除医疗设备和用品的进口关税。同时,布哈里还指示尼日利亚海关总署在该港口对所有进口的医疗设备、物资和药品供应进行快速清关。

(四十六)阿富汗提高铁矿石进口关税

2020年4月28日,阿富汗财政部宣布将铁矿石进口关税从16%调增至30%,并表示该政策系应阿富汗私营企业的要求,旨在保护国内采矿业。据悉,阿富汗每年需要8.5万吨铁矿石,其中80%依赖进口。

(四十七)土耳其对进口商品实施附加关税

为降低新冠肺炎疫情对土耳其经济的消极影响和保护本国工业面临的进口压力,土耳其在继2020年4月21日对3 000多种进口商品实施附加关税后,5月11日再次对包括珠宝、冰箱、洗衣机、空调等超过400种商品征收达30%的附加税,且一直持续到2020年9月。9月之后税率调低至25%。

(四十八)多米尼克对消毒剂、清洁用品、防护装备和口罩免征进口关税和增值税

《多米尼克新闻在线》2020年5月18日报道,多米尼克总理宣布,对消毒剂、清洁用品、防护装备和口罩免征6个月的进口关税和增值税。

(四十九)欧亚经济联盟暂时免除一次性防护用品和用于生产药品、消毒剂和医疗用品的部分商品的进口关税

欧亚经济委员会2020年6月3日宣布,暂时免除一次性防护用品和用于生产药品、消毒剂和医疗用品的部分商品的进口关税,包括正磷酸、双氧水、聚合物薄膜、一次性帽子等。该决定将自正式公布后10日内生效。

(五十)巴西对用于新冠肺炎治疗的药物实行零关税

巴西对外贸易商会2020年7月13日宣布,对34种用于新冠肺炎治疗的药物实行零关税。受惠药物有伊维菌素、磺达肝素、华法林等。该政策将实行至2020年9月30日。

(五十一)缅甸对进口私家车减税

《缅甸环球新光报》2020年8月3日报道,缅甸计财工业部公告称,自2020年8月1日起,对非商用进口私家车和在缅甸组装汽车实施减税。发动机排量2 000cc以下的进口私家车税率降至20%,排量2 000cc及以上税率降至30%;当地组装的SKD汽车可免征10%的税。

(五十二)巴西对部分进口太阳能设备免税

巴西《环球报》报道,巴西政府2020年7月20日发布官方公报,将部分进口太阳能设备列入零关税清单,免税期限至2021年底。

(五十三)哥伦比亚政府宣布对小额跨境商品免征关税

2020年8月3日,哥伦比亚总统杜克签署2020年1090号法令,宣布对价值在200美元以下的跨境邮政和快递商品免征关税。法令规定,将2019年1165号法令(海关工作办法)第261条修订为:以邮政运输和快递形式进入哥关税领土的、FOB价格(不含运费)在200美元(含)以下的商品,可免缴海关编码9807100000和

9807200000 项下关税。该法令自其在官方公报公布后 15 日起实行。

(五十四)孟加拉国取消洋葱进口关税

2020 年 9 月 21 日,为遏制洋葱价格上涨,孟加拉国政府取消对洋葱的 5% 进口关税,免税将一直持续到 2021 年 3 月。此前,在当地市场上,1 千克当地洋葱的售价在 80～100 塔卡,而进口洋葱的价格在 65～75 塔卡。2019 年,印度洋葱出口禁令将洋葱价格推高至孟加拉国的历史新高,孟加拉国洋葱价格曾飙升至每千克 300 塔卡,引起了强烈抗议。

(五十五)巴西临时性取消进口稻米关税

巴西农业部网站消息,在巴西农业部的建议下,巴西外贸委员会(Camex)所属管理执行委员会(Gecex)2020 年 9 月 9 日召开特别委员会会议,作出临时性取消进口稻米关税的决定。管理执行委员会会议决定,在 2020 年底前,临时性取消特定数量稻米的进口关税,此举旨在应对国内稻米价格飙升。免关税稻米的进口配额为 40 万吨,涉及南方共同市场通用命名(NCM)中代码为 1006.10.92 和 1006.30.21 的稻米产品。

(五十六)埃及公布关税新修正案

埃及《每日新闻》2020 年 9 月 21 日消息,埃及财政部长穆罕默德·马伊特(Mohamed Maait)宣布了关税新修正案,工业投入的关税最高可削减 90%。该修正案包括对当前关税结构的一揽子调整措施,以鼓励本地制造业发展,其目的还包括增加在埃投资、提高就业、提高埃及生产能力并扩大出口基础。根据最终产品中本地成分百分比的变化,关税税率的降低将分为几个等级。成品中本地成分百分比增加时,对进口零件征收的关税将相应减少。本地成分百分比将根据组装线贡献的百分比来计算,由埃及贸工部针对每个组装行业分别决定,此外,由埃及工业发展局(IDA)确定本地制造零件占成本零件总数的百分比。如果本地成分百分比在 10%～20% 之间,则关税减免将达到本地制造业投入价值的 105%;如果本地成分百分比在 20%～30% 之间,则关税减免可达本地制造业投入价值的 110%;如果本地成分百分比在 30%～40% 之间,则关税减免可达本地制造业投入价值的 115%;如果本地成分百分比在 40%～60% 之间,则关税减免可达本地制造业投入价值的 120%;如果本地成分百分比超过 60%,则关税减免可达本地制造业投入价值的 130%。关税减免最大值为最终产品对应税收类别金额的 90%。埃及海关当局已开始执行这些细则。关税修正案还包括降低超过 50% 的与家具、石化工业和耐久电器部门有关的某些部件的关税,降低公共交通和电动车辆有关的关税,以及电动和天然气车辆充电站中使用组件的关税。修正案对向车辆供应电力和零部件的设备简单征收价值或进口税的 2%(以较低者为准)的关税。

(五十七)巴基斯坦批准残疾人可免税进口车辆

2020年9月,巴基斯坦联邦内阁经济协调委员会(ECC)批准残疾人计划项下进口免税汽车修正案。如果某残疾人在过去10年内没有根据该计划进口或购买本地组装汽车,且持有国家税号并能按时申报纳税,即可免税进口所申报的车辆。另外,修正案还提高了进口车辆人员的收入等级门槛,从目前的2万~10万卢比/月提高到10万~20万卢比/月。

(五十八)哈萨克斯坦延长新冠肺炎防疫物资零关税进口政策

据哈萨克斯坦贸易和一体化部2020年10月发布消息,欧亚经济委员会已决定将新冠肺炎防疫物资零关税进口政策实施期限从2020年10月1日延长至2021年3月31日。在此期限内,具有欧亚经济联盟成员国职能部门出具的进口商品用途证明的疫苗、药品和防护物资(包括口罩、消毒液、手套等)生产原料,以及各类新冠肺炎预防和治疗设备,均可享受零关税进口政策。

此前,欧亚经济联盟于2020年3月16日至9月30日对进口到联盟关境内的防疫物资实施零关税进口。

(五十九)欧盟对进口医疗设备和个人防护装备继续暂时免征关税和增值税

欧盟2020年10月28日宣布,继续对进口医疗设备和个人防护装备暂时免征关税和增值税,措施有效期延至2021年4月30日。

(六十)塔吉克斯坦对检测和控制新冠病毒传播的药品和医疗用品免缴关税、消费税和增值税

据塔吉克斯坦总统埃莫马利·拉赫蒙2020年9月底签署的命令,塔吉克斯坦进口用于检测和控制新冠病毒传播的药品和医疗用品免缴关税、消费税和增值税,其中包括消毒剂生产原料、药品、防护服、新冠病毒感染检测设备及检测试剂盒、缝制口罩和防护服的布料、X光诊断和计算机诊断设备,以及其他相关材料和技术设备。

(六十一)欧亚经济联盟将自然人进口自用电动车进口关税优惠延长至2025年

欧亚经济委员会2020年10月建议,将自然人进口自用电动车进口关税优惠延长至2025年。欧亚经济联盟成员国此前执行的电动车零关税进口政策截至2021年底,如到期不予延长,则电动车进口关税将按海关价值的15%征收。

(六十二)巴西临时性取消从南方共同市场成员国外进口玉米和大豆的关税

路透社2020年10月17日报道,巴西政府决定,临时性取消从南方共同市场成员国外进口玉米和大豆的关税。南方共同市场的正式成员国包括阿根廷、巴西、巴拉圭和乌拉圭,成员国之间绝大部分商品实行无关税自由贸易。此前,巴西从南方共同市场成员国外进口玉米和大豆的关税为8%。

消息人士对路透社表示,大豆、豆粕和豆油进口关税的豁免截止期限为2021年1月15日,玉米为2021年3月31日。2020年9月初,为应对国内稻米价格上涨,巴西政府曾决定临时性取消进口稻米关税,截止日期为年底。

(六十三)巴基斯坦将新冠肺炎相关商品免税期限延长2020年12月

据巴基斯坦《商业记录报》2020年11月17日报道,巴基斯坦政府已决定将新冠肺炎相关商品的免税期限再延长3个月,即2020年10月至12月。此前联邦内阁批准对61种新冠肺炎预防和治疗商品的进口免征3年期的关税。至此,财政部及联邦税务局2020年已经两次豁免疫情相关进口商品的关税和税收。

(六十四)乌克兰批准关税修正案统一轻工业产品进口税率

乌克兰新时代新闻社2020年11月18日消息,乌克兰政府批准了关于关税的修正案,以统一轻工业产品的进口税率。该法案指出,修改轻工业品的进口关税税率,以加快其通关速度,促进轻工业的发展。

批准的法案规定:非乌克兰生产的原材料纱线、纤维、线的进口关税税率确定为优惠税率0%;织物、毡子、毛毡、编织网、细绳和绳索的成品进口关税税率确定为优惠税率1%~8%;将税率低于10%、属于轻工业产品子类别的进口关税税率提高至10%。

(六十五)巴基斯坦对61种用于生产新冠疫苗的物品给予免税优惠

2020年11月17日,巴基斯坦总理伊姆兰·汗主持召开联邦内阁会议,决定对61种用于生产新冠疫苗的物品给予免税优惠,并授权19个地区的区议会法官,根据《2020年新冠疫情(防止走私)条例》打击走私行为。

(六十六)巴基斯坦免征61种医疗用品的关税至2021年6月

据巴基斯坦《黎明报》2020年11月25日报道,联邦税务局(FBR)24日发布消息,决定对进口的61种医疗诊断设备及个人防护用品免征关税、监管税和额外关税,为期7个月,以降低国内市场相关产品不断上涨的价格。该决定将追溯至2020年10月1日起生效,有效期至2021年6月30日。

(六十七)乌克兰对飞机制造企业免征进口税和增值税

乌克兰政府2020年12月9日通过决议,免除了飞机制造企业的进口关税和增值税。该决议新增了75种进口免税商品,包括进口的原料、材料、组件和机器。

乌克兰经贸农业部长佩特拉什科表示:"关于税收优惠政策的决定是我们对飞机行业代表提出的申请的回应。税收优惠政策将使企业能够将资金用于采取新技术、扩大生产规模并增强竞争力,从而增加就业岗位,完成国内和国际订单。"

(六十八)巴基斯坦取消对进口棉纱征收的5%调节税

2020年12月2日,巴基斯坦总理财政顾问谢赫主持内阁经济协调委员会(ECC)

会议,会议批准了商务部提出的取消进口棉纱5%调节税的提议,直至2021年6月30日。谢赫表示,取消对进口棉纱征收的调节税将促进服装部门的出口,符合获得更多增值出口的政策。该决定在提交内阁批准后实施。

(六十九)多米尼克批准为圣诞节家庭自用生活品免除进口关税

《多米尼克新闻在线》2020年12月2日报道,多米尼克政府治理、公共服务改革、公民赋权、社会公正和教会事务部长格雷塔·罗伯茨对媒体表示,内阁已批准为圣诞节期间(2020年12月1日至2021年1月8日)进口的家庭自用生活用品,如食品、衣服、洗漱用品和玩具等免除进口关税和海关服务费,每个家庭的免税额为两个油桶包装桶或类似包装盒箱,进口物品价值不超过1500东加元。

(七十)巴西将部分计算机、电信产品和资本货物进口关税从价税率由2%降至零

巴西经济部外贸委员会2020年12月10日发布128号决议,对该委员会2017年7月发布的第50号和51号决议涉及的计算机、电信产品(BIT)和资本货物(BK)征收的进口税的从价税率由原来的2%降为零。涉及产品主要包括HS编码第84、85、86、87和90章的部分产品。

第二节 2019—2020年境外出口关税政策变化

境外出口关税政策变化包括出口关税税率的上调、下调或者取消。无论是出口关税税率的上调、下调还是取消,都是出于调节国内贸易的目的。相对于进口关税政策的变化,出口关税政策变化较小。2019—2020年,境外出口关税的调整变化如下:

(一)俄罗斯调整石油出口关税税率

从2019年4月1日起,俄罗斯石油出口关税增加至97.4美元/吨。高黏度油的出口关税增加到9.7美元/吨;浅色石油产品出口关税增加到29.2美元/吨;深色石油产品出口关税增加到97.4美元/吨。汽油出口关税上调至29.2美元/吨。液化气的税率保持为零。

从2019年5月1日起,俄罗斯石油出口关税增加7.2美元/吨,达到104.6美元/吨。高黏度油的出口关税从9.7美元/吨增至10.4美元/吨;轻油产品和润滑油的关税增至31.3美元/吨,重油关税增至104.6美元/吨;商用汽油的出口关税增至31.3美元/吨;直馏汽油从53.5美元/吨增至57.5美元/吨。

从2019年6月1日起,俄罗斯清油及其制品的出口关税上调至33.1美元/吨,重油上调至110.4美元/吨;商用汽油上调至33.1美元/吨;直馏油(石脑油)上调至60.7美元/吨;焦炭税上调到7.1美元/吨;液化天然气仍为零出口关税。

从2019年8月1日起,俄罗斯石油出口关税从100.3美元/吨下调至94.1美元/吨。其中,高黏度油的出口关税从每吨10美元/吨降至9.4美元/吨;轻油产品和润滑油的关税降至28.2美元/吨,重油关税降至94.1美元/吨;商用汽油的出口关税降至28.2美元/吨;直馏汽油降至51.7美元/吨。

从2019年11月1日起,俄罗斯石油出口税提高1.1美元/吨,达到88.3美元/吨。高黏度石油的关税提至8.8美元/吨;轻质石油产品和油品的关税提至26.4美元/吨;商业汽油的出口税提至26.4美元/吨;直馏油的出口税提至48.5美元/吨;焦炭税提至5.7美元/吨。

从2020年1月1日起,俄罗斯将石油出口关税从90.5美元/吨降到77.2美元/吨,降幅为14.7%。

从2020年5月1日起,俄罗斯下调石油出口关税38.4美元/吨至6.8美元/吨,下调幅度高达760%。高黏度油的出口关税下调1美元至5.2美元/吨;轻油产品和润滑油的关税降至2美元/吨,重油关税降至6.8美元/吨;商用汽油的出口关税降至2美元/吨;液化气关税保持零税率;直馏汽油出口关税下调0.4美元/吨至每吨3.3美元/吨。

从2020年7月1日起,俄罗斯石油出口关税从8.3美元/吨增加至37.8美元/吨,俄东西伯利亚、里海和普利拉兹洛姆油田的石油出口关税仍保持为零。高黏度石油出口关税从1.2美元/吨提升至3.7美元/吨;轻质油出口关税从2.4美元/吨提升至11.3美元/吨;商品汽油出口关税提升至11.3美元/吨;直馏汽油出口关税从4.5美元/吨提升至20.7美元/吨。由于石油行业采用新的税收计算公式,从2015年2月1日起,东西伯利亚、里海油田等地的优惠石油出口税率保持零税率。

从2020年9月1日起,俄罗斯石油出口关税提升至47.5美元/吨,上涨0.6美元/吨。其中,高黏度油的出口关税从4.6美元/吨提升至4.7美元/吨,轻质油及其产品从14美元/吨提升至14.2美元/吨,重质油从46.9美元/吨提升至47.5美元/吨;商业汽油从14美元/吨提升至14.2美元/吨;直馏油从25.7美元/吨提升至26.1美元/吨。根据新的计算公式,产自东西伯利亚、里海和普里拉兹洛姆多个油田的石油优惠税率自2015年2月1日起保持在零水平。

自2020年12月1日起,俄罗斯石油出口关税从42.2美元/吨降至42美元/吨,高黏度油仍将保持4.2美元/吨出口关税,轻质石油产品和润滑油、汽油仍为12.6美元/吨;东西伯利亚、里海、普利拉兹洛姆油田等继续享受零关税待遇;液化天然气继续保持零关税;焦炭仍为2.7美元/吨。

(二)白俄罗斯调整石油出口关税

从2020年5月1日起,白俄罗斯下调出口至欧亚经济联盟关税地区以外的石油和石油产品关税。其中,石油出口关税从 52 美元/吨降至 6.8 美元/吨;直馏汽油从 28.6 美元/吨降至 3.7 美元/吨;商品汽油、轻质和中质馏分油从 15.6 美元/吨降至 2 美元/吨;柴油、苯、甲苯、二甲苯、润滑油及其他油类出口关税也相应调整。

(三)伊朗调整部分商品出口关税税率

伊朗《金融论坛报》2019 年 2 月 8 日报道,伊朗贸易促进组织负责人扎德布姆致信伊朗枣业协会称,2019 年 4 月 3 日至 5 月 20 日期间,对枣出口征收关税。实施该措施的目的是在斋月期间规范国内市场,防止可能出现的价格上涨,因为枣是穆斯林结束每日斋戒后的典型主食,所以斋月期间枣消费将增加。德黑兰工矿农业商会农业委员会负责人法希钦表示,上一伊历年,伊朗枣产量达到了 80 万吨,其中 38 万吨用于出口。

伊朗《金融论坛报》2019 年 9 月 7 日报道,对铁矿石加征 25% 出口关税政策 2019 年 9 月 23 日生效。矿产办主任阿米里表示,该措施旨在防止未加工矿物产品出口,产生更多的增值和满足国内生产需要。预计该政策将使伊朗未经加工的铁矿石的出口(每年)减少到 500 万吨以下。工矿贸易部部长拉赫曼尼表示,由于铁矿石过度出口,伊朗铁矿石产量已无法满足国内钢企需求,造成国内产能闲置和失业问题。他鼓励增加对铁矿石生产的投资,以弥补短缺,但同时又强调伊朗政府目前没有可用的财政手段。

(四)埃塞俄比亚调整出口关税

埃塞俄比亚芳纳广播公司 2020 年 1 月 8 日报道,埃塞俄比亚贸易和工业部近日解除埃塞俄比亚生皮出口征税政策,以应对近年来皮革制品出口业绩下滑的情况。据悉,埃塞俄比亚牲畜存栏量居非洲首位,生皮及皮革类制品是其主要出口商品,能有效带动国家出口创汇。但由于征收出口税导致国际社会购买埃塞俄比亚皮革渐趋疲软,2018—2019 财年,埃塞俄比亚生皮及皮革制品出口下降 11.7%。为此,埃塞俄比亚实施生皮出口免税制度,以刺激皮革制造业投资和皮革出口创汇。

(五)阿塞拜疆调整农产品出口关税

阿塞拜疆经济部长穆斯塔法耶夫 2020 年 4 月表示,为稳定洋葱、土豆和卷心菜的价格,阿塞拜疆对洋葱、卷心菜和土豆征收出口关税。同时,对洋葱进口实行的每千克 60 美分的特定关税予以废除。政府将继续监控市场,希望通过采取必要的措施,使价格趋于稳定。

(六)马来西亚调整棕油出口关税

据马来西亚《南洋商报》2019 年 5 月 18 日报道,马来西亚关税局公布,原棕油出口税将从原来的 4.5% 下调至 0%。该决定自 2019 年 6 月 1 日起生效。

(七)阿根廷暂时取消皮革出口税

据阿根廷《号角报》2020年10月20日报道,阿根廷政府颁布第812/2020号法令称,由于受新冠肺炎疫情影响,阿根廷皮革出口显著下降,并在肉类加工业中产生严重积压,这将对环境和健康造成不良影响。阿根廷决定在2020年12月31日之前取消皮革出口税,以利于阿根廷皮革出口。从2021年开始,阿根廷皮革出口税将恢复到12%。

第三节 境外关税政策变化评述

美国特朗普政府推行经济单边主义、贸易保护主义以及新冠肺炎疫情造成国际贸易大幅萎缩是这一时期各国关税政策调整变化的两条主线。

特朗普政府上台后,在国际贸易领域采取了一系列单边主义举措,主要包括:

第一,援引美国国内法单边启动"232""201"和"301"等贸易调查。范围波及包括中国和美国盟国在内的世界主要经济体。

第二,单边采取大幅提高关税和投资门槛、设置贸易壁垒等贸易保护主义措施。单方面对钢铁等多个行业加征关税和设置贸易壁垒,试图将其他国家的产品阻挡在美国市场之外。

第三,单方面挑起对华贸易摩擦,引发双方贸易战。

第四,单方面要求重启《北美自由贸易协定》(NAFTA)谈判和与韩国、日本、欧盟、英国等国的双边贸易谈判,与其实现"更公平""更平衡"的贸易。

第五,频频退出和消极抵制既有多边国际机制。企图以双边贸易谈判取代多边贸易谈判和争端解决机制,以双边合作取代多边国际合作机制。

美国特朗普政府推行的经济单边主义、贸易保护主义乃至贸易霸凌主义,不仅降低了世界贸易和投资自由化便利化水平,破坏了全球供应链、产业链和国际竞争平衡,也改变了全球资源分配方式,抑制了全球经济增长。更重要的是,美国的单边主义行为引发了包括欧盟、中国等地区和国家的一系列抵制行为,甚至是"以牙还牙"式的贸易报复,导致国家间贸易冲突不断升级和国际贸易投资环境急剧恶化,在全球范围内带来严重的贸易保护主义风险,降低和损害了世界各国企业和投资者的预期和信心,冲击了整个国际经济秩序的稳定性。

2020年新冠肺炎疫情在全球大爆发,来势凶猛,传染性极强,致死率较高。根据Worldometer网站数据,2020年全球累计确诊病例超过8 428万例,累计死亡超过183万例。新冠肺炎疫情促使各国经济行为发生重大变化,重要商品"进口替代"趋势加剧。疫情从微观上冲击了国家内部经济发展和社会稳定,从宏观上冲击了国家间政治、经济和外交关系,乃至加速推动了"逆全球化"趋势,孤立主义、单边主义、民族主义和贸易保护主义更加活跃。

新冠肺炎疫情是第二次世界大战以来全球面临的最大危机。多数国家为控制病毒扩散而采取社交隔离和边境封闭措施,虽有效遏制了疫情蔓延,但也让很多国家经济停摆,打乱了全球供应链,对世界经济产生了重大影响。社交隔离意味着停工停产,边境封关意味着贸易停摆。随着抗击疫情的需要,各国轮番进入了"经济寂静期"。世界贸易组织预测,2020年全球贸易下降13%～32%,其中价值链比较复杂的行业贸易下降幅度将更大。

疫情对整个产业链和供应链都造成了强烈冲击。疫情对全球产业链产生了显著的影响,主要集中在医疗防疫设备制造(如呼吸机)、汽车生产、电子设备及消费品制造等领域。此前实行的贸易自由化和不断追求物资采购的效率化,使得全球企业供应链在新冠肺炎疫情面前显露出其脆弱和不安定的一面。由于经济收缩持续时间过长,供应链中断,造成大量中小企业倒闭。保持社交距离和边境封关,一定程度上摧毁了传统商业联系和商业网络。疫情之下,各国政府重新布局关键医疗设备生产,尤其是口罩、护目镜和防护服等个人防护用品。各国政府利用低成本贷款、财政补贴和长期合同来鼓励境内生产,加快生产转移。各国政府还采用一系列税收和投资激励措施,鼓励增加先进制造业等领域供应链活动,以创造新的就业机会。

新冠肺炎疫情与国际贸易摩擦、国际税收规则变革等因素叠加,推动国际分工和产业链供应链布局加速调整,给中国产业和经济发展带来深刻影响。跨国企业将更加重视产业链、供应链整体安全性,加速推动全球产业链、供应链分散化布局。此外,美日等国家正在酝酿一系列政策措施推动本国企业撤离中国,将导致我国部分产业链向海外加速转移。

2019—2020年境外关税政策变化特点如下:

(一)美国向包括中国在内的很多贸易伙伴发动贸易战,引发各贸易伙伴采取反制措施

中美贸易战是这一时期国际经济关系的主要矛盾(中美贸易摩擦中关税政策另文阐述),但在与中国进行贸易战的同时,美国继续挥舞关税大棒,实施贸易霸凌,先后对墨西哥、印度、欧盟等输美产品加征关税,引发各国的反制。欧盟2020年4月6日决定对自美国进口的部分打火机、家具配件、扑克牌加征关税,以报复美国自2月8日起扩大对钢铝衍生品所加征的25%关税。美国2020年8月恢复对部分加拿大铝产品征收10%的关税,作为反击,加拿大于9月对美征收报复性关税,总额达36亿加元。

(二)关税调节对象涉及商品种类多样,新冠肺炎疫情下防护物资、医疗器械和药品是各国关税调整的重点商品

2019年,各国出于各类目的利用关税调节工具所涉及的商品种类多样,主要包括矿产品、农产品、食品、汽车、钢铁产品、纺织品、电子产品、家用电器等。2020年新冠肺炎疫情促使各国普遍调整特定产品关税政策。医疗防护用品、消毒用品和药品是抗击新冠疫情的重要物资,由于口罩、手套、防护服、消毒液、测温仪、检测试剂、呼吸机等各国产量有限,高度依赖进口,为改善这类物资的供应,保证进口简便、低价,不管是发展中国家,还是发达国家,对于抗击疫情重要的防护物资、医疗器械、药品等基本采取免征关税措施。

(三)发展中国家比发达国家更加频繁地运用进口关税工具保护本国产业和市场

从2019—2020年来看,频繁运用关税工具来调整贸易的现象主要见于发展中国家。发展中国家产业相对不完善,国内外的经济环境变化又大,因而迫切需要利用关税这一强大的工具来调整国际贸易。关税政策频繁调整主要见于印度、巴基斯坦、墨西哥、孟加拉国、哥伦比亚等发展中国家。而在发达国家,由于国内产业相对健全,关税政策也很完善,因而其关税政策主要通过贸易救济的方式来实现。

墨西哥为保护国内纺织业,有效管理及防范进口纺织成衣类产品价格低报,提高了进口成衣的关税税率;恢复征收进口钢铁关税,以保护国内钢铁产业。孟加拉国免征对小散件进口摩托车征收的补充关税,以鼓励孟国内摩托车生产企业发展。阿联酋提高螺纹钢、线材进口关税至10%(此前为5%),以保护国内钢铁行业的发展。

在疫情特殊背景下,部分国家采取加征关税措施保护国内市场。如土耳其为降低疫情对土耳其经济的消极影响和保护本国工业面临的进口压力,继2020年4月21日对3 000多种进口商品实施附加关税后,5月11日土再次对包括珠宝、冰箱、洗衣机、空调等超过400种商品征收达30%的附加税,且一直持续到9月。

(四)关税调节目标更加多样

关税最基本的作用就是调节进出口贸易,但关税政策通过价格机制可以传导到经济生活各个方面,因而可以通过关税调节来达到多种多样的目的。2019—2020年,部分国家充分运用关税政策,以达到增加财政收入和外汇收入、减轻原材料短缺、避免企业资金成本过重、促进行业发展、维持就业、节约外汇、优化配置资源等目的。尼加拉瓜政府面对经济危机和预算赤字等问题,实施税制改革,取消部分商品的免税政策。巴基斯坦为支持纺织工业,特别是保障其出口部门有足够的棉花供应,2019年2月1日至6月30日批准对进口棉花免征关税、附加税和销售税。

值得注意的是,关税政策成为环境保护新手段。多国对进口电动汽车实施零关税。如欧亚经济联盟对进口电动汽车实施零关税;哥伦比亚政府2019年将进口电动车关税税率降至0%,并取消进口配额限制;厄瓜多尔对进口电动汽车免征关税;多米尼克政府从2019年10月1日起把对环境更友好型电动车(包括电动客车、电动汽车和电动摩托车)的进口关税和增值税降为零,以鼓励居民转变车辆使用方式。为配合对聚苯乙烯泡沫塑料产品如一次性便当饭盒、杯子等塑料食品用具禁令的实施,多米尼克政府决定从2019年元旦起取消生物可降解物品的进口关税。部分国家对太阳能产品进口也都给予免税待遇。

(五)个别国家对矿产品、农产品出口征税

两年来,仅有俄罗斯等部分国家为了应对石油等大宗商品国际市场剧烈价格波动,稳定国内市场,支持国内企业,主动调整本国主要矿产品、农产品出口关税。

俄罗斯是世界第三大石油生产国和第二大石油出口国。2018年7月24日,俄罗斯国家杜马通过了石油业税改法案,从2019年1月1日起开始实施。俄罗斯石油税制改革的核心内容是,在2019—2024年间逐步将原油出口税降至为零,同时提高相同数额的石油开采税,对远离大型港口的炼油厂(包括西伯利亚地区的在内)提供税收减免,向高辛烷值汽油占总产量10%以上的炼油厂提供救济。税制改革前,俄罗斯石油行业实行的是石油资源开采税和原油出口关税分离的制度,其中原油出口关税征收额度与国际油价挂钩且呈线性关系。依据这一制度,俄罗斯原油出口税经常变动。2020年新冠疫肺炎情重创全球石油需求,随着沙特阿拉伯、俄罗斯大打石油价格战,油价大跌。为了支持石油企业,减轻负担,俄罗斯多次降低出口关税,给予石油企业一定支持。由于铁矿石过度出口,伊朗铁矿石产量无法满足国内钢企需求,造成国内产能闲置和失业问题,伊朗在这期间也提高了铁矿石出口关税。

在农产品方面,埃塞俄比亚贸易和工业部解除埃塞俄比亚生皮出口征税政策,以应对本国皮革制品出口业绩下滑的情况。阿塞拜疆为稳定洋葱、土豆和卷心菜的价格,对洋葱、卷心菜和土豆征收出口关税。

(本章执笔:拱北海关李宇)

第四章

中美贸易争端中的关税政策

美国特朗普政府上台以来,对中美贸易的不满和指责主要集中在双边贸易失衡、不平等竞争、侵害知识产权和威胁国家安全等多个方面,并发起了一系列单边主义和保护主义措施。中美贸易争端真正转化为两国关税政策,是自美国2018年6月15日正式发布第一份对中国进口产品加征关税的清单开始的。2018年7月6日,美国对价值340亿美元的中国输美商品征收25%的额外关税,中国同日作出反制措施,对价值340亿美元的美国输华商品征收25%的额外关税,其中包括美国向中国出口最多的货品大豆。2018年12月1日,两国领导人在G20峰会上达成停止相互加征新关税的重要共识,对话通道重启,关税之战暂告缓和。

2019年,美国继续实施对中国进口商品三轮加征关税措施,导致中美经贸摩擦持续升级,极大地损害了中国、美国以及其他各国利益,也严重威胁到多边贸易体制和自由贸易原则,中国被迫实施反制。经过多轮磋商谈判,2020年1月15日,美国总统特朗普与中国国务院副总理刘鹤在华盛顿白宫东厅签署了《中华人民共和国政府和美利坚合众国政府经济贸易协议》(简称第一阶段协议)。协议关于关税的内容包括:美国同意在30日内,将针对1 200亿美元的中国商品新征关税降低一半至7.5%,但美国较早前对价值2 500亿美元的商品征收的25%关税则维持不变。中国对1 100亿美元美国商品征收的关税也依旧不变。中国将扩大自美农产品、能源产品、工业制成品、服务产品进口,未来两年的进口规模要在2017年基数上增加不少于2 000亿美元。中方将按照加入世界贸易组织的承诺,完善小麦、玉米、大米关税配额管理办法。中国将增加对美国乳品、牛肉、大豆、水产品、水果、饲料、宠物食品等农产品进口,今后两年平均进口规模为400亿美元。美国将允许中国产香梨、柑橘、鲜枣等农产品出口美国,美国确保采取适当举措,以便有足够的美国商品和服务供中国采购和进口。

第一节　2019—2020年中美贸易争端下美国的关税政策

2019—2020年,美国对中国实施的关税政策具体如下:

(一)对2018年9月起加征关税的从中国进口的商品,不提高加征关税税率

2019年3月2日,美国贸易代表办公室宣布,对2018年9月起加征关税的从中国进口的商品,不提高加征关税税率,继续保持10%,直至另行通知。

(二)对从中国进口的2 000亿美元清单商品加征关税

2019年5月9日,美国政府宣布,自2019年5月10日起,对从中国进口的2 000亿美元清单商品加征的关税税率由10%提高到25%。

(三)对从中国进口的石英台面产品征收反倾销税

2019年5月16日,美国商务部宣布了对从中国进口的石英台面产品进行反倾销税和反补贴税调查的最终裁定结果,决定对中国出口商征收265.84%~336.69%不等的反倾销税,并征收45.32%~190.99%不等的反补贴税。

(四)对从中国进口的床垫征收高额保证金

2019年5月30日,美国商务部宣布,对原产于中国的进口床垫作出反倾销调查初步裁定,决定对相关中国企业征收最高达1 731.75%的保证金。

(五)免除部分商品加征关税

2019年8月17日,美国贸易代表办公室宣布,免除对部分家具、婴儿用品、互联网调制解调器和路由器、部分化工原料、宗教书籍等44种中国商品加征的10%关税,涉及中国商品价值约78亿美元。

(六)对从中国进口的3 000亿美元清单商品加征关税

美国宣布对中国3 000亿美元清单商品加征关税,税率为15%。清单分为两部分,一部分自2019年9月1日生效,另一部分自2019年12月15日生效。

从2019年9月1日起,关税提高至15%的产品涵盖活畜、肉制品、奶制品、某些服装、某些玩具、首饰、金属制品、机械设备及零部件、部分电子设备、家用电器、艺术品、文具、体育用品等。15%关税加征实施时间规定为:美国东部时间夏令时2019年9月1日12:01AM或之后进入消费或从仓库提取消费的货物。

从2019年12月15日起,关税提高至15%的产品涵盖部分手机、笔记本电脑、游戏机、某些玩具、电脑显示器以及某些鞋类和服装等产品。15%关税加征实施时间规定为:美国东部时间夏令时2019年12月15日12:01AM或之后进入消费或从仓库提取消费的货物。

（七）推迟部分商品加征关税时间

2019年8月13日，美国贸易代表办公室宣布，对原计划3 000亿美元中国进口产品加征关税措施中60%的产品（1 800亿美元）推迟至2019年12月15日实施，对剩余1 200亿美元中国进口商品按原计划于2019年9月1日开始加征10%关税。

（八）对从中国进口的2 500亿美元清单商品加征关税

2019年8月29日，美国发布公告，将2 500亿美元清单（包括清单1:340亿美元，清单2:160亿美元，清单3:2 000亿美元）项下产品税率由25%提高到30%，2019年10月1日生效。2019年10月1日起，关税提高至30%的产品涵盖化工产品、机械产品、半导体、机器、机器零部件、机动车、机动车零部件、箱包、家具、灯具等。

（九）对来自中国和墨西哥结构钢征收反倾销税

2019年9月4日，美国商务部作出初步裁定，决定对来自中国和墨西哥价值逾10亿美元的输美结构钢分别征收最高141%和31%的反倾销税。

（十）免除中国部分商品加征关税

2019年9月17日，美国贸易代表办公室宣布对原产于中国各类仪器设备零部件、有机合成材料、日用品、化学制品、纺织品、机电设备、化工制品、钢铁制品等约437项商品免除加征关税。

2019年9月21日，美国贸易代表办公室发表声明，批准美国苹果公司Mac Pro电脑中国制造零件的10项新关税豁免申请，豁免涉及外部组件、Magic Mouse鼠标、Magic Trackpad触控板，以及MacPro的一些关键内部组件。

（十一）对原产于中国的木制橱柜和卫生间家具征收反倾销税

2019年10月3日，美国商务部发布公告，决定对原产于中国价值约44亿美元的进口木制橱柜和卫生间家具征收反倾销税。

（十二）暂停对价值2 500亿美元中国商品关税加征至30%

2019年10月11日，美国财政部长姆努钦宣布，白宫暂停对价值2 500亿美元中国商品的关税从25%提高到30%，这批关税原定于2019年10月15日生效。

（十三）启动对中国3 000亿美元加征关税清单商品排除程序

美国商务部2019年10月30日发布公告，称自2019年10月31日起对中国3 000亿美元加征关税清单产品启动排除程序。自2019年10月31日至2020年1月31日，美国利害关系方可向美国贸易代表办公室（USTR）提出排除申请，需要提供的信息包括有关产品的可替代性、是否被征收过反倾销反补贴税、是否具有重要战略意义或与中国制造2025等产业政策相关等。如果排除申请得到批准，自2019年9月1日起，已经加征的关税可以追溯返还。

(十四)对原产于中国的码钉产品征收反倾销税

2019年11月6日,美国商务部对原产于中国的码钉产品作出反补贴初裁,决定对相关中国企业征收最高达156.99%的反倾销税,受影响中国商品出口额为8 875万美元。

(十五)对原产于中国的瓷砖征收反倾销税

2019年11月7日,美国商务部就对华瓷砖反倾销调查作出初裁,决定对相关中国企业征收最高达356.02%的反倾销税,受影响中国商品出口额为4.83亿美元。同日,美国商务部就对原产于中国的非公路用轮胎进行第十次反倾销复审终裁,决定取消征收相关中国企业的反倾销税。

(十六)维持对原产于中国的胶合板征收反倾销税

2019年11月25日,美国商务部对原产于中国的某些胶合板规避关税作出终裁,要求美国海关和边境保护局继续对某些中国进口胶合板征收反倾销税和反补贴税押金。

第二节　2019—2020年中美贸易争端下中国的关税政策

2019—2020年,中国对美国实施的关税政策具体如下:

(一)对从美国进口太阳能级多晶硅征收反倾销税

2019年1月18日,中国商务部发布公告,决定对原产于美国和韩国的进口太阳能级多晶硅反倾销、反补贴措施进行期终复审调查,在调查期间继续对相关美国企业征收最高达57%的反倾销税以及最高达2.1%的反补贴税。

(二)对从美国进口乙二醇和二甘醇的单丁醚征收反倾销税

2019年1月25日,中国商务部发布公告,对原产于美国和欧盟的进口乙二醇和二甘醇的单丁醚反倾销措施作出期终复审裁定,决定继续对相关美国企业征收最高达75.5%的反倾销税。

(三)维持对从美国进口间苯二酚征收反倾销税

2019年3月22日,中国商务部发布公告,对原产于美国和日本的进口间苯二酚反倾销措施作出期终复审裁定,决定继续对相关美国企业征收30.1%的反倾销税。

(四)对原产于美国的汽车及零部件继续暂停加征关税

2019年3月31日,国务院关税税则委员会发布2019年1号公告(税委会公告〔2019〕1号):为落实中美两国元首阿根廷会晤共识,继续为双方经贸磋商创造良好氛围,决定对原产于美国的汽车及零部件继续暂停加征关税。即从2019年4月1日起,对《国务院关税税则委员会关于对原产于美国的汽车及零部件暂停加征关税的公告》(税委会公告〔2018〕10号)附件1所列28个税目商品,继续暂停征收《国务院关税税则委员会关于对原产于美国500亿美元进口商品加征关税的公告》(税委会公告〔2018〕5号)所加征25%的关税;对税委会公告〔2018〕10号附件2所列116个税目商品,继续暂停征收《国务院关税税则委员会关于对原产于美国约160亿美元进口商品加征关税的公告》(税委会公告〔2018〕7号)所加征25%的关税;对税委会公告〔2018〕10号附件3所列67个税目商品,继续暂停征收《国务院关税税则委员会关于对原产于美国约600亿美元进口商品实施加征关税的公告》(税委会公告〔2018〕8号)所加征5%的关税。暂停加征关税措施截止时间另行通知。

(五)试行开展对美加征关税商品排除工作

2019年5月13日,国务院关税税则委员会发布2019年2号公告:决定试行开展对美加征关税商品排除工作,根据我国利益相关方的申请,将部分符合条件的商品排除出对美加征关税范围,采取暂不加征关税、具备退还税款条件的退还已加征关税税款等排除措施。

(六)对原产于美国的部分进口商品提高加征关税税率

2019年5月13日,国务院关税税则委员会发布2019年3号公告:2019年5月9日,美国政府宣布自2019年5月10日起对从中国进口的2 000亿美元清单商品加征的关税税率由10%提高到25%。美方上述措施导致中美经贸摩擦升级,违背中美双方关于通过磋商解决贸易分歧的共识,损害双方利益,不符合国际社会的普遍期待。为此,国务院关税税则委员会决定:自2019年6月1日0时起,对原产于美国的部分进口商品提高加征关税税率,即对《国务院关税税则委员会关于对原产于美国约600亿美元进口商品实施加征关税的公告》(税委会公告〔2018〕8号)中部分商品,提高加征关税税率,按照《国务院关税税则委员会关于对原产于美国的部分进口商品(第二批)加征关税的公告》(税委会公告〔2018〕6号)公告的税率实施。具体为:对附件1所列2 493个税目商品,实施加征25%的关税;对附件2所列1 078个税目商品,实施加征20%的关税;对附件3所列974个税目商品,实施加征10%的关税;对附件4所列595个税目商品,仍实施加征5%的关税。其他事项按照税委会公告〔2018〕6号执行。

(七)维持对原产于美国的四氯乙烯征收反倾销税

2019年5月30日,中国商务部发布公告,对原产于美国和欧盟等国的进口四氯乙烯发起期终复审调查,决定继续对相关美国企业征收71.8%的反倾销税。

(八)提高对原产于美国的高温承压用合金钢无缝钢管反倾销税率

2019年6月14日,中国商务部发布公告,决定对原产于美国和欧盟的进口相关高温承压用合金钢无缝钢管反倾销措施作出期终复审裁定,将对相关美国企业征收的反倾销税率由 14.1%升至 147.8%。

(九)维持对原产于美国的进口干玉米酒糟征收反倾销税

2019 年 6 月 19 日,中国商务部发布公告,对原产于美国的进口干玉米酒糟的反倾销措施作出期终复审裁定,决定继续对相关美国企业征收最高达 53.7%的反倾销税和 12.0%的反补贴税。

(十)对原产于美国的部分进口商品(第三批)加征关税

2019 年 8 月 23 日,国务院关税税则委员会发布 2019 年 4 号公告:2019 年 8 月 15 日,美国政府宣布对从中国进口的约 3 000 亿美元商品加征 10%关税,分两批自 2019 年 9 月 1 日、12 月 15 日起实施。美方措施导致中美经贸摩擦持续升级,极大地损害了中国、美国以及其他各国利益,也严重威胁到多边贸易体制和自由贸易原则,为此,国务院关税税则委员会决定:对原产于美国的 5 078 个税目、约 750 亿美元进口商品加征关税,即自 2019 年 9 月 1 日 12 时 01 分起,对附件 1 第一部分所列 270 个税目商品加征 10%的关税,对附件 1 第二部分所列 646 个税目商品加征 10%的关税,对附件 1 第三部分所列 64 个税目商品加征 5%的关税,对附件 1 第四部分所列 737 个税目商品加征 5%的关税,具体商品范围见附件 1;自 2019 年 12 月 15 日 12 时 01 分起,对附件 2 第一部分所列 749 个税目商品加征 10%的关税,对附件 2 第二部分所列 163 个税目商品加征 10%的关税,对附件 2 第三部分所列 634 个税目商品加征 5%的关税,对附件 2 第四部分所列 1 815 个税目商品加征 5%的关税,具体商品范围见附件 2。

(十一)对原产于美国的汽车及零部件恢复加征关税

2019 年 8 月 23 日,国务院关税税则委员会发布 2019 年 5 号公告:为落实中美两国元首阿根廷会晤共识,2018 年 12 月 14 日,国务院关税税则委员会发布公告,从 2019 年 1 月 1 日起,对原产于美国的汽车及零部件暂停加征关税 3 个月。2019 年 3 月 31 日,国务院关税税则委员会发布公告,从 2019 年 4 月 1 日起,继续对原产于美国的汽车及零部件暂停加征关税,暂停加征关税措施截止时间另行通知。

2019 年 5 月 9 日,美国政府宣布,自 2019 年 5 月 10 日起,对从中国进口的 2 000 亿美元清单商品加征的关税税率由 10%提高到 25%。2019 年 8 月 15 日,美国政府宣布,对从中国进口的约 3 000 亿美元商品加征 10%关税,分两批自 2019 年 9 月 1 日、12 月 15 日起实施。美方上述措施导致中美经贸摩擦持续升级,严重违背了两国元首阿根廷会晤共识和大阪会晤共识。

为此,国务院关税税则委员会决定,自 2019 年 12 月 15 日 12 时 01 分起,对原产于美国的汽车及零部件恢复加征关税。即对《国务院关税税则委员会关于对原产于美国的汽车及零部件暂停加征关税的公告》(税委会公告〔2018〕10号)附件1所列28个税目商品,恢复征收《国务院关税税则委员会关于对原产于美国500亿美元进口商品加征关税的公告》(税委会公告〔2018〕5号)所加征25%的关税;对税委会公告〔2018〕10号附件2所列116个税目商品,恢复征收《国务院关税税则委员会关于对原产于美国约160亿美元进口商品加征关税的公告》(税委会公告〔2018〕7号)所加征25%的关税;对税委会公告〔2018〕10号附件3所列67个税目商品恢复征收《国务院关税税则委员会关于对原产于美国约600亿美元进口商品实施加征关税的公告》(税委会公告〔2018〕8号)所加征5%的关税。

(十二)对原产于美国的进口苯酚征收反倾销税

2019年9月3日,中国商务部发布公告,对原产于美国、欧盟、日本等国的进口苯酚的反倾销调查作出最终裁定,决定对相关美国企业征收最高达287.2%的反倾销税。

(十三)对第一批对美加征关税商品第一次排除部分商品

2019年9月11日,国务院关税税则委员会发布2019年6号公告:根据《国务院关税税则委员会关于试行开展对美加征关税商品排除工作的公告》(税委会公告〔2019〕2号),国务院关税税则委员会组织对申请主体提出的有效申请进行审核,并按程序决定,对第一批对美加征关税商品,第一次排除部分商品,分两个清单实施排除措施。

对清单一所列商品,自2019年9月17日至2020年9月16日(一年),不再加征我国为反制美国301措施所加征的关税。对已加征的关税税款予以退还,相关进口企业应自排除清单公布之日起6个月内按规定向海关申请办理。

对清单二所列商品,自2019年9月17日至2020年9月16日(一年),不再加征我国为反制美国301措施所加征的关税。已加征的关税税款不予退还。

国务院关税税则委员会将继续开展对美加征关税商品排除工作,适时公布后续批次排除清单。

(十四)暂不实施对原产于美国的部分进口商品加征关税措施

2019年12月15日,国务院关税税则委员会发布2019年7号公告:为落实中美双方近日关于经贸问题的磋商结果,根据《中华人民共和国海关法》《中华人民共和国对外贸易法》《中华人民共和国进出口关税条例》等法律法规和国际法基本原则,国务院关税税则委员会决定,暂不实施对原产于美国的部分进口商品的加征关税措施。

自2019年12月15日12时01分起,对《国务院关税税则委员会关于对原产于美国的部分进口商品(第三批)加征关税的公告》(税委会公告〔2019〕4号)附件2商品暂不实施税委会公告〔2019〕4号所规定的加征关税措施。即：对税委会公告〔2019〕4号附件2第一部分所列749个税目商品、第二部分所列163个税目商品，暂不征收税委会公告〔2019〕4号所加征10%的关税；对附件2第三部分所列634个税目商品、第四部分所列1815个税目商品，暂不征收税委会公告〔2019〕4号所加征5%的关税。实施时间另行通知。

自2019年12月15日12时01分起，暂不实施《国务院关税税则委员会关于对原产于美国的汽车及零部件恢复加征关税的公告》（税委会公告〔2019〕5号）。即：自2019年12月15日12时01分起，对《国务院关税税则委员会关于对原产于美国的汽车及零部件暂停加征关税的公告》（税委会公告〔2018〕10号）附件1所列28个税目商品，继续暂停征收《国务院关税税则委员会关于对原产于美国500亿美元进口商品加征关税的公告》（税委会公告〔2018〕5号）所加征25%的关税；对税委会公告〔2018〕10号附件2所列116个税目商品，继续暂停征收《国务院关税税则委员会关于对原产于美国约160亿美元进口商品加征关税的公告》（税委会公告〔2018〕7号）所加征25%的关税；对税委会公告〔2018〕10号附件3所列67个税目商品，继续暂停征收《国务院关税税则委员会关于对原产于美国约600亿美元进口商品实施加征关税的公告》（税委会公告〔2018〕8号）所加征5%的关税。实施时间另行通知。

（十五）对第一批对美加征关税商品第二次排除部分商品

2019年12月19日，国务院关税税则委员会发布2019年8号公告：根据《国务院关税税则委员会关于试行开展对美加征关税商品排除工作的公告》（税委会公告〔2019〕2号），国务院关税税则委员会组织对申请主体就第一批对美加征关税商品提出的有效申请完成了审核，决定排除其中部分商品，即对附件清单所列商品，自2019年12月26日至2020年12月25日（一年），不再加征我国为反制美国301措施所加征的关税。已加征的关税税款不予退还。

（十六）对防控新型冠状病毒感染的肺炎疫情进口物资不实施对美加征关税措施

2020年2月1日，国务院关税税则委员会发布税委会2020年6号通知：为积极支持新型冠状病毒感染的肺炎疫情防控工作，对按照防控新型冠状病毒感染的肺炎疫情进口物资免税政策（详见财政部 海关总署 税务总局公告2020年第6号，以下称免税政策）进口且原产于美国的物资，不实施对美加征关税措施，即恢复我国对美国232措施所中止的关税减让义务，不加征我国为反制美国301措施所加征的关税；已加征税款予以退还。上述不实施加征关税措施与免税政策实施时间保持一致。

（十七）调整对原产于美国的部分进口商品加征关税措施

2020年2月6日，国务院关税税则委员会发布2020年1号公告：为促进中美经贸关系健康稳定发展，根据《中华人民共和国海关法》《中华人民共和国对外贸易法》《中华人民共和国进出口关税条例》等法律法规和国际法基本原则，国务院关税税则委员会按程序决定，自 2020 年 2 月 14 日 13 时 01 分起，调整《国务院关税税则委员会关于对原产于美国的部分进口商品（第三批）加征关税的公告》（税委会公告〔2019〕4 号）规定的加征税率。该公告附件 1 第一、二部分所列 270 个、646 个税目商品的加征税率，由 10% 调整为 5%；第三、四部分所列 64 个、737 个税目商品的加征税率，由 5% 调整为 2.5%。除上述调整外，其他对美加征关税措施，继续按规定执行。

（十八）开展对美加征关税商品市场化采购排除工作

2020 年 2 月 17 日，国务院关税税则委员会发布 2020 年 2 号公告：为更好地满足我国消费者日益增长的需要，加快受理企业排除申请，根据《中华人民共和国海关法》《中华人民共和国对外贸易法》《中华人民共和国进出口关税条例》等有关法律法规规定，国务院关税税则委员会决定，开展对美加征关税商品市场化采购排除工作，根据相关中国境内企业的申请，对符合条件、按市场化和商业化原则自美国采购的进口商品，在一定期限内不再加征我国对美国 301 措施反制关税。具体事项如下：

1. 申请主体

申请主体为拟签订合同自美采购并进口相关商品的中国境内企业。

2. 可申请排除的商品范围

可申请排除商品清单为部分我国已公布实施且未停止或未暂停加征对美国 301 措施反制关税的商品，见该公告附件。对清单外商品，申请主体可提出增列排除商品的申请。对已出台和今后经批准出台的进口减免税政策项下自美进口商品，以及快件渠道进口商品，自动予以排除并免于申请。纳入对美加征关税商品排除清单、在排除期限内的商品，也无需进行申请。

3. 申请方式和时间

申请主体应通过排除申报系统（财政部关税政策研究中心网址 https://gszx.mof.gov.cn），按要求填报并提交市场化采购排除申请。排除申报系统于 2020 年 3 月 2 日起接受申请。

4. 申请填报要求

申请主体应根据上述网址关于排除申请的具体说明和要求，完整填写申请排除商品税则号列、采购计划金额等排除申请信息，以作为审核参考。申请增列排除商品的，还需填报加征关税对申请主体影响等必要说明。

申请主体应对填报信息的真实性负责，经核查发现填报虚假信息的，不考虑相关申请主体该项及后续若干批次的市场化采购排除申请。申请主体填报信息仅限于对美加征关税商品排除工作使用,未经申请主体同意不会向第三方公开,但法律法规和国家另有规定除外。

5. 申请结果及采购实施

国务院关税税则委员会将根据申请主体填报信息,结合第一、二批对美加征关税商品排除申请情况,组织对有效申请逐一进行审核,并通过排除申报系统等方式,及时将排除申请结果通知申请主体。相关申请主体自核准之日起一年内进口核准金额范围内的商品不再加征我国对美国301措施反制关税;超出部分不予排除,需自行负担加征关税。核准前已加征的关税税款不予退还。对在进口合同中明确规定且数量在10%(含)以内的溢装商品,也适用上述排除措施。检验检疫等其他进口监管事项按现行规定执行。

申请主体需根据相关说明和要求,及时上传成交信息。经核准的采购计划,当月未成交部分在月底自动失效;超出当月采购计划的成交,需在规定时间内追加排除申请,经国务院关税税则委员会核准后予以排除。申请主体应在进口报关前,根据拟报关信息,通过排除申报系统提交自我声明并领取排除编号。国务院关税税则委员会在自我声明提交后3个工作日内予以核准,由排除申报系统生成排除编号。申请主体在报关单上填写排除编号,按海关规定办理报关手续。

(十九)发布第二批对美加征关税商品第一次排除清单

2020年2月21日,国务院关税税则委员会发布2020年3号公告:根据《国务院关税税则委员会关于试行开展对美加征关税商品排除工作的公告》(税委会公告〔2019〕2号),国务院关税税则委员会组织对申请主体提出的有效申请进行审核,并按程序决定,对第二批对美加征关税商品,第一次排除其中部分商品,分两个清单实施排除措施。

对清单一所列商品,自2020年2月28日至2021年2月27日(一年),不再加征我国为反制美国301措施所加征的关税。对已加征的关税税款予以退还,相关进口企业应自排除清单公布之日起6个月内按规定向海关申请办理。

对清单二所列商品,自2020年2月28日至2021年2月27日(一年),不再加征我国为反制美国301措施所加征的关税。已加征的关税税款不予退还。

(二十)发布第二批对美加征关税商品第二次排除清单

2020年5月12日,国务院关税税则委员会发布2020年4号公告:根据《国务院关税税则委员会关于试行开展对美加征关税商品排除工作的公告》(税委会公告〔2019〕2号),国务院关税税则委员会组织对申请主体提出的有效申请进行审核,并按程序决定,对第二批对美加征关税商品,第二次排除其中部分商品,即对附件清单所列商品,自 2020 年 5 月 19 日至 2021 年 5 月 18 日(一年),不再加征我国为反制美国 301 措施所加征的关税。对已加征的关税税款予以退还,相关进口企业应自排除清单公布之日起 6 个月内按规定向海关申请办理。

第三节 中美贸易争端中的关税政策评述

2017 年特朗普新一届美国政府上任以来,在"美国优先"的口号下,抛弃相互尊重、平等协商等国际交往基本准则,实行单边主义、保护主义和经济霸权主义,对许多国家和地区特别是中国作出一系列不实指责,利用不断加征关税等手段进行经济恫吓,试图采取极限施压方法将自身利益诉求强加于中国。面对这种局面,中国从维护两国共同利益和世界贸易秩序大局出发,坚持通过对话协商解决争议的基本原则,以最大的耐心和诚意回应美国关切,以求同存异的态度妥善处理分歧,克服各种困难,同美国开展多轮对话磋商,提出务实解决方案,为稳定双边经贸关系作出了艰苦努力。然而,美国出尔反尔、不断发难,导致中美经贸摩擦在短时间内持续升级,使两国政府和人民多年努力培养起来的中美经贸关系受到极大损害,也使多边贸易体制和自由贸易原则遭遇严重威胁。

(一)中国履行加入世界贸易组织承诺,不断降低关税水平

中国切实履行加入世界贸易组织承诺,主动通过单边降税扩大市场开放。截至 2010 年,中国货物降税承诺全部履行完毕,关税总水平由 2001 年的 15.3% 降至 2010 年的 9.8%。中国并未止步于履行加入世界贸易组织承诺,而是通过签订自由贸易协定等方式推进贸易投资自由化,给予最不发达国家关税特殊优惠,多次以暂定税率方式大幅自主降低进口关税水平。根据世界贸易组织数据,2015 年中国贸易加权平均关税税率已降至 4.4%,明显低于韩国、印度、印度尼西亚等新兴经济体和发展中国家,已接近美国(2.4%)和欧盟(3%)的水平;在农产品和制成品方面,中国已分别低于日本农产品和澳大利亚非农产品的实际关税水平。自 2018 年以来,中国进一步主动将汽车整车最惠国税率降至 15%,将汽车零部件最惠国税率从最高 25% 降至 6%;大范围降低部分日用消费品进口关税,涉及 1 449 个税目,其最惠国平均税率从 15.7% 降至 6.9%,平均降幅达 55.9%。2018 年,中国关税总水平已进一步降为 8%。

(二)美国发起贸易摩擦的政策目标

政策目标之一:削减对华贸易逆差,扭转贸易失衡。结合对两国产业内贸易水平的比较,中美两国在初级产品生产、低技术制造业、中低技术制造业、中高技术制造业和高技术制造业五大行业中,基本表现为垂直型分工。美国通过提高关税水平很难实现扭转贸易不平衡的政策目标。

政策目标之二：报复性提高关税水平，促使海外制造业回流。美国没有通过协商和双边经贸协定来争取更低的美国产品进口至中国的关税税率，而是采取将本国关税水平升高的做法。美国关税加征措施对各行业造成的关税负担，以中高技术制造业为最，高技术制造业次之。美国关税政策效果以激烈的保护手段导致更为悬殊的关税税率差异，从而形成新的不公平贸易。

政策目标之三：打击海外市场需求，削弱中国产品国际竞争力。从打击中国海外市场的角度来看，美国施加于中高技术制造业的政策逻辑比较清晰，即最大程度地影响中国产品的出口市场和贸易利得。

政策目标之四：战略性产业发展战略的博弈。中国近年来科技产业飞速升级、发展，中美双方在高端制造链中的冲突和竞争已经凸显，美国企图限制中国高端制造业在全球的快速扩张，以继续维护其本国的科技霸主地位。美国贸易代表办公室于2018年4月3日公布的对华"301调查"征税500亿美元中国输美商品建议清单中，主要涉及航空航天、信息、通信技术、工业机器人、机械、生物医药、高铁设备、新材料、新能源汽车等多个行业，是"中国制造2025"的产业涉及范围。

(三)中国关于中美贸易摩擦的立场

经济全球化是大势所趋，和平与发展是民心所向。把困扰世界的问题、影响本国发展的矛盾简单归咎于经济全球化，搞贸易和投资保护主义，企图让世界经济退回到孤立的旧时代，不符合历史潮流。中美经贸关系事关两国人民福祉，也关乎世界和平、繁荣、稳定。对中美两国来说，合作是唯一正确的选择，共赢才能通向更好的未来。

(1)中国坚定维护国家尊严和核心利益。中国一贯主张，对中美两国经贸关系快速发展过程中出现的问题和争议，双方应秉持积极合作的态度，通过双边磋商或诉诸世界贸易组织争端解决机制，以双方都能接受的方式解决分歧。中国谈判的大门一直敞开，但谈判必须以相互尊重、相互平等和言而有信、言行一致为前提，不能在关税大棒的威胁下进行，不能以牺牲中国发展权为代价。

(2)中国坚定推进中美经贸关系健康发展。美国和中国是世界前两大经济体。中美经贸摩擦事关全球经济稳定与繁荣，事关世界和平与发展，应该得到妥善解决。中美和则两利，斗则俱伤，双方保持经贸关系健康稳定发展，符合两国人民根本利益，符合世界人民共同利益，为国际社会所期待。中国愿同美国相向而行，本着相互尊重、合作共赢的精神，聚焦经贸合作，管控经贸分歧，积极构建平衡、包容、共赢的中美经贸新秩序，共同增进两国人民福祉。中国愿意在平等、互利的前提下，与美国重启双边投资协定谈判，适时启动双边自由贸易协定谈判。

(3)中国坚定维护并推动改革完善多边贸易体制。以世界贸易组织为核心的多边贸易体制是国际贸易的基石,是全球贸易健康有序发展的支柱。中国坚定遵守和维护世界贸易组织规则,支持开放、透明、包容、非歧视的多边贸易体制,支持基于全球价值链和贸易增加值的全球贸易统计制度等改革。支持对世界贸易组织进行必要改革,坚决反对单边主义和保护主义。坚持走开放融通、互利共赢之路,构建开放型世界经济,加强二十国集团、亚太经合组织等多边框架内合作,推动贸易和投资自由化便利化,推动经济全球化朝着更加开放、包容、普惠、平衡、共赢的方向发展。

(四)行业技术含量是两国贸易摩擦中关税政策制定的核心因素

通过观察和分析两国加征关税的商品清单税目覆盖率和贸易额,可以发现,美国的关税政策优势主要集中在高技术制造业,中国则在低技术制造业和初级产品行业中的关税政策空间和反击力度较大。在高技术制造业领域,美国关税政策的实施力度更强,贸易保护倾向更高;而在中低技术制造业、低技术制造业和初级产品生产行业中,中国的关税政策政策更加积极,实施力度基本达到最高水平,几乎涉及美国的所有产品。美国针对中国产品的加征关税清单,依照税目种类的标准,影响程度最广的行业是中高技术制造业。从贸易额的角度看,美国对于中国出口产品的限制,施压力度最高的是高技术制造业,其余依次为中高技术制造业和中低技术制造业。中国的加征关税清单,从产品税目的覆盖率看,加税对中低技术制造业的影响程度最大,受到关税加征影响最大的是美国初级产品,整体上影响到低技术制造业产品,高技术制造业仅有不到 1/3 的产品进口额受到影响。

(五)关于中美贸易摩擦中关税政策的未来展望

中美双方虽然已经达成第一阶段贸易协议,但是美国对中国的关税并未完全取消,第一阶段协议也有可能随时单方面终止。第二阶段的贸易谈判涉及美国要求中国改革诸如知识产权保护、停止科技转移等议题,不仅仅是经济事项,还涉及双方重点关切的体制机制等核心问题。中美之间的战略竞争,已超出经贸领域,在政治、外交、军事、科技等领域展开激烈、尖锐的对抗。

目前,中美贸易摩擦虽然已经有所减缓,但是其长期化、复杂化的趋势并没有得到改变。中美贸易摩擦和博弈将是未来相当长时期内中美关系的新常态。总体来看,中美达成全面贸易协定的道路注定不会一帆风顺。中国既要维护本国的核心利益,也要努力维护中美经贸关系,管控分歧,积极寻求合作共赢。关税政策作为调节国际贸易的主要工具,也将在未来中美两国贸易摩擦和博弈中继续发挥作用,需要我们提前研究、预判,做好政策储备,及时予以应对和反制。

参考文献：

[1]国务院新闻办公室.《关于中美经贸摩擦的事实与中方立场》白皮书[R].2018-09-14.

[2]陈诚,陈福中.贸易平衡、开放水平与产业竞争视角下的中美关税政策[J].兰州学刊,2019(6).

（本章执笔：拱北海关李宇）

第五章

进口环节代征税和出口退税政策的变化

第一节 2019—2020年进口环节代征税政策的变化

一、进口环节代征税概况

海关进口代征税包括进口增值税和进口消费税。《中华人民共和国增值税暂行条例》第十九条规定,进口货物的增值税由海关代征。《中华人民共和国消费税暂行条例》第十二条规定,进口的应税消费品的消费税由海关代征。《中华人民共和国海关法》第六十五条规定,进口环节海关代征税的征收管理,适用关税征收管理的规定。由此可见,进口环节代征税是指进口增值税和进口消费税。

海关代征税在我国税收构成中占有重要比例。以2019年为例,海关代征税占全国税收收入的比重以及海关代征税占海关税收的比重分别见表5.1、图5.1。

表5.1   2019年我国税收收入及结构

税种	单位:亿元	占比
税收总额	157 992	——
国内增值税	62 346	39.46%
国内消费税	12 562	7.95%
企业所得税	37 300	23.61%
个人所得税	10 388	6.58%
进口代征税	15 812	10.01%
关税	2 889	1.83%

资料来源:财政部. 2019年财政收支情况[EB/OL]. http://gks.mof.gov.cn/tongjishuju/202002/t20200210_3467695.htm. 国家统计局网站,https://data.stats.gov.cn/easyquery.htm?cn=C01.

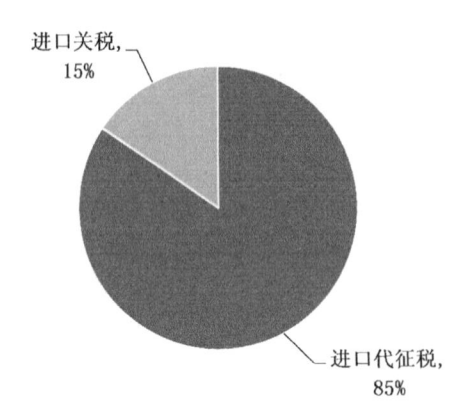

资料来源：财政部.2019年财政收支情况[EB/OL]. http://gks.mof.gov.cn/tongjishuju/202002/t20200210_3467695.htm. 国家统计局网站，https://data.stats.gov.cn/easyquery.htm?cn=C01.

图 5.1 进口关税、进口代征税占海关进口税收的比重

可以看出，2019年进口代征税占我国全年税收收入的10%以上，而进口代征税占海关进口税收的比重达到85%，因而进口代征税具有重要作用和意义。

二、我国增值税税率调整背景

我国规范的增值税与消费税始于1994年的分税制改革以及配套的税制改革。近四十年来，消费税的税率相对稳定，但增值税税率随着"营改增""减税降费"等改革一直不断调整，我国增值税税率调整过程见表5.2。

表 5.2 增值税税率变化一览

时间	1994年1月1日至2011年12月31日	2012年1月1日至2017年6月30日	2017年7月1日至2018年4月30日	2018年5月1日至2019年3月31日	2019年4月1日至今
基本税率	17%	17%	17%	16%	13%
低税率	13%	13%	11%	10%	9%
第三档税率	—	11%	11%	10%	9%
第四档税率	—	6%	6%	6%	6%

通过表5.2可以看出，分税制改革后，我国增值税只有17%（基本税率）和13%（低税率）两档税率。2012年1月1日，我国开始试点"营改增"，增加了11%和6%两个税率档次。2017年7月1日，增值税"低税率"由13%降到了11%。2018年5月1日，17%和11%的增值税税率分别调整到16%和10%，2019年4月，进一步分别调整到13%和9%。

我国进口代征税的税率参照国内增值税和国内消费税的税率,因此,税率的调整也就对应着进口代征税率的变化。

三、2019—2020 年进口增值税、进口消费税政策变化

(一)增值税基本税率的调整

按照相关法律规定,从 2019 年 4 月 1 日起,我国增值税一般纳税人发生增值税应税销售行为或者进口货物,原适用 16% 税率的,税率调整为 13%;原适用 10% 税率的,税率调整为 9%。[①]

在这一政策背景下,进口货物的增值税税率全面由 16% 或 10% 下降至 13% 或 9%,下降幅度高达 18.75% 和 11.11%,减税力度非常大。

(二)新冠肺炎疫情与进口代征税优惠

2020 年伊始,新冠肺炎疫情席卷全球,给全球的经济以及世界各国的人民生活带来了巨大影响。为此,财政部、国家税务总局、海关总署等出台了相关的税收优惠政策,用于支持防护救治、物资供应、公益捐赠、复工复产等。在进口代征税层面主要的政策如下:

(1)针对疫情防控需要,适度扩大《慈善捐赠物资免征进口税收暂行办法》规定的免税进口范围,对捐赠用于疫情防控的进口物资,免征进口关税和进口环节增值税、消费税。[②] 具体包括:

①进口物资增加试剂,消毒物品,防护用品,救护车、防疫车、消毒车、应急指挥车。

②免税范围增加国内有关政府部门、企事业单位、社会团体、个人以及来华或在华的外国公民从境外或海关特殊监管区域进口并直接捐赠;境内加工贸易企业捐赠。捐赠物资应直接用于防控疫情且符合前述第①项或《慈善捐赠物资免征进口税收暂行办法》规定。

③受赠人增加省级民政部门或其指定的单位。省级民政部门将指定的单位名单函告所在地直属海关及省级税务部门。

无明确受赠人的捐赠进口物资,由中国红十字会总会、中华全国妇女联合会、中国残疾人联合会、中华慈善总会、中国初级卫生保健基金会、中国宋庆龄基金会或中国癌症基金会作为受赠人接收。

---

① 财政部 税务总局 海关总署公告 2019 年第 39 号. 财政部 税务总局 海关总署关于深化增值税改革有关政策的公告.

② 财政部 海关总署 税务总局公告 2020 年第 6 号. 财政部 海关总署 税务总局关于防控新型冠状病毒感染的肺炎疫情进口物资免税政策的公告.

④该公告项下免税进口物资,已征收的应免税款予以退还。其中,已征税进口且尚未申报增值税进项税额抵扣的,可凭主管税务机关出具的《防控新型冠状病毒感染的肺炎疫情进口物资增值税进项税额未抵扣证明》,向海关申请办理退还已征进口关税和进口环节增值税、消费税手续;已申报增值税进项税额抵扣的,仅向海关申请办理退还已征进口关税和进口环节消费税手续。有关进口单位应在 2020 年 9 月 30 日前向海关办理退税手续。

(2)新冠肺炎疫情期间因不可抗力导致的出口退运货物,有如下政策:①

①对自 2020 年 1 月 1 日起至 2020 年 12 月 31 日申报出口,因新冠肺炎疫情不可抗力原因,自出口之日起 1 年内原状复运进境的货物,不征收进口关税和进口环节增值税、消费税,出口时已征收出口关税的,退还出口关税。

②对符合第一条规定的货物,已办理出口退税的,按现行规定补缴已退(免)增值税、消费税税款。

(3)为了减少疫情防控而引起的海关税收缴纳延迟,海关总署规定:②

①2020 年 1 月申报的汇总征税报关单,企业可在 2 月 24 日前完成应纳税款的汇总电子支付。其他事项仍按照海关总署公告 2017 年第 45 号文的要求办理。

②对于缴款期限届满日在 2020 年 2 月 3 日至各省、自治区、直辖市人民政府按照党中央、国务院疫情防控工作部署确定并公布的复工日期期间内的税款缴款书,可顺延至复工之日后 15 日内缴纳税款。

③各省、自治区、直辖市人民政府按照党中央、国务院疫情防控工作部署,确定并公布复工日期的,对有关进口货物的滞报金,参照《中华人民共和国海关征收进口货物滞报金办法》第十七条规定,起征日顺延至上述复工日期。

(三)海南自由贸易港原辅料"零关税"政策③

为贯彻落实《海南自由贸易港建设总体方案》,海南自由贸易港 2020 年 11 月开始对原辅料实行"零关税"政策,即在全岛封关运作前,对在海南自由贸易港注册登记并具有独立法人资格的企业,进口用于生产自用、以"两头在外"模式进行生产加工活动或以"两头在外"模式进行服务贸易过程中所消耗的原辅料,免征进口关税、进口环节增值税和消费税。

"零关税"原辅料实行正面清单管理,清单内容由财政部会同有关部门根据海南实际需要和监管条件进行动态调整。负面清单所列零部件,适用原辅料"零关税"政策,

---

① 财政部 海关总署 税务总局公告 2020 年第 41 号.关于因新冠肺炎疫情不可抗力出口退运货物税收规定的公告.
② 海关总署公告 2020 年第 18 号.关于临时延长汇总征税缴款期限和有关滞纳金、滞报金事宜的公告.
③ 财关税 2020 年 42 号.关于海南自由贸易港原辅料"零关税"政策的通知.

应当用于航空器、船舶的维修(含相关零部件维修),满足下列条件之一的,免征进口关税、进口环节增值税和消费税:第一,用于维修从境外进入境内并复运出境的航空器、船舶(含相关零部件);第二,用于维修以海南为主营运基地的航空企业所运营的航空器(含相关零部件);第三,用于维修在海南注册登记具有独立法人资格的船运公司所运营的以海南省内港口为船籍港的船舶(含相关零部件)。

从2020年12月开始,海南自由贸易港对交通工具及游艇也实行"零关税"政策。到封关运作前,对在海南自由贸易港注册登记并具有独立法人资格,从事交通运输、旅游业的企业(航空企业须以海南自由贸易港为主营运基地),进口用于交通运输、旅游业的船舶、航空器、车辆等营运用交通工具及游艇,免征进口关税、进口环节增值税和消费税。符合享受政策条件的企业名单,由海南省交通运输、文化旅游、市场监管、海事及民航中南地区管理局等主管部门会同海南省财政厅、海口海关、国家税务总局海南省税务局参照海南自由贸易港鼓励类产业目录中交通运输、旅游业相关产业条目确定,动态调整。享受"零关税"政策的交通工具及游艇实行正面清单管理,并发布了正面清单附件。①

(四)重大技术装备进口税收优惠政策②

为了支持我国重大技术装备制造业发展,我国对经认定的、享受政策名单内的企业和核电项目业主,为生产名单中相应的国家支持发展的重大技术装备和产品,在享受政策期限内申报进口当年度适用的《重大技术装备和产品进口关键零部件、原材料商品目录》中相应的执行年限内的商品,免征关税和进口环节增值税。

对享受政策名单内的企业和核电项目业主申请只免征进口关税、自愿放弃免征进口环节增值税的,主管海关可以受理,并按规定为其办理减免税审核确认手续。但企业和业主在主动放弃免征进口环节增值税后的36个月内,如果再次申请免征进口环节增值税,则主管海关不予受理。

(五)抗癌药品和罕见病药品增值税减税优惠政策

为鼓励抗癌和罕见病制药产业发展,降低患者用药成本,财政部、海关总署、国家税务总局、国家药品监督管理局等部委分别在2018年、2019年和2020年发布了相关文件,以降低此类产品的进口增值税税率。

2019年,财政部、海关总署、国家税务总局、国家药品监督管理局发文,自2019年3月1日起,增值税一般纳税人生产销售和批发、零售罕见病药品,可选择按照简易办法依照3%的征收率计算缴纳增值税。上述纳税人选择简易办法计算缴纳增值税后,

---

① 财关税2020年54号.关于海南自由贸易港交通工具及游艇"零关税"政策的通知.
② 署税发2020年224号.海关总署关于执行重大技术装备进口税收政策有关事项的通知.

36个月内不得变更。自2019年3月1日起,对进口罕见病药品,减按3%征收进口环节增值税。罕见病药品清单(第一批)具体见表5.3。[①]

表5.3 罕见病药品清单(第一批)

一、罕见病药品制剂			
序号	活性成分通用名称	药品名称	已获准上市的剂型	税号
1	波生坦	波生坦片	片剂	30049090
2	安立生坦	安立生坦片	片剂	30049090
3	利奥西呱	利奥西呱片	片剂	30049090
4	马昔腾坦	马昔腾坦片	片剂	30049090
5	伊洛前列素	吸入用伊洛前列素溶液	溶液剂	30043900
6	曲前列尼尔	曲前列尼尔注射液	注射剂	30043900
7	吡非尼酮	吡非尼酮胶囊	胶囊剂	30049090
8	尼达尼布	乙磺酸尼达尼布软胶囊	胶囊剂	30049090
9	—	注射用伊米苷酶	注射剂	30049090
10	—	注射用阿糖苷酶α	注射剂	30049090
11	麦格司他	麦格司他胶囊	胶囊剂	30049090
12	—	重组人生长激素注射液	注射剂	30043900
13	沙丙蝶呤	盐酸沙丙蝶呤片	片剂	30049090
14		重组人干扰素β1a注射液	注射剂	30021500
15	青霉胺	青霉胺片	片剂	30049090
16	利鲁唑	利鲁唑片	片剂	30049090
17	—	人凝血因子Ⅷ	注射剂、冻干粉针剂	30021200
18	—	注射用重组人凝血因子Ⅷ	注射剂	30021200
19	—	注射用重组人凝血因子Ⅸ	注射剂	30021200
20	—	人凝血酶原复合物	注射剂、冻干粉针剂	30021200
21	—	注射用重组人凝血因子Ⅶa	注射剂	30021200

二、罕见病药品原料药		
序号	活性成分通用名称	税号
1	波生坦	29359000
2	吡非尼酮	29337900
3	青霉胺	29309090
4	利鲁唑	29342000

---

① 财税2019年24号.财政部 海关总署 税务总局 药监局关于罕见病药品增值税政策的通知.

2020年,财政部、海关总署、国家税务总局、国家药品监督管理局发布第二批适用增值税政策的抗癌药品和罕见病药品进口清单,原有的税收优惠政策保持不变。[①] 此次调整具体包括:第一,动态调整抗癌药和罕见病药品清单,将一些最新批准注册的抗癌药和罕见病药纳入抗癌药品和罕见病药品第二批清单,以享受相关增值税政策;第二,对第一批药品清单中部分抗癌药品和罕见病药品税号进行了修正。至此,国家规定的抗癌药品和罕见病全部目录见表5.4。

表5.4   国家抗癌药品和罕见病药品全部目录

抗癌药制剂	
商品编号	抗癌药制剂中活性成分通用名称(化药为活性成分、中药和生物制品为通用名)
3002150010	阿替利珠单抗、贝伐珠单抗注射液、达雷妥优单抗、地舒单抗、度伐利尤单抗、恩美曲妥珠单抗、卡瑞利珠单抗、利妥昔单抗注射液、纳武利尤单抗、尼妥珠单抗注射液、帕博利珠单抗、帕妥珠单抗、特瑞普利单抗、替雷利珠单抗、维布妥昔单抗、西妥昔单抗注射液、信迪利单抗、伊尼妥单抗、注射用曲妥珠单抗
3004209091	表柔比星、丝裂霉素、盐酸吡柔比星、盐酸表柔比星、盐酸博来霉素、盐酸多柔比星、盐酸平阳霉素、盐酸柔红霉素、盐酸伊达比星
3004390091	醋酸阿比特龙、醋酸奥曲肽、醋酸戈舍瑞林、醋酸亮丙瑞林、醋酸曲普瑞林、地加瑞克、氟维司群、福美坦、兰瑞肽、磷酸雌莫司汀、双羟萘酸曲普瑞林、依西美坦
3004490091	酒石酸长春瑞滨、硫酸长春地辛、硫酸长春新碱、羟喜树碱、盐酸托泊替康、盐酸伊立替康、重酒石酸长春瑞滨
3004901020	达拉非尼、维莫非尼
3004909020	紫杉醇
3004909093	阿来替尼、阿那曲唑、阿帕他胺、阿糖胞苷、阿昔替尼、阿扎胞苷、安罗替尼、奥拉帕利、奥沙利铂、奥替拉西/吉美嘧啶/替加氟、白消安、苯达莫司汀、苯丁酸氮芥、比卡鲁胺、达卡巴嗪、达可替尼、达沙替尼、地西他滨、多西他赛、恩扎卢胺、呋喹替尼、氟尿嘧啶、氟他胺、福莫司汀、枸橼酸他莫昔芬、枸橼酸托瑞米芬、环磷酰胺、吉非替尼、甲氨蝶呤、甲苯磺酸拉帕替尼、甲苯磺酸尼拉帕利、甲苯磺酸索拉非尼、甲磺酸阿美替尼、甲磺酸阿帕替尼、甲磺酸艾立布林、甲磺酸奥希替尼、甲磺酸氟马替尼、甲磺酸仑伐替尼、甲磺酸伊马替尼、卡铂、卡莫氟、卡培他滨、克拉屈滨、克唑替尼、来那度胺、来曲唑、雷替曲塞、磷酸氟达拉滨、磷酸芦可替尼、磷酸依托泊苷、洛铂、马来酸阿法替尼、马来酸吡咯替尼、马来酸奈拉替尼、美法仑、门冬酰胺酶、奈达铂、尼洛替尼、尿嘧啶/替加氟、哌柏西利、培美曲塞二钠、培门冬酶、培唑帕尼、硼替佐米、苹果酸舒尼替尼、巯嘌呤、曲氟尿苷替匹嘧啶、曲美替尼、去氧氟尿苷、瑞戈非尼、塞瑞替尼、顺铂、替加氟、替莫唑胺、替尼泊苷、西达本胺、亚叶酸钙、亚叶酸钠、盐酸阿糖胞苷、盐酸埃克替尼、盐酸氮芥、盐酸厄洛替尼、盐酸吉西他滨、盐酸尼莫司汀、伊布替尼、伊沙佐米、依托泊苷、依维莫司、异环磷酰胺、泽布替尼、左亚叶酸钙

---

① 财政部 海关总署 国家税务总局 国家药品监督管理局 2020年第39号.财政部 海关总署 税务总局 药监局关于发布第二批适用增值税政策的抗癌药品和罕见病药品清单的公告.

续表

抗癌药原料药	
商品编号	抗癌药原料药活性成分通用名称
2843900031	奥沙利铂、卡铂、奈达铂、顺铂
2905399091	白消安
2922509091	盐酸米托蒽醌
2924299091	氟他胺
2930909092	比卡鲁胺
2932999021	紫杉醇
2932999029	多西他赛
2933399091	吉美嘧啶、甲磺酸阿帕替尼、西达本胺
2933399094	甲苯磺酸尼拉帕利
2933490040	马来酸吡咯替尼
2933599070	甲磺酸氟马替尼、甲磺酸阿美替尼、泽布替尼
2933599091	甲磺酸伊马替尼、硫唑嘌呤、培美曲塞二钠、左亚叶酸钙
2933699091	奥替拉西钾
2933790091	来那度胺
2933990092	阿那曲唑、来曲唑、硼替佐米、替莫唑胺
2934109091	达沙替尼
2934999076	呋喹替尼
2934999091	地西他滨、氟脲苷、环磷酰胺、吉非替尼、卡培他滨、雷替曲塞、磷酸氟达拉滨、替加氟、盐酸阿糖胞苷、盐酸吉西他滨、盐酸埃克替尼、异环磷酰胺
2937190091	醋酸曲普瑞林
2937231910	福美坦
2937290091	依西美坦
2939799091	酒石酸长春瑞滨、硫酸长春新碱、盐酸托泊替康、盐酸伊立替康
2941909091	吡柔比星、丝裂霉素、盐酸表柔比星、盐酸多柔比星、盐酸平阳霉素、盐酸柔红霉素、盐酸伊达比星
3507909010	门冬酰胺酶
罕见病药品制剂	
商品编号	罕见病药品制剂中活性成分通用名称
3002120093	人凝血酶原复合物、人凝血因子Ⅷ、人凝血因子Ⅸ、注射用重组人凝血因子Ⅶa、注射用重组人凝血因子Ⅷ、注射用重组人凝血因子Ⅸ

续表

商品编号	
3002150030	艾美赛珠单抗注射液、依库珠单抗注射液、重组人干扰素β1a注射液、注射用重组人干扰素β-1b
3004390095	曲前列尼尔注射液、吸入用伊洛前列素溶液、重组人生长激素注射液
3004901030	波生坦分散片、波生坦片、司来帕格片
3004909098	安立生坦片、吡非尼酮胶囊、氘丁苯那嗪片、利奥西呱片、利鲁唑片、马昔腾坦片、麦格司他胶囊、诺西那生钠注射液、青霉胺片、特立氟胺片、西尼莫德片、盐酸芬戈莫德胶囊、盐酸沙丙蝶呤片、依洛硫酸酯酶α注射液、乙磺酸尼达尼布软胶囊、注射用阿加糖酶β、注射用阿糖苷酶α、注射用拉罗尼酶浓溶液、注射用伊米苷酶
罕见病药品原料药	
商品编号	罕见病药品原料药活性成分通用名称
2930909068	青霉胺
2933790042	吡非尼酮
2934200021	利鲁唑
2935900036	波生坦

资料来源:海关总署税收征管局(京津、广州).抗癌药品和罕见病药品增值税减税政策清单(第二批)政策解读[EB/OL].2020-09-30.

(六)进口博览会展期内进口代征税税收优惠政策

为保障进口博览会的顺利开展,财政部、海关总署、国家税务总局等联合发文,对展期内销售的进口展品予以一定的进口税收优惠。

2019年进口博览会展期内的进口代征税税收优惠政策包括:[1]

(1)对2019年11月5日至2019年11月10日期间举办的第二届进口博览会展期内销售的合理数量的进口展品(不包括国家禁止进口商品、濒危动植物及其产品、国家规定不予减免税的20种商品和汽车)免征进口关税,进口环节增值税、消费税按应纳税额的70%征收。

(2)附件所列参展企业享受上述税收优惠政策的销售限额不超过列表额度。其他参展企业享受税收优惠政策的销售限额不超过2万美元,具体企业名单由进口博览会承办单位中国国际进口博览局、国家会展中心(上海)有限责任公司确定。

(3)超出享受税收优惠政策的销售限额又不退运出境的展品,按照国家有关规定照章征税

2020年进口博览会展期内进口代征税税收优惠政策包括:[2]

---

[1] 财关税2019年第36号.关于第二届中国国际进口博览会展期内销售的进口展品税收优惠政策的通知.
[2] 财关税2020年第38号.关于中国国际进口博览会展期内销售的进口展品税收优惠政策的通知.

(1)对展期内销售的合理数量的进口展品免征进口关税、进口环节增值税和消费税。享受税收优惠的展品不包括国家禁止进口商品,濒危动植物及其产品,烟、酒、汽车以及列入《进口不予免税的重大技术装备和产品目录》的商品。

(2)每个展商享受税收优惠的销售数量或限额,按附件规定执行。附件所列 1—5 类展品,每个展商享受税收优惠政策的销售数量不超过列表规定;其他展品,每个展商享受税收优惠政策的销售限额不超过 2 万美元。

(3)对展期内销售的超出政策规定数量或限额的展品,以及展期内未销售且在展期结束后又不退运出境的展品,按照国家有关规定照章征税。

(4)参展企业名单及展期内销售的展品清单,由承办单位中国国际进口博览局和国家会展中心(上海)有限责任公司向上海海关统一报送。

表 5—5　　　　　　2020 年进博会享受税收优惠销售数量或限额附件

序　号	类　别	备　注
1	机器、机械器具、电气设备及仪器、仪表(医疗或外科用仪器及设备除外)	每个参展商享受税收优惠数量不超过 12 件
2	牵引车、拖拉机	每个参展商享受税收优惠数量不超过 2 件
3	船舶及浮动结构体	每个参展商享受税收优惠数量不超过 3 件
4	医疗或外科用仪器及设备	每个参展商享受税收优惠数量不超过 5 件
5	艺术品、收藏品及古物	每个参展商享受税收优惠数量不超过 5 件
6	除上述类别外的其他展品	每个参展商享受税收优惠的销售限额不超过 2 万美元

值得说明的是,2020 年进口博览会的相关税收优惠政策比 2019 年力度更大、范围更广。如 2019 年政策规定进口环节增值税、消费税按应纳税额的 70% 征收,而在 2020 年则全部免征。此外,2020 年清单附件范围也更广,其中,艺术品、收藏品及古物等展品新被纳入中国国际进口博览会享受税收优惠政策的展品清单,每个参展商将享受不超过 5 件展品的税收优惠。

第二节　2019—2020 年出口退税政策的变化

出口退税政策指的是出口环节对所涉及的原材料已缴纳的国内增值税以及消费税予以退还的政策。出口退税政策是调节出口贸易的有效手段。2019—2020 年我国出口退税政策的变化如下:

(一)基准增值税出口退税率的调整

在增值税减税的大环境下,我国基准增值税出口退税率也发生了变化。按照规定,从 2019 年 4 月 1 日起,我国原适用 16% 税率且出口退税率为 16% 的出口货物劳务,出口退税率调整为 13%;原适用 10% 税率且出口退税率为 10% 的出口货物、跨境应税行为,出口退税率调整为 9%;其余出口退税率不变。① 调整后的出口退税率仍然为 13%、10%、9%、6% 和 0 五档。

按照新的出口退税率,征 16% 退 16% 和征 16% 退 13% 的调整为征 13% 退 13%;征 16% 退 10% 调整为征 13% 退 10%;征 10% 退 10% 的调整为征 9% 退 9%;征 16% 退 6% 的调整为征 13% 退 6%;征 10% 退 6% 的调整为征 9% 退 6%;征 6% 退 6% 的还是征 6% 退 6%;征 16% 退 0 的调整为征 13% 退 0;征 10% 退 0 的调整为征 9% 退 0;征 0 退 0 的还是征 0 退 0。

出口退税率的调低不能理解为出口退税的力度下降,只不过是适应增值税税率降低而采取的配套措施。

(二)提高部分出口商品出口退税率

从 2020 年 3 月 20 日起,我国将瓷制卫生器具等 1 084 项产品出口退税率提高至 13%,将植物生长调节剂等 380 项产品出口退税率提高至 9%,合计共 1 464 项商品。

第三节　进口环节代征税与出口退税政策变化评述

(一)变化趋势

通过对 2019—2020 年我国进口环节代征税以及出口环节退税政策进行分析,可以发现以下规律:

1. 与增值税、消费税改革大环境一致

进口代征税并不是一个新的税种,只是增值税和消费税的一个特定的征税环节。因此,增值税和消费税基本政策的变化,势必影响到进口代征税的政策。例如,增值税整体税率下降,进口增值税税率也随之下降。又如,卷烟消费税税率提高,也会带动进口卷烟消费税税率提升;对电池开征消费税,会导致进口电池产生进口消费税。由此可见,从整体范围看,进口代征税并没有选择基本税率的"权力",而是必须与增值税和消费税改革的政策一致。

此外,由于国内增值税税率调整,因而出口退税率也必须作同步调整。因为增值税出口退税退的是国内环节产生的进项税,如果退税率不作调整,则会影响出口退税的调控效果。因此,无论是进口代征税还是出口退税,都受增值税和消费税税收政策

---

① 财政部 税务总局 海关总署公告 2019 年第 39 号.财政部 税务总局 海关总署关于深化增值税改革有关政策的公告.

变化的影响。

2. 调节方式单一

从调节方式来看,进口增值税、进口消费税一般都是直接免征。除个别情况外(如2019年进口博览会符合规定的展会产品消费税按实际税额的70%征收),一般都是直接予以免征。由此可见,代征税的调节方式不像其他税收那么丰富。如关税的附加关税、暂定关税形式,增值税的免税、减半征收、加计扣除,企业所得税的免税、减税等形式。进口代征税的税收优惠一般都是直接予以免征。

3. 优惠政策与关税通常单向同步

从相关的税收政策来看,进口代征税的优惠政策往往是采用免征的形式。而进口代征税的免征往往伴随着进口关税的免征。但关税的调节却未必同步带动进口代征税的免征。例如,暂定关税税率的调整并不会影响进口代征税税率。

4. 代征税和出口退税相对稳定

同关税政策、国内增值税以及消费税政策变化相比,进口代征税和出口退税政策变化相对稳定。

(二) 评述

2019—2020年我国进口代征税与出口退税的调节,充分有效地配合了减税降费、实现双循环等政策红利,对满足人民美好生活、优化营商环境、调节进出口贸易以及配合特定经济政策等都具有积极意义。

1. 配合减税降费政策

2018年9月20日,国家税务总局印发《关于进一步落实好简政减税降负措施更好服务经济社会发展有关工作的通知》。2020年5月22日,国务院总理李克强在2020年国务院政府工作报告中提出,要加大减税降费力度。在此背景下,财政部、国家税务总局制定了一系列的减税降费措施,包括个人所得税改革、小微企业普惠性税收减免、深化增值税改革和降低社会保险费率等政策陆续发布实施。而进口代征税和出口退税的改革可以看作深化增值税改革的重要组成部分。因此,近年来进口代征税和出口退税政策的相关改革充分有效地配合了减税降费政策。

2. 满足人民日益增长的美好生活需要

党的十九大报告指出:中国特色社会主义进入了新时代,我国社会主要矛盾已经转化为人民日益增长的美好生活需要和不平衡不充分的发展之间的矛盾。随着我国人民收入和生活水平的提高,人民对美好生活的需求也日益增长。在此环境下,我国人民出境意愿与日俱增。在不到20年的时间里,中国已经从旅游小国成长为世界上最庞大的出境游市场,甚至超过了长期以来保持第一的美国,并且增长的速度还在继续加快。根据联合国世界旅游组织（UNWTO）的数据，2018年海外中国游客的支出为2 773亿美元，远高于2000年的约100亿美元。而相比较而言，美国游客出境游的支出却只有1 442亿美元。①

在此背景下，国家多次降低伴随着生活水平提升的消费品的关税税率，用于改善人民生活品质。从2020年1月1日起，我国对859项商品（不含关税配额商品）实施进口暂定税率，在满足日常消费的民生方面，新增或降低冻猪肉、冷冻鳄梨、非冷冻橙汁等商品进口暂定税率，缓解国内相对紧缺或供应不足的日用消费品的进口需求。在对抗癌药及原料降低关税税率后，继续降低其他药品和原材料关税税率，对用于治疗哮喘的生物碱类药品和生产新型糖尿病治疗药品的原料实施零关税。②③

从2021年1月1日起，我国对883项商品实施低于最惠国税率的进口暂定税率。为减轻患者经济负担，改善人民生活品质，对第二批抗癌药原料、特殊患儿所需食品等实行零关税，降低人工心脏瓣膜、助听器等医疗器材以及乳清蛋白粉、乳铁蛋白等婴儿奶粉原料的进口关税。④

单纯的关税税率降低并不能很好地解决税负过高的问题，而进口关税、进口代征税税率的整体下降，可以切实降低进口产品成本和销售价格，使得我国人民享受到更好、更丰富的国外产品，满足人民需求。

3. 促进贸易平衡

我国是贸易顺差大国，根据海关总署2020年1月14日公布的数据，2019年全年，我国对外贸易总额达到了31.5万亿元人民币，约合4.57万亿美元。虽然在对外贸易总额上还不及美国，但我国的对外贸易顺差为全球最高。⑤

宏观经济追求的目标之一是国际贸易收支平衡。进口代征税的大幅度降低能够削减进口产品的成本以及销售价格，这使得消费者剩余和生产者剩余都能够提升，并且成本会减低价格，从而提高进口，这有利于平衡国际贸易收支。

4. 有利于"双循环"的实现

进入2020年，在世界经济持续低迷、全球市场萎缩、保护主义上升等影响的背景

---

① 中国出境游有多火爆？英国媒体的数据就是答案，看完无言以对[EB/OL]. https://www.sohu.com/a/325752691_100236825, 2019-07-09.

② 税委会公告2019年9号.国务院关税税则委员会关于发布《中华人民共和国进出口税则（2020）》的公告.

③ 毕马威.国务院关税税则委员会《关于2020年进口暂定税率等调整方案的通知》出台，多行业迎来降税优惠[EB/OL]. https://home.kpmg/cn/zh/home/insights/2019/12/china-tax-alert-43.html

④ 税委会公告2020年11号.国务院关税税则委员会关于发布《中华人民共和国进出口税则（2021）》的公告.

⑤ 我国贸易顺差超4 200亿美元，全球第一！顺差较多的国家还有哪些？[EB/OL]. https://baijiahao.baidu.com/s?id=1655695930819179547&wfr=spider&for=pc.

下,2020年5月14日,中共中央政治局常委会会议首次提出"深化供给侧结构性改革,充分发挥我国超大规模市场优势和内需潜力,构建国内国际双循环相互促进的新发展格局",之后"双循环"一词在多次重要会议中被提及。

改革开放以来,我国经济拉动主要靠投资拉动以及出口拉动。但随着供给侧改革的进行以及国外持续经济低迷、贸易保护盛行,国内消费需求已经成为主要的经济拉动因素。国内需求(内循环)方面,主要是由消费、投资以及政府购买需求组成。而国外需求(外循环)是由国外消费需求以及国外投资需求构成的。进口代征税的降低,可以降低进口成本、促进海外消费回流,使进口环节的运输价值、仓储价值、推广价值以及其他附加价值在国内实现,增加国内需求,从而做大"内循环"。

5. 有利于完善营商环境

世界银行《营商环境报告》每年发布一次,用于评估全球190个经济体的内资中小企业营商难易程度,具体衡量其营商成本以及影响营商环境的法规制度的质量。中国营商环境全球排名从《2018年营商环境报告》的第78位升至《2020年营商环境报告》的第31位,跃升了近50位,连续两年成为全球优化营商环境改善幅度最大的十大经济体之一。[1]

最新的《2020年营商环境报告》涵盖了12个指标和190个经济体,其中有10个指标被纳入营商环境便利度得分和营商环境便利度排名,分别是开办企业、办理建筑许可、获得电力、登记财产、获得信贷、保护中小投资者、纳税、跨境贸易、执行合同和办理破产,覆盖企业整个生命周期中的几个关键环节。[2]

代征税以及出口退税主要影响"纳税"这一指标。"纳税"指标的子指标包括纳税次数、纳税时间、总税率和社会缴纳费率以及税收流程。具体构成见图5-2。

如表5-6所示,2018—2019年,中国在总税率和社会缴纳费率指标上与亚太地区国家、OECD成员国、表现最好经济体相比差距较大,以2019年为例,后者在数据上分别高出34.4、25.1、38.8。而代征税和退税率的降低,虽然不能直接降低总税率和社会缴纳费率(因为增值税并不计入该指标),但可以降低附加税如城市维护建设税以及通过各种传导机制降低总税率和社会缴纳费率,从而推动我国营商环境的优化。

---

[1] 世界银行发布专题报告,优化营商环境的中国实践[EB/OL]. http://www.ccdi.gov.cn/yaowen/202007/t20200728_222791.html.

[2] 世界银行发布专题报告,优化营商环境的中国实践[EB/OL]. http://www.ccdi.gov.cn/yaowen/202007/t20200728_222791.html.

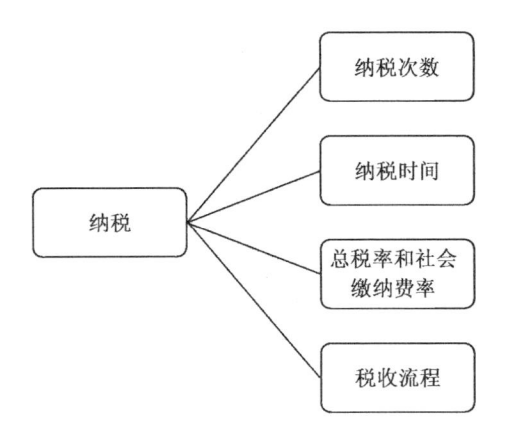

图 5—2 "纳税"指标的构成

表 5—6　　　　　2018 年和 2019 年中国"纳税"指标排名与国际比较

年份	国家（地区）	纳税次数（次/年）	纳税时间（小时/年）	总税率和社会缴纳费率（占商业利润的百分比，%）	税后流程（0~100）
2018	中国	9.00	207.00	67.35	49.08
	亚太地区国家	21.80	189.20	33.60	56.55
	OECD 成员国	10.90	160.70	40.10	83.45
	表现最好经济体	3.00	50.00	18.47	99.38
2019	中国	7.00	142.00	64.90	50.00
	亚太地区国家	21.20	180.90	33.50	56.42
	OECD 成员国	11.20	159.40	39.80	84.41
	表现最好经济体	3.00	49.00	26.10	—

6. 调节进出口贸易配合特定经济政策

税收的作用不仅仅是组织财政收入，还有实现收入再分配、调节经济等作用。而关税、进口增值税、进口消费税和出口退税对调节进出口贸易具有得天独厚的优势。2019—2020 年，进口代征税在防控新冠肺炎疫情、建设海南自由贸易港、促进重大技术装备、保障抗癌药品和罕见病药品供应、保障进口博览会举行、配合"双循环"改革等方面发挥了积极作用。代征税和出口退税调节作用效果快、力度大，在国际贸易以及国民经济调节中发挥着极为重要的作用。

（本章执笔：张磊博士）

第六章

商品归类及原产地规则的变化

第一节 2019—2020 年商品归类的变化

一、税则税目的变化

(一)2019 年《中华人民共和国进出口税则》税目的变化

国务院关税税则委员会 2018 年 12 月 22 日发布了《关于 2019 年进出口暂定税率等调整方案的通知》(税委会〔2018〕65 号),对进出口关税税率及部分税则税目进行调整。

通知指出,为促进经济高质量发展和进出口贸易稳定增长,根据《中华人民共和国进出口关税条例》的相关规定,自 2019 年 1 月 1 日起对部分商品的进出口关税进行调整。

在根据《2019 年进出口暂定税率等调整方案》对部分税则税目进行调整后,2019 年《中华人民共和国进出口税则》税目总数为 8 549 个。

(二)2020 年《中华人民共和国进出口税则》税目的变化

国务院关税税则委员会 2019 年 12 月 18 日发布了《关于 2020 年进口暂定税率等调整方案的通知》(税委会〔2019〕50 号),对进出口关税税率及部分税则税目进行调整。

通知指出,为优化贸易结构,推动经济高质量发展,根据《中华人民共和国进出口关税条例》的相关规定,自 2020 年 1 月 1 日起,对部分商品的进口关税进行调整。

根据《2020 年进口暂定税率等调整方案》,2020 年《中华人民共和国进出口税则》

税目总数仍为 8 549 个。

二、我国商品归类的变化

（一）**海关总署发布《关于开展进口商品样品预先归类咨询服务的公告》（海关总署 2019 年第 172 号公告）**

为促进贸易安全与便利,增强企业对进出口贸易活动的可预期性,海关总署于 2017 年发布《中华人民共和国海关预裁定管理暂行办法》（海关总署令第 236 号）。2019 年 11 月 6 日,根据进出口企业先期了解进口商品样品归类的需求,海关总署将进口商品样品预先归类咨询服务有关事项进行公告。

公告指出,进口商品样品预先归类咨询服务的申请人应当是进口货物收货人,申请人进口商品样品可向拟进口地直属海关提出预先归类咨询服务申请,并通过"互联网＋海关"或"单一窗口"提交《进口商品样品预先归类咨询申请表》。

（二）**国务院关税税则委员会发布《关于调整部分本国子目注释的通知》（税委会〔2019〕51 号）**

2019 年 12 月 25 日,国务院关税税则委员会发布《关于调整部分本国子目注释的通知》（税委会〔2019〕51 号）,决定自 2020 年 1 月 1 日起,对部分本国子目注释进行调整。本次调整涉及的本国子目注释包括 0704.9010 项下的"卷心菜"、2008.9934 项下的"烤紫菜"等 24 个本国子目。

（三）**海关总署发布《关于发布〈进出口税则商品及品目注释〉修订内容（第三至五期）的公告》（海关总署 2020 年第 20 号公告）**

2020 年 2 月 6 日,海关总署发布 2020 年第 20 号公告。公告指出,《进出口税则商品及品目注释》（以下简称《税则注释》）是海关商品归类的重要依据之一。我国是世界海关组织《商品名称及编码协调制度公约》（以下简称《公约》）的缔约方,按照《公约》规定,中国海关应执行世界海关组织公布的最新《税则注释》的相关内容。世界海关组织对《税则注释》作了部分修订。中国海关已完成相关修订内容的翻译,予以发布。修订内容自 2020 年 3 月 1 日起执行。

（四）**海关总署公布 2020 年商品归类决定,并废止部分商品归类决定（海关总署 2020 年第 108 号公告）**

2020 年 9 月 15 日,海关总署发布 2020 年第 108 号公告,公布了有关商品归类决定,同时公布了因制定新的归类决定而失效的部分商品归类决定,自 2020 年 10 月 1 日起实施。

该批归类决定涉及"含贵金属的铅矿""数控装置""油压阀（换向阀）"等 4 种商品,

归类决定编号从 Z2020-001 至 Z2020-004。该公告同时公布了世界海关组织协调制度委员会商品归类意见转化的商品归类决定,涉及"经过漂烫的绿唇贻贝""昆诺阿藜(藜麦)""含有 90% 再酯化甘油三酯的产品"等 91 项商品。

废止的商品归类决定涉及"卸妆凝露、柔和深层洗颜液"(归类决定编号 Z2006-0174)、"油压阀"(归类决定编号 Z2006-0706)和"苹果 IPAD 用护套(塑料制)"(归类决定编号 J2011-0017)3 种商品。

(五)海关总署发布光纤预制棒商品编码申报要求(海关总署 2020 年第 111 号公告)

2020 年 9 月 24 日,海关总署发布《关于光纤预制棒有关商品编号申报要求的公告》(海关总署 2020 年第 111 号公告)。国务院关税税则委员会决定,对原产于日本、美国的进口光纤预制棒征收反倾销税,商务部为此发布了 2018 年第 57 号公告和 2020 年第 39 号公告,明确了实施反倾销措施产品的具体商品范围和相应的反倾销税率。为实施上述措施,进口货物收货人或者其代理人在申报进口光纤预制棒(税则号列 70022010)时,"直径≥60 毫米的光导纤维预制棒"商品编号应填报 70022010.10,"其他光导纤维预制棒"商品编号应填报 70022010.90。公告自 2020 年 9 月 26 日起实施。

(六)海关总署发布《关于发布〈进出口税则商品及品目注释〉修订内容(第六、七期)的公告》(海关总署 2020 年第 118 号公告)

2020 年 11 月 16 日,海关总署发布 2020 年第 118 号公告。公告指出,世界海关组织对《商品名称及编码协调制度注释》部分内容进行了修订。为此,中国海关对《进出口税则商品及品目注释》相关内容同步进行修订,予以发布。修订内容自 2020 年 12 月 1 日起执行。

第二节 2019—2020 年原产地规则的变化

一、海关总署公布《中华人民共和国海关〈中华人民共和国政府和智利共和国政府自由贸易协定〉项下进出口货物原产地管理办法》(海关总署公告〔2019〕39 号)

2019 年 2 月 28 日,海关总署发布 2019 年公告第 39 号。公告指出,经国务院批准,《中华人民共和国政府和智利共和国政府关于修订〈自由贸易协定〉及〈自由贸易协定关于服务贸易的补充协定〉的议定书》自 2019 年 3 月 1 日起正式实施。为了正确确定《中华人民共和国政府和智利共和国政府自由贸易协定》项下进出口货物原产地,促进中国与智利的经贸往来,海关总署制定了《中华人民共和国海关〈中华人民共和国政府和智利共和国政府自由贸易协定〉项下进出口货物原产地管理办法》,予以公布,自 2019 年 3 月 1 日起执行。

二、海关总署发布《关于不再对输日货物签发普惠制原产地证书的公告》(海关总署公告〔2019〕48 号)

2019 年 3 月 22 日,海关总署发布 2019 年公告第 48 号。公告指出,根据日本驻华大使馆通报,日本财务省决定自 2019 年 4 月 1 日起不再给予中国输日货物普惠制关税优惠。自 2019 年 4 月 1 日起,中国海关不再对输日货物签发普惠制原产地证书及相关日本进料加工证书。如输日货物发货人需要原产地证明文件,可申请签发非优惠原产地证书。

三、海关总署发布《关于受理对输欧盟禽肉签发〈输欧盟非优惠进口特别安排项下产品原产地证书〉的公告》(海关总署公告〔2019〕54 号)

2019 年 3 月 26 日,海关总署发布 2019 年第 54 号公告。公告指出,欧盟委员会 2019/398 号实施条例决定,自 2019 年 4 月 1 日起,对中国输欧禽肉产品(欧盟税则号列 16023219、16023929、16023985)开放新的关税配额,对应我国税则号列 16023210、16023291、16023292、16023299、16023910、16023991、16023999,并要求随附相应的原产地证书。为保障我国输欧禽肉能够适用欧盟配额内关税税率,自 2019 年 4 月 1 日起,涉及上述税则号列的输欧禽肉发货人可以向海关申请签发《输欧盟非优惠进口特别安排项下产品原产地证书》。

四、海关总署发布《关于公布〈中华人民共和国海关《中华人民共和国与东南亚国家联盟全面经济合作框架协议》项下经修订的进出口货物原产地管理办法〉的公告》(海关总署公告〔2019〕136 号)

2019 年 8 月 19 日,海关总署发布《关于公布〈中华人民共和国海关《中华人民共和国与东南亚国家联盟全面经济合作框架协议》项下经修订的进出口货物原产地管理办法〉的公告》。

公告指出,经国务院批准,《中华人民共和国与东南亚国家联盟关于修订〈中国-东盟全面经济合作框架协议〉及项下部分协议的议定书》《〈中华人民共和国与东南亚国家联盟关于修订《中国-东盟全面经济合作框架协议》及项下部分协议的议定书〉附件 1 的附录 B:产品特定原产地规则修订》将于 2019 年 8 月 20 日生效。为了正确确定《中华人民共和国与东南亚国家联盟全面经济合作框架协议》项下进出口货物原产地,促进中国与东盟的经贸往来,海关总署制定了《中华人民共和国海关〈中华人民共和国与东南亚国家联盟全面经济合作框架协议〉项下经修订的进出口货物原产地管理办法》予以公布,自2019年8月20日起执行。

海关可接受东盟成员国自2019年8月1日起签发的原产地证书,以及2019年8月31日前(含8月31日)签发的符合海关总署令第199号所列格式的原产地证书。

五、海关总署发布《关于公布香港CEPA项下经修订的原产地标准的公告》(海关总署公告〔2019〕167号)

2019年10月25日,海关总署发布2019年第167号公告。为进一步促进内地与香港经贸往来,根据《〈内地与香港关于建立更紧密经贸关系的安排〉货物贸易协议》有关规定,将修订后的子目2710.19的原产地标准予以公布,海关总署公告2018年第214号中子目2710.19的原产地标准同步修改。经修订的标准自2019年11月1日起执行。

六、海关总署发布《中华人民共和国海关〈中华人民共和国政府和新加坡共和国政府自由贸易协定〉项下经修订的进出口货物原产地管理办法》(海关总署公告〔2019〕205号)

2019年12月23日,海关总署公布2019年第205号公告,发布了《关于公布〈中华人民共和国海关〈中华人民共和国政府和新加坡共和国政府自由贸易协定〉项下经修订的进出口货物原产地管理办法〉的公告》。

《中华人民共和国政府和新加坡共和国政府关于升级〈中华人民共和国政府和新加坡共和国政府自由贸易协定〉的议定书》(以下简称《议定书》)已经国务院核准,《议定书》中原产地规则和产品特定原产地规则的修改自2020年1月1日起生效。

为正确确定《中华人民共和国政府和新加坡共和国政府自由贸易协定》项下进出口货物原产地,海关总署制定了《中华人民共和国海关〈中华人民共和国政府和新加坡共和国政府自由贸易协定〉项下经修订的进出口货物原产地管理办法》,予以公布,自2020年1月1日起执行。

七、海关总署发布《关于公布港澳CEPA项下经修订的原产地标准的公告》(海关总署公告〔2020〕76号)

2020年6月18日,海关总署公布2020年第76号公告,发布了《关于公布港澳CEPA项下经修订的原产地标准的公告》。

为促进内地与港澳经贸往来,根据《〈内地与澳门关于建立更紧密经贸关系的安排〉货物贸易协议》和《〈内地与香港关于建立更紧密经贸关系的安排〉货物贸易协议》有关规定,对海关总署公告 2018 年第 213 号和海关总署公告 2018 年第 214 号附件中部分商品原产地标准予以修订。经修订的标准自 2020 年 7 月 1 日起执行。

八、海关总署发布《关于公布〈中华人民共和国海关〈中华人民共和国政府和毛里求斯共和国政府自由贸易协定〉项下进出口货物原产地管理办法〉及相关实施事宜的公告》(海关总署公告〔2020〕128 号)

2020 年 12 月 16 日,海关总署公布 2020 年第 128 号公告,发布了《关于公布〈中华人民共和国海关〈中华人民共和国政府和毛里求斯共和国政府自由贸易协定〉项下进出口货物原产地管理办法〉及相关实施事宜的公告》。

经国务院批准,《中华人民共和国政府和毛里求斯共和国政府自由贸易协定》将自 2021 年 1 月 1 日起正式实施。为正确确定《中华人民共和国政府和毛里求斯共和国政府自由贸易协定》项下进出口货物原产地,促进我国与毛里求斯的经贸往来,海关总署制定了《中华人民共和国海关〈中华人民共和国政府和毛里求斯共和国政府自由贸易协定〉项下进出口货物原产地管理办法》并予以公布,自 2021 年 1 月 1 日起执行。

九、海关总署发布《关于公布澳门 CEPA 项下经修订的原产地标准的公告》(海关总署公告〔2020〕132 号)

2020 年 12 月 24 日,海关总署公布 2020 年第 132 号公告,发布了《关于公布澳门 CEPA 项下经修订的原产地标准的公告》。

为促进内地与澳门经贸往来,根据《〈内地与澳门关于建立更紧密经贸关系的安排〉货物贸易协议》有关规定,对海关总署公告 2018 年第 213 号附件中部分商品原产地标准予以修订。经修订的标准自 2021 年 1 月 1 日起执行。

第三节 商品归类及原产地规则变化评述

一、我国商品归类变化的特点

(一)我国《进出口税则》税号结构日趋合理

1991 年 6 月,国务院税则委员会审议通过了以 1992 年版《商品名称及编码协调制度》(简称 HS)为基础的《中华人民共和国进出口税则》和《中华人民共和国海关统计商品目录》,并从1992年1月1日起开始生效。

《中华人民共和国进出口税则》和《中华人民共和国海关统计商品目录》是在《商品名称及编码协调制度》六位编码基础上,根据我国关税和海关统计的需要扩展为八位编码,再根据贸易管制政策的需要,扩展为企业在进出口填报报关单时需要填报的十位编码。

随着科学技术的飞速进步、国际经济贸易形势的高速发展和商品结构日新月异的变化,世界海关组织及时地对《商品名称及编码协调制度》进行更新,以免落后于时代的步伐。迄今《商品名称及编码协调制度》已经过6次修订,分别形成1992年、1996年版、2002年版、2007年版、2012年版和2017年版《商品名称及编码协调制度》。与此同时,我国也根据科技发展和行业需要对七、八位及九、十位编码作出调整。其中,七、八位税目每年调整一次,由国务院关税税则委员会作出调整,九、十位编码则由中国海关不定期作出调整。图6.1是1996—2020年我国进出口税则八位编码数的变化情况。可以看出,我国税则的七、八位税号数呈现逐年增加的趋势,从1996年的6 550个八位税号增加到2018年的8 549个八位税号,2019年和2020年税则八位税号数保持不变,仍为8 549个,表明税则商品目录结构日趋复杂。

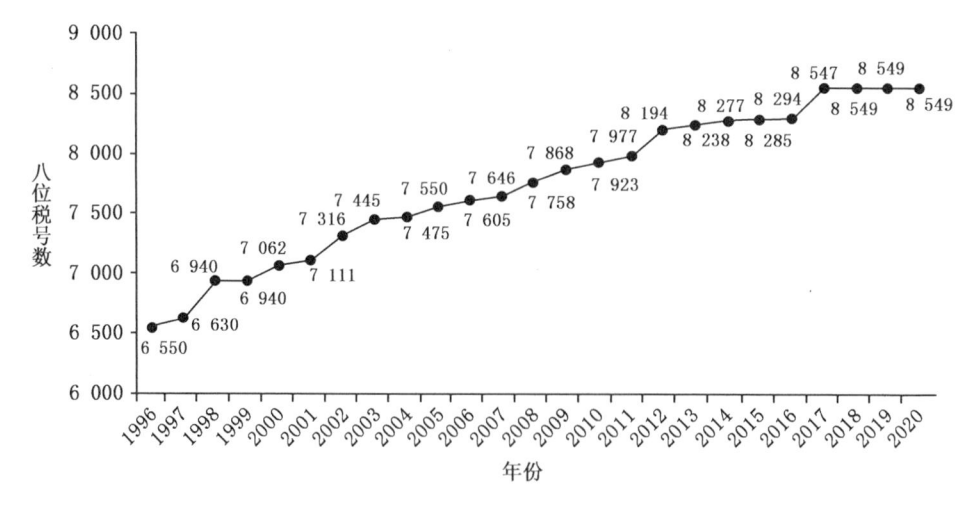

图6.1 1996—2020年我国税则八位编码数的变化

税则结构日趋复杂的原因有二:一是《商品名称及编码协调制度》结构的调整。例如,2012版《商品名称及编码协调制度》共有5 205个五、六位子目,而2017版《商品名称及编码协调制度》增加了182个五、六位子目,达到5 387个。二是为适应我国经济社会发展、科技进步、产业结构调整、贸易结构优化、加强进出口管理的需要,对进出口贸易量大、国内行业重点关注商品、需要细化管理的商品增列税目。

(二)商品归类文件不断完善

1. 海关总署及时发布商品归类决定,并废止部分商品归类决定

商品归类是在《商品名称及编码协调制度公约》商品分类目录体系下,以《中华人民共和国进出口税则》为基础,按照《进出口税则商品及品目注释》《中华人民共和国进出口税则本国子目注释》(简称本国子目注释)以及海关总署发布的关于商品归类的行政裁定、商品归类决定的要求,确定进出口货物的商品编码。

为便于进出口货物的收发货人及其代理人正确确定进出口货物的商品归类,减少商品归类争议,保障海关商品归类执法的统一,海关总署根据《中华人民共和国海关进出口货物商品归类管理规定》(海关总署令第 158 号)的规定,及时向社会公布商品归类决定,并废止不合适的归类决定。

2020 年 9 月 15 日,海关总署发布商品归类决定,涉及四种商品,同时废止了三种商品的归类决定。

2. 海关总署发布《进出口税则商品及品目注释》修订内容

《进出口税则商品及品目注释》是海关商品归类的重要依据之一。我国是世界海关组织《商品名称及编码协调制度公约》的缔约方,按照公约规定,中国海关应执行世界海关组织公布的最新《进出口税则商品及品目注释》的相关内容。世界海关组织对《进出口税则商品及品目注释》作了部分修订。中国海关完成相关修订内容的翻译,予以发布。

2020 年 2 月 6 日,海关总署发布公告,对《进出口税则商品及品目注释》第三期至第五期的修订内容予以公布。2020 年 11 月 16 日,海关总署又发布公告,对《进出口税则商品及品目注释》第六期和第七期的修订内容予以公布。

3. 国务院关税税则委员会及时修订本国子目注释

本国子目注释是海关和有关政府部门、从事与进出口贸易有关工作的企(事)业单位以及个人进行商品归类的法律依据之一。为便利进出口货物的收发货人及其代理人按照《中华人民共和国进出口税则》准确申报,国务院关税税则委员会对部分本国子目注释进行调整。

2019 年 12 月 25 日,国务院关税税则委员会发布通知,自 2020 年 1 月 1 日起,对部分本国子目注释进行调整,涉及的本国子目注释包括 0704.9010 项下的"卷心菜"、2008.9934 项下的"烤紫菜"等 24 个本国子目。

本国子目注释的公布,明确了本国子目涉及商品的成分、结构、范围等归类要素,有利于提高商品归类的准确性。

4. 海关总署完善进口商品预归类的有关规定

为促进贸易安全与便利,增强企业对进出口贸易活动的可预期性,海关总署于2019年11月6日发布公告,涉及进口商品样品预先归类咨询服务有关事项。

公告指出,进口商品样品预先归类咨询服务的申请人应当是进口货物收货人,申请人进口商品样品可向拟进口地直属海关提出预先归类咨询服务申请,并通过"互联网＋海关"或"单一窗口"提交《进口商品样品预先归类咨询申请表》。

5. 海关总署发布公告,明确光纤预制棒的商品编码申报

国务院关税税则委员会决定,对原产于日本、美国的进口光纤预制棒征收反倾销税,商务部为此发布了2018年第57号公告和2020年第39号公告,明确了实施反倾销措施产品的具体商品范围和相应的反倾销税率。

为实施上述措施,海关总署于2020年9月24日发布公告,明确光纤预制棒的申报要求,"直径≥60毫米的光导纤维预制棒"商品编号应填报70022010.10,"其他光导纤维预制棒"商品编号应填报70022010.90。

二、我国原产地规则和原产地管理变化的特点

(一)我国原产地规则不断补充和完善

在国际贸易中,原产地就是货物的"国籍",是指对货物进行生产、制造的国家或地区。在国际交往过程中,为了确保差别关税税率和反倾销、反补贴等非关税措施的有效实施,必须按一定规则确定货物的原产地。确定原产地不仅是一国实施差别关税的需要,也是许多非关税措施得以实施的保证,在贸易统计、制定贸易政策等方面也起着十分重要的作用。而以立法形式出现的、为确定货物原产地而制定的标准、方法,就是原产地规则。

原产地规则有优惠原产地规则和非优惠原产地规则之分。在2002年以前,我国长期实施的是非优惠原产地规则。2002年以后,随着经济全球化和区域经济一体化的快速发展,我国开始加入一些优惠贸易安排或自由贸易协定,因而相应出现了优惠的原产地规则。至2020年底,我国加入的多边或双边自由贸易协定或贸易安排有20个,其中已实施的协定或安排有17个,每个协定或安排均有相应的优惠原产地规则,加上自主制定的给予最不发达国家特惠税率待遇的原产地规则,以及2009年1月8日海关总署发布的《中华人民共和国海关进出口货物优惠原产地管理规定》(2009年3月1日起施行),共同构成了我国目前的优惠原产地规则体系。

由此可见,目前我国的原产地规则既有非优惠的原产地规则,也有大量的优惠原产地规则,而且原产地规则还在不断地增加,我国原产地规则得以不断补充和完善。

(二)我国优惠原产地规则发展迅速

在世界贸易组织体制下,作为最惠国待遇原则的例外,允许自由贸易区、普惠制等

关税优惠体制存在。我国加入世界贸易组织以后,也开始加入一些优惠贸易安排或自由贸易协定。2002年签署的亚太贸易协定,是我国参加的第一个区域贸易安排。截至2020年底,我国签署并实施的区域贸易安排共有17个,包括16项自由贸易协定和1项优惠贸易安排。16项自由贸易协定包括中国-东盟自由贸易区、中智(利)、中巴(基斯坦)、中新(西兰)、中新(加坡)、中秘(鲁)、中哥(斯达黎加)、中冰(岛)、中瑞(士)、中澳(大利亚)、中韩、中格(鲁吉亚)、中毛(里求斯)自贸协定,海峡两岸经济合作框架协议(ECFA),内地与香港更紧密经贸关系安排(内地与香港CEPA)、内地与澳门更紧密经贸关系安排(内地与澳门CEPA)等;1项优惠贸易安排是亚太贸易协定。此外,我国还给予最不发达国家特别优惠关税待遇和大陆对部分原产于台湾地区农产品零关税措施等。

在这些自由贸易协定和优惠贸易安排中,都涉及原产地规则,并通过海关总署令或海关总署公告的方式,转化为国内立法,成为我国优惠原产地规则的重要法律文件。自由贸易协定和优惠贸易安排不同,关于原产地确定和管理的内容并不完全相同,每对应一个自由贸易协定和优惠贸易安排,就会有一个原产地规则,因此,我国目前的优惠原产地规则文件众多,加上补充的原产地规则公告,内容显得十分繁杂。

新发布的原产地规则是《中华人民共和国海关〈中华人民共和国政府和毛里求斯共和国政府自由贸易协定〉项下进出口货物原产地管理办法》(海关总署公告〔2020〕128号)。

这些海关总署发布的行政规章和规范性文件,与以前发布实施的规章和文件,共同构成我国目前的优惠原产地规则。文件众多并且不断修改完善的优惠原产地规则,为我国有效实施相应的协定税率和特惠税率提供了保障。

(三)我国原产地管理水平不断得到提高

海关是我国原产地管理最重要的国家机关。我国不仅在原产地规则立法方面不断补充完善,而且不断加强对原产地的管理。

首先,在组织架构方面,我国设立了原产地管理机构和岗位。目前我国在海关总署关税征管司、各税收征管局以及直属海关均设置了原产地管理处室和岗位,履行进出口货物原产地管理职能。

其次,为了有效提升执法统一性、促进贸易便利,我国海关不断加强与自由贸易伙伴海关合作,大力推进原产地电子联网,免交原产地证书,简化原产地规则中的程序性要求。我国对内地与香港更紧密经贸关系安排、内地与澳门更紧密经贸关系安排、海峡两岸经济合作框架协议、亚太贸易协定、韩国、新西兰、巴基斯坦、智利已实现原产地电子数据交换和实时传输。

与此同时,我国对已联网优惠贸易安排项下原产地证书提交要求加以简化。对内地与香港更紧密经贸关系安排、内地与澳门更紧密经贸关系安排、海峡两岸经济合作框架协议、亚太贸易协定等优惠贸易安排项下进口货物,海关不再要求进口货物收货人或其代理人在申报进口时提交原产地证书正本。对于申报适用中韩自由贸易协定、中新(西兰)自由贸易协定税率的货物,海关也不再在申报进口时提交原产地证书正本。海关甚至可以接受香港特别行政区、澳门特别行政区原产地证书签发机构以电子形式签发的更紧密经贸关系安排项下原产地证书。无纸化使通关便利化水平进一步得以提高,原产地管理更为科学,自由贸易协定进口利用率持续提升。

(四)我国原产地管理面临挑战

综观我国原产地规则和原产地管理制度的变化,我国在原产地立法和原产地管理水平方面都已取得了很大的进步,特别是统一了进出口非优惠原产地规则,建立了比较完整系统的优惠原产地规则体系,学习借鉴了《京都公约》《WTO原产地规则协定》等国际协定中的原产地立法技术,原产地规则立法正在努力与国际接轨,原产地标准的制定也逐步由过去区域价值百分比一刀切的模式向全税则的产品特殊原产地规则转化,成效明显。而且在原产地管理的信息化工作方面也做出了巨大的努力,取得了巨大的进步。这些工作大大简化了原产地管理的工作流程,提高了工作效率。

但是,随着我国对外贸易的快速发展和自由贸易协定的签订实施,在取得上述成绩的同时,不可否认,我国在原产地规则立法特别是原产地管理方面仍存在不少问题,面临许多挑战。这些挑战表现为,进出口贸易快速增长,反倾销、反补贴等贸易救济措施不断增加,优惠贸易安排飞速发展,我国面临日益严峻的原产地瞒骗形势,伪造原产地证书、伪报货物原产地的案件越来越多,原产地核查难度加大,原产地管理的国际协调工作日益复杂。这使得海关在原产地管理方面的风险不断加大。

与此同时,原产地管理部门还存在认识上重规则谈判、轻实施评估、重单证审核、轻实际监管、重进口优惠、轻出口利用、重优惠管理、轻非优惠规则等问题。我国原产地管理人才缺乏,管理水平有待提高,管理手段也较为单一,原产地管理法律体系还需进一步加强和完善。这些问题的存在,必然影响我国原产地管理工作的水平和工作效率。为此,我国应从原产地规则制定、原产地管理立法,到原产地管理手段、原产地管理人才培养,直至原产地管理部门的国内、国际协调,做进一步的工作,拾遗补阙,降低原产地管理风险,以促进外贸发展。

(本章执笔:金宏彬博士)

第七章

关税谈判与自由贸易区发展

第一节 2019—2020年全球主要自由贸易区谈判发展动态

近年来,国际上日益加剧的贸易保护主义、单边主义,已经导致主要经济体之间贸易摩擦不断,经济全球化遭遇逆境,以世界贸易组织为核心的多边贸易体系有效运作受到破坏。在此背景下,区域和双边自由贸易协定的达成,是缔约方推动国际贸易和投资合作的现实选择,将促进全球贸易投资自由化、便利化,推动全球贸易复苏及贸易规则重塑。2019—2020年,全球自由贸易协定谈判和我国自由贸易协定谈判出现了一些新的动向,并取得了一些新的重大成果,比如《美墨加协定》(USMCA)生效、《区域全面经济伙伴关系协定》谈判完成等。这些谈判反映了世界主要贸易大国或大国集团之间经济实力的对比以及利益的博弈,同时对全球经贸格局的改变产生了重要的影响。

一、《美墨加协定》谈判

《美墨加协定》是美国、加拿大和墨西哥三国达成的三方贸易协议,其前身是于1994年1月生效的《北美自由贸易协定》(NAFTA)。自美国总统特朗普上任以来,多次批评《北美自由贸易协定》造成美国制造业岗位流失,要求重新谈判。经过一年多马拉松式的谈判后,2018年11月30日,美国、墨西哥、加拿大三国签订了《美墨加协定》,取代自1994年生效实施的《北美自由贸易协定》。2019年12月19日,美国国会众议院投票通过修订后的《美墨加协定》。2020年1月29日,美国总统特朗普签署修订后的《美墨加协定》。2020年7月1日,《美墨加协定》正式生效。

就《美墨加协定》的内容来看,大多数条款沿用了《北美自由贸易协定》的规定。《美墨加协定》是目前涵盖范围最广泛的协定,与《北美自由贸易协定》相比,《美墨加协定》在原产地规则、劳工标准、非市场经济条款、乳制品和农产品市场准入、投资者与国家间争端解决机制(ISDS)、知识产权等条款中均有所变化,其主要特征如下:

(一)进一步提升了国际贸易规则水平

与《北美自由贸易协定》《全面与进步跨太平洋合作关系协定》(CPTPP)相比,《美墨加协定》不仅议题涵盖范围进一步扩大,而且已有议题的标准也进一步提高。就议题而言,《美墨加协定》增加了诸多新议题,扩大了规则的管辖范围。就提高已有议题的标准而言,《美墨加协定》的诸多标准更为严格,比如:①在原产地规则方面,《美墨加协定》提出了更加严格的区域价值成分标准,即将汽车行业乘用车和轻型卡车整车区域价值成分比例从不低于62.5%逐步提高到75%,重型卡车整车区域价值成分比例提高到70%,与《北美自由贸易协定》相比,标准有了显著提升;此外,《美墨加协定》还对汽车零部件的区域价值成分要求进行了更加细致的划分,针对汽车零部件的不同部分提出不同的标准。除此之外,《美墨加协定》还规定乘用车、轻型卡车和重型卡车的生产必须使用70%以上的原产于北美的钢和铝,才能算是原产于北美地区,这种严格的新规则将使北美地区成为一个完整的汽车生产制造销售区域。同时,《美墨加协定》还对劳动价值含量(labor value content,LVC)作了详细规定,例如,乘用车的高工资含量需要从2020年以前要求达到的30%逐步增加到2023年的40%。以上条款都说明了《美墨加协定》通过逐步和全面实施严苛的原产地规定,帮助美国实现制造业回流、增加就业机会,以保障美国汽车产业的利益。②在数字贸易领域,一是对成员国的要求从边境规则扩展到边境后规则,即要求缔约方设立与数字贸易相关的国内法律框架;二是进一步推动跨境数据流动和政府数据开放;三是进一步降低跨境电子商务非关税壁垒,删除了《全面与进步跨太平洋合作关系协定》中计算机设施本地化中的例外条款,并将源代码条款中的规制范围从源代码扩展到算法。

(二)实现了实体性规则与程序性规则的深度融合

实体性规则是规定实体性权利和义务内容的法律规则,程序性规则是规定实现权利义务的方式和条件等程序性内容的法律规则。简单来说,贸易协定里面的实体性规则解决了"应该是什么"的问题,程序性规则解决了"应该怎么办"的问题。《美墨加协定》与《北美自由贸易协定》《跨太平洋伙伴关系协定》相比,不仅在很多章节中规定了更高水平的实体性规则,而且对程序性规则进行了深度完善,比如投资、原产地、数字贸易、劳工问题、跨境服务贸易等章节。

(三)体现"美国优先"理念

"美国优先"的思想一直贯穿于特朗普团队的执政理念中。该思想在《美墨加协定》中体现得非常充分。优势产业要更加自由,劣势产业要得到更多保护。比如,提高跨境服务贸易中部分服务部门的开放度,降低数字贸易壁垒,扩大美国农产品在其他缔约方的市场准入,为农业生物技术制定新标准,对生物制药、专利版权、商标保护等方面制定更为严格的知识产权标准等。在美国的优势产业方面,美国树立"贸易自由主义"大旗,一切以消除贸易壁垒、增进成员方的贸易往来为"宗旨",严格要求缔约方的边境开放和边境后规则匹配。但是与此同时,在汽车等美国具有相对劣势的传统制造业,美国则动辄以原产地规则为工具、以促进区域内产业链为借口,对传统制造业进行保护,并促进制造业回流。

二、《区域全面经济伙伴关系协定》谈判

《区域全面经济伙伴关系协定》(RCEP)由东盟于 2012 年发起,历经 8 年、31 轮正式谈判(其中,2019—2020 年期间共进行了 7 轮谈判),并完成了 1.4 万多页文本法律审核工作,最终在 2020 年 11 月 15 日《区域全面经济伙伴关系协定》第四次领导人会议期间签署协定。该协定目前有 15 个成员国,包括东盟十国、中国、日本、韩国、澳大利亚和新西兰。这是东亚经济一体化建设近 20 年来最重要的成果。

《区域全面经济伙伴关系协定》是一个现代、全面、高质量、互惠的大型区域自由贸易协定,促进了区域贸易和投资的扩大,为全球经济增长和发展作出了贡献。《区域全面经济伙伴关系协定》由序言、20 个章节(包括初始条款和一般定义、货物贸易、原产地规则、海关程序和贸易便利化、卫生和植物卫生措施、标准、技术法规和合格评定程序、贸易救济、服务贸易、自然人临时流动、投资、知识产权、电子商务、竞争、中小企业、经济技术合作、政府采购、一般条款和例外、机构条款、争端解决、最终条款章节)、4 个市场准入承诺表附件(包括关税承诺表、服务具体承诺表、投资保留及不符措施承诺表、自然人临时流动具体承诺表)组成。《区域全面经济伙伴关系协定》货物贸易整体自由化水平达到 90% 以上;服务贸易承诺显著高于原有的"10+1"自由贸易协定水平,投资采用负面清单模式作出市场开放承诺,规则领域纳入了较高水平的贸易便利化、知识产权、电子商务、竞争政策、政府采购等内容。《区域全面经济伙伴关系协定》还充分考虑了成员间经济规模和发展水平差异,专门设置了中小企业和经济技术合作等章节,以帮助发展中成员特别是最不发达成员充分共享《区域全面经济伙伴关系协定》成果。

通过《区域全面经济伙伴关系协定》的文本,我们发现其主要有以下特点:

(一)货物贸易

该协定的 15 个成员国采用双边两两出价的方式对货物贸易自由化作出安排,协定生效后,区域内 90% 以上的货物贸易将最终实现零关税,且主要是立刻降税到零和 10 年内降税到零。

(1)关于《区域全面经济伙伴关系协定》成员国的关税情况,需要注意以下几点:第一,由于"东盟+1"自由贸易协定的存在,适用于与《区域全面经济伙伴关系协定》国家贸易的关税税率低于最惠国税率。第二,众所周知的行业差异在《区域全面经济伙伴关系协定》国家也存在。农产品的税率高于非农产品的税率。第三,《区域全面经济伙伴关系协定》货物贸易也存在所谓关税升级问题,部分《区域全面经济伙伴关系协定》成员国仍对部分产品实施严重的保护。第四,《区域全面经济伙伴关系协定》成员国之间在关税上存在很大差异,难以达成共识。简而言之,《区域全面经济伙伴关系协定》有诸多理由保留关税保护作为其议程中的一项重要议题。

(2)《区域全面经济伙伴关系协定》的贸易便利化措施主要包括海关程序和贸易便利化措施、卫生和植物卫生措施以及标准、技术法规和合格评定程序方面的措施。

(3)在原产地规则方面,《区域全面经济伙伴关系协定》在本地区使用区域累积原则,使得产品原产地价值成分可在 15 个成员国构成的区域内进行累积,来自《区域全面经济伙伴关系协定》任何一方的价值成分都会被考虑在内,这将显著提高协定优惠税率的利用率。相较于以往的"东盟+1"协定,《区域全面经济伙伴关系协定》进一步丰富了原产地证书的类型,在传统原产地证书之外,还将允许经核准的出口商声明以及出口商的自主声明。这标志着原产地声明制度将由官方授权的签证机构签发模式转变为企业信用担保的自主声明模式。

(二)服务贸易

《区域全面经济伙伴关系协定》在服务贸易方面的表现不如在货物贸易方面强劲。2019 年,《区域全面经济伙伴关系协定》在全球服务出口中的比重为 19.1%,而《区域全面经济伙伴关系协定》在全球货物贸易中的比重为 29%。《区域全面经济伙伴关系协定》在金融服务、电信和周边服务以及其他商业服务领域的份额显著偏低。该章旨在通过消减影响各成员国跨境服务贸易的限制性、歧视性措施,为缔约方进一步扩大服务贸易创造条件。该章包括市场准入规则、国民待遇、最惠国待遇、本地存在等现代和综合性的规定以及其他承诺,这些规定受缔约方的具体承诺表或不符措施承诺表以及附加承诺的约束。

在服务方面,《区域全面经济伙伴关系协定》成员国采用正面清单和负面清单。日本、韩国、澳大利亚、新加坡、文莱、马来西亚、印度尼西亚采用负面清单方式承诺,中国等 8 个成员国采用正面清单方式承诺,并将于协定生效后 6 年内转化为负面清单。就开放水平而言,15 方均作出了高于各自"东盟+1"自由贸易协定水平的开放承诺。这一章还包括影响服务贸易的国内法规的合理性、客观性和公正性的规定,这些规定超出了现有"东盟+1"自由贸易协定中的等效规则。

在对《区域全面经济伙伴关系协定》的未来审查中,应优先重新考虑把正面清单方转为负面清单,不过目前提出这个问题可能还为时过早。

该章还包含金融服务、电信服务和专业服务3个附件,金融服务和电信服务附件对金融、电信等领域作出了更全面和更高水平的承诺,专业服务附件对专业资质互认作出了合作安排。

在自然人移动方面,各方承诺,区域内各国的投资者、公司内部流动人员、合同服务提供者、随行配偶及家属等各类商业人员,在符合条件的情况下,可获得一定居留期限,享受签证便利,开展各种贸易投资活动。与其他协定相比,《区域全面经济伙伴关系协定》将承诺适用范围扩展至服务提供者以外的投资者、随行配偶及家属等协定下所有可能跨境流动的自然人类别,总体水平均基本超过各成员在现有自由贸易协定缔约实践中的承诺水平。

(三)投资

该章是对多个"东盟+1"投资协定的全面整合和提升,将创造一个更加稳定、开放、透明和便利的投资环境。《区域全面经济伙伴关系协定》成为实现现代、包容和可持续增长的催化剂。该章主要包括四方面内容:投资自由化、包括投资保护、投资促进和投资便利化措施。具体而言,该章包含公平公正待遇、征收、外汇转移、损失补偿等投资保护条款以及争端预防和外商投诉的协调解决等投资便利化条款。

该章涉及一些重要的规定。在对外国投资开放方面,《区域全面经济伙伴关系协定》选择采用负面清单方式。15国均采用负面清单方式,对制造业、农业、林业、渔业、采矿业5个非服务业领域投资作出较高水平的开放承诺,大大提高了政策透明度。

《区域全面经济伙伴关系协定》不允许实施本地含量等业绩要求和其他一些会提高外国投资进入成员国门槛的措施,同时允许国内投资在竞争不那么激烈的环境中发展。《区域全面经济伙伴关系协定》还赋予成员国一些自由,这种自由在许多经济体中已成为标准投资政策的一部分,比如将投资收入或企业活动收入汇回国内的自由。在很多情况下,《区域全面经济伙伴关系协定》整合了世界贸易组织投资政策和与贸易有关条款的内容。这将在多大程度上提升外商直接投资在《区域全面经济伙伴关系协定》成员国的参与度,仍有待观察。这在一定程度上取决于各国政府传递的信号是否清晰。《区域全面经济伙伴关系协定》的成员国,特别是那些宣称有兴趣扩大吸引外资的国家,将以签署《区域全面经济伙伴关系协定》为契机,为各自的投资政策注入活力。

《区域全面经济伙伴关系协定》还约定在不迟于该协定生效后的两年内成员国就

投资者与国家间投资争端解决机制进行讨论。

（四）争端解决机制

该章旨在为解决《区域全面经济伙伴关系协定》产生的争端而提供有效、高效、透明的规则和程序。《区域全面经济伙伴关系协定》争端解决程序的主要特征包括：第一，管辖的选择。当争端涉及《区域全面经济伙伴关系协定》项下和争端各方均为缔约方的另一国际贸易或投资协定项下实质相等的权利和义务时，起诉方可以选择解决争端的管辖，并且应当在使用该管辖的同时排除其他管辖。第二，磋商。规定要求被诉方在被提出磋商请求的情况下应首先与起诉方进行磋商。第三，斡旋、调解或调停。允许争端当事方自愿采取争端解决替代方式。第四，设立专家组。请求设立专家组的情况：被诉方未在规定的时限内对磋商请求作出答复，或磋商未能在规定的期限内进行，或磋商未能在规定的期限内解决争端。第五，对案件有利益的第三方的权利。允许对案件有利益的第三方参与争端解决，并且专家组在审议时应考虑其观点。

该章还详细介绍了专家组的职能、专家组程序、专家组最终报告的执行、执行审查程序、补偿和中止减让或其他义务。

该章的另一项重要规定是最不发达国家缔约方的特殊和差别待遇条款。根据该条款，缔约方在本程序项下提出涉及最不发达国家缔约方的事项时，应当保持适当克制。

（五）其他规则

《区域全面经济伙伴关系协定》扩展了"东盟＋1"自由贸易协定的规则涵盖领域，既对标国际高水平自由贸易规则，纳入了知识产权、政府采购、竞争、电子商务等议题，又在经济技术合作、中小企业等领域作出了加强合作等规定。

（1）知识产权。该章大致遵循了世界贸易组织《与贸易有关的知识产权协定》的规定。向知识产权领域的扩展是区域伙伴关系协定的特征之一。在知识产权领域，《区域全面经济伙伴关系协定》涵盖著作权、商标、地理标志、专利、外观设计、遗传资源、传统知识和民间文艺等内容。知识产权议题也是《区域全面经济伙伴关系协定》覆盖的议题中较棘手的议题之一。减轻知识产权所有权中的不平衡是一个艰苦的过程，需要系统研究《区域全面经济伙伴关系协定》中知识产权不平等的根源。

（2）政府采购。东盟及其多个成员国首次在贸易协定中纳入政府采购相关规则。《区域全面经济伙伴关系协定》各方就积极开展政府采购信息交流和合作、提供技术援助、加强能力建设达成共识。

（3）竞争。《区域全面经济伙伴关系协定》没有"劳工"和"环境"章节，但有"竞争"一章，该章要求当事方维护禁止反竞争活动的竞争法律和法规，并确保独立执行，但这一章不包括对国有企业的规定。

（4）电子商务。《区域全面经济伙伴关系协定》规定了电子认证和签名、在线消费者保护、在线个人信息保护、网络安全、跨境电子方式信息传输等条款。

（5）经济技术合作。《区域全面经济伙伴关系协定》突出了自由贸易协定在加强对中小企业和经济技术合作的支持和投入方面的作用,使《区域全面经济伙伴关系协定》各项内容能更好地惠及中小企业和发展中经济体。遗憾的是,《区域全面经济伙伴关系协定》似乎没有为技术合作提供很有意义的空间。

（6）中小企业。《区域全面经济伙伴关系协定》的"中小企业"专章为有关计划和活动提供了框架,可增强中小型企业参与能力和从《区域全面经济伙伴关系协定》获益的能力。

三、《日本-欧盟自由贸易协定》谈判

2013年,日本与欧盟启动经济伙伴关系协定（EPA）谈判,经过5年18轮谈判,于2017年12月正式结束。2018年7月20日,双方正式签署日本-欧盟经济伙伴关系协定,同年12月,日本批准该协定。2019年2月1日,日本-欧盟经济伙伴关系协定正式生效。日本不仅将日本-欧盟经济伙伴关系协定视为安倍经济政策的重要组成部分,也将其视为全球自由贸易区布局极其重要的一环,希望通过《区域全面经济伙伴关系协定》、《全面与进步跨太平洋合作关系协定》、日本-欧盟经济伙伴关系协定积极主导制定公平的自由贸易协定规则。日欧占世界GDP的三分之一和全球贸易总额的四分之一,据日本官方预测,日本-欧盟经济伙伴关系协定生效后,日本的实际GDP将提高1%,就业率将提高0.5%。

《日本-欧盟自由贸易协定》有以下特点：

（一）货物贸易

总体来看,日本将逐步取消94%的欧盟产品关税,而欧盟将逐步取消99%的日本产品关税。在工业制品领域,双方最终将实现100%零关税。欧盟对96.3%的产品自协定生效起立即实现零关税,覆盖贸易额的81.7%；汽车将在8年内取消关税；日本对96%的产品自协定生效起立即实现零关税,覆盖贸易额的96.2%；皮革和鞋类（目前最高税率为30%）将分别在第11年和第16年取消关税。在农、林、水产品领域,欧盟立即实现零关税税目占比高达95%,最终实现零关税产品占比将达到98%；日本立即实现零关税税目占比达54%,最终实现零关税产品占比将达到82%。大米被日本排除在外,不在取消关税之列。欧盟基本维持了小麦和乳制品的国家贸易体系、食糖价格调整系统以及猪肉的差额关税制度,同时确保了牛肉在15年关税减让期的关

税配额和保障措施。日欧就汽车的产品安全和环境保护国际标准互认达成一致,同时辅以保障措施,允许欧盟在日本对欧盟出口汽车产生非关税壁垒的情况下重新引入关税;在医疗设备、纺织品标签、烧酒和葡萄酒等领域,日本将采取欧盟使用的国际标准,或是确保其标准和技术法规尽可能以国际标准为基础。

(二)服务贸易与投资领域

日本-欧盟经济伙伴关系协定"服务贸易""投资"章节采用负面清单方式实现了最大程度的自由化、便利化。协定要求确保欧盟邮政和快递服务供应商与日本供应商之间的平等竞争,并且进一步开放了金融服务、电信服务和交通服务。日本-欧盟经济伙伴关系协定对于商务人员的临时入境设置了欧盟迄今的最高标准,涵盖了所有传统类别和新类别,如公司内部调动人员、投资目的的商务访客、合同服务供应商和独立专业人员以及短期商务访客和投资者等,欧盟和日本还允许配偶和子女陪同服务提供者或为服务提供者工作的人("模式4"条款所涵盖),以支持双向投资。在投资领域,欧盟认为传统的投资者-国家争端解决机制不可接受,因而向日本提交了有关投资法院的改革提案,但日本-欧盟经济伙伴关系协定尚未就投资者-国家争端解决机制达成一致。

(三)规则领域

日本-欧盟经济伙伴关系协定涵盖政府采购、环境、劳工、可持续发展、国有企业、补贴、公司治理、知识产权、中小企业、电子商务、规制合作等内容,被日本视为"21世纪经济秩序的模板"。

(1)政府采购。日本-欧盟经济伙伴关系协定允许欧盟与日本企业平等参与日本48个核心城市(人口约占日本总人口的15%)的采购招标,消除铁路机车和其他铁路设备现有的采购障碍,即日本同意移除操作安全条款。日本还向欧盟开放了医院和学术机构等87家实体和电力分配相关的29家实体。欧盟对等向日本开放了市级层面的城镇,同时部分开放其公共交通设备市场,如地铁的铁路机车和信号系统以及地面铁路的相关设施。

(2)环境、劳工等。日本-欧盟经济伙伴关系协定将有效执行《联合国气候变化框架公约》《巴黎气候变化协定》和《生物多样性公约》,承诺不放弃或减损环境保护以鼓励贸易或投资,承诺共同致力于防止非法采伐及相关贸易,也包括日欧与第三国的贸易。双方承诺不放弃或减损劳工保护以鼓励贸易或投资。同时,将建立一个强大、包容和透明的机制来解决环境、劳工等与贸易相关的议题。

(3)国有企业。日本-欧盟经济伙伴关系协定包含国有企业、特权企业和指定垄断内容,要求确保国有企业在购买或销售货物和服务时确保商业考虑,并且要求对其他各方企业给予非歧视性待遇。日本-欧盟经济伙伴关系协定单独制定补贴章节,要求对补贴履行通知义务,规范了应请求进行磋商的程序,并且承诺禁止一些特定类型的补贴。

(4)日本-欧盟经济伙伴关系协定第一次在贸易协定中增加了专门章节来阐述公司治理相关规则,其基于二十国集团、经济合作与发展组织的公司治理原则,反映了日欧的最佳实践和规则;双方承诺遵守关键原则和目标,如公开上市公司的透明度和信息披露,管理层对股东的责任,基于客观和独立立场的负责任的决策,有效和公平行使的股东权利,收购交易的透明度和公平性。

(5)知识产权。将著作权延长至作者去世后70年。相互承认商品地理标志,其中日本包括日本酒、神户牛肉等56种商品,欧盟包括200多种农产品。

(6)电子商务。禁止对电子传输征收关税,加强电子商务的消费者保护。日本实施了额外的保障措施,以保证从欧盟传输至日本的数据能符合欧洲数据保护标准,最终欧盟通过了日本数据流动充分性决定,主要包括一系列旨在弥合两个数据保护体系间差异的规则,对保障日本公共当局出于刑法执法和国家安全目的获取数据的保证,处理欧盟公民对日本公共当局获取其数据提起诉讼的机制,这也成为日本-欧盟经济伙伴关系协定的补充。

(7)规制合作。双方监管机构针对贸易、投资的相关规制措施,承诺事前发表公告,提供发表意见的机会,进行事后评估,并交换有关信息。

第二节　2019—2020年中国自由贸易区发展情况

加快实施自由贸易区战略是我国新一轮对外开放的重要内容。截至2020年12月,我国已经签署的自由贸易协定有19个(不含优惠贸易安排性质的《亚太贸易协定》),涉及亚洲、拉丁美洲、大洋洲、欧洲、非洲的26个国家和地区,正在谈判的自由贸易区(含升级谈判)有10个。此外,中国正在同哥伦比亚、斐济、尼泊尔、巴布亚新几内亚、加拿大、孟加拉国、蒙古国等国进行自由贸易区联合可行性研究,同瑞士进行自由贸易协定升级联合研究。其中,在2019—2020年期间,中国和毛里求斯签署了自由贸易协定,和柬埔寨完成了自由贸易区谈判并签订了自由贸易协定,和新西兰完成了自由贸易区升级版谈判。这对推动中国与贸易伙伴的贸易投资发展、加强成员间互利共赢的经贸合作关系,特别是对促进整个全球的区域经济合作和一体化进程起到了十分重要的作用。

以下对2019—2020年期间我国主要进行的自由贸易协定谈判的最新进展予以简要说明。

(一)《区域全面经济伙伴关系协定》(RCEP)

2020年11月15日,《区域全面经济伙伴关系协定》第四次领导人会议通过视频方式举行,中国国务院总理李克强出席会议。会上,在15国领导人共同见证下,各国贸易部长签署了《区域全面经济伙伴关系协定》。商务部钟山部长代表中国政府签署协定。《区域全面经济伙伴关系协定》签署后,中国对外签署的自由贸易协定将达到19个,自由贸易伙伴将达到26个。中国与自由贸易伙伴贸易覆盖率增加至35%左右,大大提升了中国自由贸易区网络的"含金量"。

《区域全面经济伙伴关系协定》成员国与中国之间的贸易总额约占中国对外贸易总额的三分之一,《区域全面经济伙伴关系协定》成员国对中国的实际投资占中国实际吸引外资总额比重超过10%。因此,《区域全面经济伙伴关系协定》将进一步促进成员国之间的贸易和投资往来。长远来看,《区域全面经济伙伴关系协定》也将进一步巩固中国在自由贸易区内经济领域的领先地位。此外,通过《区域全面经济伙伴关系协定》,中国首次与日本建立了自由贸易伙伴关系,或为未来进一步的贸易谈判铺平了道路。

(二)中国-柬埔寨自由贸易区谈判

中柬双方于2019年底完成自由贸易谈判联合可行性研究,从2020年1月起陆续举行了三轮谈判(见表7.1)。2020年7月20日,两国共同发布《中华人民共和国与柬埔寨王国完成自由贸易协定谈判的联合声明》,宣布谈判完成。10月12日,商务部部长钟山与柬埔寨商业大臣潘索萨分别在北京和金边代表中柬两国政府,通过视频正式签署《中华人民共和国政府和柬埔寨王国政府自由贸易协定》(简称中柬自由贸易协定)。协定覆盖"一带一路"倡议合作、货物贸易、原产地规则、海关程序和贸易便利化、技术性贸易壁垒、卫生与植物卫生、服务贸易、投资合作、经济技术合作、电子商务等领域。协定的签署标志着双方全面战略合作伙伴关系、共建中柬命运共同体和"一带一路"合作进入新时期,是双边经贸关系发展中新的里程碑,必将推动双边经贸关系提升到新的水平,不断增进两国企业和人民福祉。

表7.1　　　　　　　中国-柬埔寨自由贸易区谈判进展过程(2019—2020)

进 程	时 间	地 点	主要成果
第一轮谈判	不详	北京	本轮谈判双方围绕技术性贸易壁垒、海关程序与贸易便利化、原产地规则、服务贸易、竞争政策、电子商务、农业合作、环境、政府采购等议题展开富有成效的磋商。
第二轮谈判	不详	不详	本轮谈判双方围绕技术性贸易壁垒、海关程序与贸易便利化、原产地规则、服务贸易、投资、竞争政策、电子商务、农业合作、环境、政府采购等议题展开磋商。

续表

进程	时间	地点	主要成果
第三轮谈判	2020年6月9—30日	远程视频	本轮谈判双方在前两轮谈判的基础上继续开展全面磋商,达成了广泛共识。

资料来源:作者根据相关资料自行整理。

(三)中国-毛里求斯自由贸易区谈判

2017年12月,中毛双方启动自由贸易协定谈判。经过4轮谈判,于2018年9月2日正式结束。2019年10月17日,中毛双方在北京签署《中华人民共和国政府和毛里求斯共和国政府自由贸易协定》(以下简称《中毛自由贸易协定》)。经过共同努力,双方已完成各自生效程序,根据《中毛自由贸易协定》生效条款,商定《中毛自由贸易协定》于2021年1月1日生效实施。

总体而言,《中毛自由贸易协定》是我国与非洲国家签署的第一个自由贸易协定,填补了我国现有自由贸易区网络格局中非洲地区的空白,这不仅为深化中毛两国经贸关系提供了更加有力的制度保障,更将中非经贸合作水平提升到了新的高度。

(四)中国-新加坡自由贸易区升级版谈判

2015年11月,习近平主席对新加坡进行国事访问期间,与新加坡总统陈庆炎共同宣布两国之间建立与时俱进的全方位合作伙伴关系,并就启动中新自由贸易协定升级谈判达成共识。经过8轮谈判,于2018年10月正式结束谈判,两国政府于11月12日在新加坡签署《中华人民共和国政府和新加坡政府关于升级〈中华人民共和国政府和新加坡政府自由贸易协定〉的议定书》(以下简称《中新自贸协定升级议定书》)。2019年10月16日,《中新自贸协定升级议定书》生效。《中新自贸协定升级议定书》对原自由贸易协定进行了修订,由序言、8个章节、2个附件和1项换文组成,除对原协定的海关程序与贸易便利化、原产地规则、贸易救济、服务贸易、投资、经济合作6个领域进行升级外,还新增了电子商务、竞争政策和环境3个领域。

(五)中国-新西兰自由贸易区升级版谈判

《中华人民共和国政府和新西兰政府自由贸易协定》是中国同发达国家达成的第一个自由贸易协定,于2008年4月签署并于同年10月1日实施。2016年11月,双方启动自由贸易协定升级谈判。2019年11月4日,中国和新西兰宣布正式结束两国之间的自由贸易协定升级谈判。中新自由贸易协定升级谈判对原有的海关程序与合作、原产地规则及技术性贸易壁垒等章节进行了进一步升级,新增了电子商务、环境与贸易、竞争政策和政府采购等章节。双方还在服务贸易和货物贸易市场准入、自然人移动和投资等方面作出新的承诺。

(六)中日韩自由贸易区谈判

中日韩自由贸易区谈判是我国参与的经济体量最大、占我国外贸比重最高的自由贸易区谈判,该谈判于 2012 年 11 月启动,2013—2018 年间共完成了 14 轮谈判。2019—2020 年,中日韩自由贸易区谈判共进行了两轮(具体谈判进程见表 7.2)。

表 7.2　　　　　　　中日韩自由贸易区谈判进展过程(2019—2020)

进　程	时　间	地　点	主要成果
第十五轮谈判	2019 年 4 月 12 日	东京	本轮谈判是三方达成全面提速谈判共识后的首轮谈判。三方举行了首席谈判代表会议、司局级磋商和 13 个具体议题的分组会议,就相关议题谈判推进的方法、路径达成积极共识,明确了下一步工作安排。三方一致同意,在三方共同参与的《区域全面经济伙伴关系协定》(RCEP)已取得共识的基础上,进一步提高贸易和投资自由化水平,纳入高标准规则,打造 RCEP ＋的自由贸易协定。
第十六轮谈判	2019 年 11 月 28 日	首尔	本轮谈判三方围绕货物贸易、服务贸易、投资和规则等重要议题深入交换了意见,取得积极进展。三方一致认为,建设中日韩自由贸易区符合三国共同利益,特别是在当前贸易保护主义抬头、全球经济形势复杂严峻的背景下,应按照三国领导人达成的共识,加快谈判进程,积极打造一份全面、高质量、互惠且具有自身价值的自由贸易协定,进一步挖掘三国经贸合作潜力,为世界经济增添新动能。

资料来源:作者根据相关资料自行整理。

(七)中国-韩国自由贸易区第二阶段谈判

《中华人民共和国政府和大韩民国政府自由贸易协定》于 2015 年 12 月 20 日正式生效。为不断提升两国贸易投资合作水平,2017 年 12 月 14 日,中韩两国签署了《关于启动中韩自由贸易协定第二阶段谈判的谅解备忘录》,并积极推进中韩自由贸易协定第二阶段谈判,这是我国在自由贸易协定中首次使用负面清单方式开展服务贸易和投资谈判。2019—2020 年,中国-韩国自由贸易区第二阶段谈判共进行了两轮(即第三轮和第四轮),双方就服务贸易和投资展开进一步磋商,推动谈判取得稳步进展。

(八)中国-巴基斯坦自由贸易区第二阶段谈判

巴基斯坦是"一带一路"沿线重要国家,也是我国"立足周边、辐射'一带一路'、面向全球"加快实施自由贸易区战略中的重要合作伙伴。《中华人民共和国政府和巴基斯坦伊斯兰共和国政府自由贸易协定》于 2006 年签署,2007 年实施生效。为进一步提高贸易自由化便利化水平,双方于 2011 年启动第二阶段谈判,至 2018 年 12 月共举行了 10 次会议。2019 年 4 月,中国-巴基斯坦结束自由贸易协定第二阶段谈判并签署议定书。2019 年 12 月 1 日,《中华人民共和国政府和巴基斯坦伊斯兰共和国政府关于修订〈自由贸易协定〉的议定书》(以下简称《议定书》)正式生效。自2020年1月1日起,《议定书》降税安排实施。

《议定书》对原中巴自由贸易协定中的货物贸易市场准入及关税减让表、原产地规则、贸易救济、投资等内容进行了升级和修订,并新增了海关合作章节。其中,核心内容是在原自由贸易协定基础上,进一步大幅提高两国间货物贸易自由化水平。《议定书》生效后,中巴两国间相互实施零关税产品的税目数比例将从此前的35%逐步增加至75%。此外,双方还将对占各自税目数比例5%的其他产品实施20%的部分降税。经中巴双方协商,关税减让将在完成必要国内程序后尽快实施。

总体来看,《议定书》作为中巴自由贸易协定第二阶段谈判成果文件,是落实两国领导人重要共识、进一步丰富和充实中巴两国全天候战略合作伙伴关系的重要举措,是发展中国家间自由贸易区建设的典范,也是推进"一带一路"建设和构建人类命运共同体的生动实践。

(九)中国-挪威自由贸易区谈判

中挪自由贸易协定谈判于2008年9月正式启动,并在2008—2010年举行了8轮谈判。2017年4月7日,双方就重启相关经贸安排达成共识,两国政府在北京共同签署了《恢复中挪自由贸易协定谈判谅解备忘录》,并于2017—2018年进行了4轮谈判。2019—2020年,两国又进行了4轮谈判,具体谈判进程见表7.3。

表7.3　　　　　　　中挪自由贸易区谈判进展过程(2019—2020)

进程	时间	地点	主要成果
第十三轮谈判	不详	不详	不详
第十四轮谈判	2019年3月25—28日	北京	本轮谈判双方就货物贸易、服务贸易与投资、原产地规则、海关程序与贸易便利化、技术性贸易壁垒、卫生与植物卫生措施、贸易救济、环境、法律议题、争端解决、知识产权、竞争政策、政府采购等相关议题展开磋商,谈判取得积极进展
第十五轮谈判	2019年6月24—27日	奥斯陆	本轮谈判双方就货物贸易、服务贸易、投资、技术性贸易壁垒、卫生与植物卫生措施、贸易救济、政府采购、环境、竞争政策、电子商务、法律议题、争端解决等相关议题展开磋商,谈判取得积极进展。
第十六轮谈判	2019年9月9—12日	武汉	本轮谈判双方就货物贸易、服务贸易与投资、原产地规则、贸易救济、环境、法律议题、争端解决、竞争政策、政府采购、电子商务、机构条款等相关议题展开磋商,谈判取得积极进展。

资料来源:作者根据相关资料自行整理。

(十)中国-以色列自由贸易区谈判

近年来,随着中国"一带一路"倡议的推进,同"一带一路"沿线国家积极建立自由贸易区成为我国自由贸易区建设的新方向。在这样的形势下,2016年3月,中国与以色列宣布正式启动双边自由贸易区谈判,并于2018年前完成了4轮谈判。2019—2020年期间,中以两国进行了3轮谈判(具体见表7.4)。

表7.4　　　　　　　中以自由贸易区谈判进展过程(2019—2020)

进程	时间	地点	主要成果
第五轮谈判	2019年1月28—31日	耶路撒冷	本轮谈判双方就货物贸易、服务贸易、投资、原产地规则、海关程序及贸易便利化、贸易救济、环境、争端解决及机制条款等议题展开磋商,并取得积极进展。
第六轮谈判	2019年5月20—23日	北京	本轮谈判双方就货物贸易、技术性贸易壁垒、投资、知识产权、政府采购、电子商务、竞争政策、争端解决、法律与机制条款等议题展开磋商,并取得积极进展。
第七轮谈判	2019年11月18—21日	耶路撒冷	本轮谈判双方就货物贸易、原产地规则、海关程序与贸易便利化、卫生与植物卫生措施、贸易救济、环境、知识产权、竞争政策、政府采购、法律与机制条款等议题展开磋商,取得积极进展。

资料来源:作者根据相关资料自行整理。

(十一)中国-巴拿马自由贸易区谈判

为进一步加强中国在拉美地区自由贸易区建设的新格局,2018年6月,中巴双方正式宣布启动中国-巴拿马自由贸易协定谈判,并于当年完成了4轮谈判。巴拿马成为继智利、秘鲁和哥斯达加黎后,第四个与中国进行自由贸易区谈判的拉美国家。2019—2020年,中国与巴拿马开展了第五轮谈判,双方在此前谈判基础上,围绕货物贸易、服务贸易、金融服务、投资、原产地规则、海关程序和贸易便利化、贸易救济、贸易经济合作以及法律议题等展开深入磋商,谈判取得积极进展。

第三节　关税谈判与自由贸易区发展评述

一、全球区域贸易自由贸易协定发展的新特点

根据区域贸易协定《美墨加协定》《全面与进步跨太平洋合作关系协定》、日本—欧盟经济伙伴关系协定以及《区域全面经济伙伴关系协定》的最新发展动向,新一代区域贸易协定不仅使世界贸易组织传统议题得到深化,而且对一些新议题制定出新规则,表现出以下特点:

(一)传统议题的深化

货物贸易市场准入、原产地规则、农产品贸易、海关管理与贸易便利化、技术性贸易壁垒(TBT)、卫生与植物卫生措施(SPS)、贸易救济措施等出现新特点:一是以大幅

促进区域内贸易自由化为目标,关税减让范围广、幅度大。新自由贸易区协定追求高水平关税减让。比如,《跨太平洋伙伴关系协定》《全面与进步跨太平洋合作关系协定》致力于将关税降为零,绝大多数国家在协定生效一年内将80%以上货物关税降为零,其中半数以上国家零关税率达到90%以上;日本—欧盟经济伙伴关系协定的货物贸易零关税率更高达99%。二是以促进区域内价值链为目标,对原产地规则高标准严要求。《美墨加协定》对原产地规则限制更严,规定零关税汽车必须有75%的零件来自北美地区,高于此前62.5%的标准。纺织服装则规定了从纱线算起的严格标准。三是促进管理规则的一致性、透明性和科学性。比如,制定技术性贸易壁垒和卫生与植物卫生措施必须以科学为依据,不能人为地设置贸易障碍。

(二)深度一体化议题的强化

对政府采购、竞争政策、知识产权、劳工标准、环境保护等进行严格规定,对这些条款增加了争端解决机制,给这些条款加上"牙齿"。对促进创新、新经济发展提出更高标准的规定,体现了美国的商业价值观。比如对政府采购条款的实施必须符合"透明度和反腐败"条款的规定,且不妨碍缔约方推动经认可的劳动权利的相关法律。竞争政策对反垄断法律和措施要求进行严格规定,涉及面较广,水平较高。对劳工标准进行严格的规定,不仅对国际劳工组织有关劳工权利和原则进行规定,还对工资标准进行规定。《美墨加协定》规定零关税汽车40%~45%的零部件必须是由时薪最低16美元的工人生产的。知识产权条款具体包括国民待遇条款的相关规定、保护对象的相关规定、保护期的相关规定和保护措施的相关规定。扩大知识产权保护范围,如作者作品、表演以及录音制品的版权和相关权利的使用费。药品和生物制剂的保护期限,不仅对产品本身,而且对已知产品的新用途、新方法和新工序,并对源自植物的发明、生物制剂进行保护。对载有加密节目的卫星和有线电视信号进行保护。这些规定扩大了知识产权保护范围,并延长了保护期限。环境条款规定了对野生动物非法获取和非法贸易适用的法律。

(三)横向一体化新增议题

监管一致性、合作与能力建设、国有企业和指定垄断、中小企业政策、竞争力与商务便利化、发展问题、透明度和反腐败、宏观政策与汇率问题等边境内新议题纳入区域贸易协定。其规则由"边境措施"向"边境后规则"的转换特征颇为显著。全球价值链生产对国内监管提出了挑战,监管一致性可有效推动管制的协调性和标准的一致性,促进区域内贸易与投资,提升区域内价值链的整合。国有企业和指定垄断条款,旨在限制和削弱发展中国家国有企业和主权基金企业的竞争力,维护发达国家企业竞争优势,包括取消对国有企业的税收优惠、补贴、优先交易以及非商业支持等,取消国有企业特惠融资措施,撤销政府采购等优惠偏好,提高财务信息透明度等。

二、中国参与自由贸易协定谈判的主要特点

(一)从对象上看,仍以发展中国家为主,特别是"一带一路"沿线国家

到目前为止,我国已经签署的自由贸易协定有19个,但从合作的对象来看,覆盖范围仍相对有限,主要是与发展中国家及亚太国家(地区)签署协议较多,包括近几年新签署的《区域全面经济伙伴关系协定》以及与格鲁吉亚、马尔代夫、毛里求斯、柬埔寨等"一带一路"沿线国家签署的自由贸易协定。此外,我国正在推进和海湾合作委员会(GCC)国家、巴勒斯坦、以色列、摩尔多瓦、斯里兰卡等国家的自由贸易区谈判,这都表明我国正在致力于构建覆盖"一带一路"沿线国家的自由贸易协定网络。尽管我国自由贸易协定对象国涉及发达国家,比如瑞士、澳大利亚、新西兰、韩国、冰岛等,其中制造业最发达的是韩国,其他国家产业结构相对简单,市场开放对中国经济冲击较小,但作为我国最大贸易伙伴的美国、欧盟、日本等,都不是我国的自由贸易协定伙伴。世界上重要的新型经济体如金砖国家也不是我国的自由贸易协定伙伴。这至少说明,作为世界第一大货物贸易国,我国的出口市场缺乏稳定性。

(二)从内容上看,协定条款由"WTO+"向"WTO-X"拓展

中国的自由贸易协定谈判采取的是从易到难、稳步发展的路径。因此,早期的自由贸易协定内容往往只涉及货物贸易、非关税壁垒等边境议题,主要包含"第一代"贸易政策即"WTO+"政策(包括海关程序、出口税、技术性贸易壁垒、反倾销、反补贴等14项议题)。在近几年签署的新协议以及升级版协议中,覆盖领域逐渐开始向"第二代"贸易政策即"WTO-X"政策(包括反腐败、竞争政策、知识产权、环境保护、资本流动、劳动市场管制等37项议题)扩展。这表明中国与自由贸易协定伙伴均谋求进一步深化合作,并希望通过更加开放和更高水平的双边制度安排来促进合作的深化。

(三)从开放水平看,协定开放性和自由化水平逐步提高

从协定文本来看,近年来中国签署的自由贸易协定开放水平不断提高,开放领域不断拓展。特别是与发达国家签署的自由贸易协定,在降税范围和开放部门方面普遍达到了较高水平。从原产地规则来看,大多数自由贸易协定以区域价值成分(RVC)作为主要判定标准,辅之以完全获得、税则归类改变、制造加工工序、混合标准等特定原产地规则。中国与东盟、智利、巴基斯坦等早期签署的自由贸易协定大多要求区域价值成分不低于40%,近年来签署的自由贸易协定则更为灵活,对不同商品制定了不同的标准,最高可达60%。在货物贸易关税方面,近几年签署的自由贸易协定以及一些升级协议达到了很高的开放水平。从最终实现零关税的产品税目数占比来看,除了

同巴基斯坦的协议水平较低外,其余协议基本达到了90%以上的水平,其中新加坡、新西兰、澳大利亚都承诺对我国所有产品最终实现零关税,自由化水平达到100%,瑞士也基本达到100%的水平,且新加坡、瑞士并没有设置降税过渡期,协议生效时即能实现完全降税。当然,从降税方式、降税过渡期来看,不同自由贸易协定的约定各有不同。在服务贸易开放方面,近年来中国签署的服务贸易协议逐渐增多,最新的自由贸易协定中服务贸易条款也明显增加,中国与自由贸易伙伴在世界贸易组织《服务贸易总协定》承诺的基础上,进一步就开放相关服务部门达成了一致。在中国-马尔代夫、中国-智利、中国-新西兰、中国-哥斯达黎加自由贸易协定中,马尔代夫、智利、新西兰、哥斯达黎加作出开放承诺的服务部门数量分别在世界贸易组织框架基础上增加至86个、40个、16个和45个。在中国-澳大利亚自由贸易协定中,在我国仍以正面清单形式开放服务业的条件下,澳大利亚突破性地承诺以负面清单形式开放其服务业部门,成为全球第一个对中国作出此种开放承诺的国家。

三、中国-毛里求斯自由贸易区谈判、中国-新加坡自由贸易区升级版谈判贸易自由化安排比较

(一)中国-毛里求斯自由贸易区谈判

《中华人民共和国政府和毛里求斯共和国政府自由贸易协定》总体实现了全面、高水平、互惠,包括序言、17个章节和3个附件,其中章节包括初始条款与定义、货物贸易、原产地规则和实施程序、卫生与植物卫生措施、技术性贸易壁垒、贸易救济、服务贸易、投资、竞争、知识产权、电子商务、经济合作、透明度、行政与机制条款、争端解决、例外、最终条款,附件包括货物贸易关税减让表、服务贸易具体承诺减让表、产品特定原产地规则。

在货物贸易领域,中方和毛里求斯最终实现零关税的产品税目比例分别达到96.3%和94.2%,占自对方进口总额的比例均为92.8%。毛里求斯剩余税目的关税也将进行大幅削减,绝大多数产品的关税最高将不再超过15%,甚至更低。我国目前对其出口的主要产品,如钢铁制品、纺织品以及其他轻工产品等将从中获益。

在服务贸易领域,双方承诺开放的分部门均超过100个。其中,毛里求斯将对我国开放通讯、教育、金融、旅游、文化、交通、中医等重要服务领域的130多个分部门。这是毛里求斯迄今为止在服务领域开放水平最高的自由贸易协定。

在投资领域,协定较1996年中国-毛里求斯双边投资保护协定在保护范围、保护水平、争端解决机制等方面有较大升级。这是我国首次与非洲国家升级原投资保护协定,不仅将为我国企业赴毛里求斯提供更加有力的法律保障,也有助于企业以该国为

平台,进一步拓展对非洲的投资合作。此外,双方还同意进一步深化两国在农业、金融、医疗、旅游等领域的经济技术合作。

(二)中国-新加坡自由贸易区升级版谈判

2019年10月16日,《中华人民共和国政府和新加坡政府关于升级〈中华人民共和国政府和新加坡政府自由贸易协定〉的议定书》生效。该升级议定书对原自由贸易协定进行了修订,由序言、8个章节、2个附件和1项换文组成,除对原协定的海关程序与贸易便利化、原产地规则、贸易救济、服务贸易、投资、经济合作6个领域进行升级外,还新增了电子商务、竞争政策和环境3个领域。

在"海关程序与贸易便利化"章,增加了包括法律法规公开透明、进一步简化通关手续、运用风险管理、信息技术等手段为双方企业提供高效快捷的通关服务、共同维护双边贸易秩序等内容。例如,关于单一窗口,考虑到新加坡在国家单一窗口建设方面的优质经验及与我国共同发展的意愿,双方承诺建立并共同加强双方单一窗口建设,这是我国首次在自由贸易协定中就该问题进行约束性承诺;关于预裁定,我国首次对外承诺就商品价格的估价方法及标准作出约束性预裁定决定等,较以往鼓励性承诺有很大突破;关于货物放行,按照我国国务院对口岸整体放行时限的要求,我国承诺在满足相应条件下对货物快速放行并作出了具体时限承诺,允许担保放行并列明了担保放行的情形。

在原产地规则和管理方面,中新双方将实现原产地电子联网,中新原产地电子联网将成为我国与首个东盟成员实现电子联网,建成后双方可实时传输优惠贸易原产地数据和未再加工证明等数据,有助于双方进一步提升通关时效和实现无纸化。此外,原产地规则对部分石化产品的原产地标准进行了修订,在增值标准的基础上增加了税则改变标准和化学反应标准,原产地规则更加科学灵活,提高了货物贸易的自由化程度。

在服务贸易领域,中方着眼于进一步扩大开放,支持相关区域协调发展,将法律、建筑和海运等上海自由贸易试验区自主开放措施对新加坡作出约束性承诺,并进一步拓展了建筑、海运领域开放措施的适用范围。新加坡在速递、环境、空运等服务领域作出了进一步的市场开放承诺。

在投资方面,中新双方全面升级了"投资"章节,自本议定书生效后,双方于1985年11月签署的《中华人民共和国政府和新加坡共和国政府关于促进和保护投资协定》终止适用。双方对投资保护、争端解决等作出了较为全面的规定,在保护投资者合法权益和维护东道国政府的管理权之间达成较为适当的平衡。"投资"章节规定,双方相互给予对方投资者高水平的投资保护,纳入了征收补偿、最低待遇标准、转移等条款;

相互给予准入后阶段的国民待遇和最惠国待遇;设置了金融审慎措施、根本安全、保密信息等例外条款,以保护政府管理外资的政策空间,并纳入了全面的投资者与国家间争端解决机制,为双方投资者提供充分的权利保障和救济途径。

在电子商务方面,该升级议定书主要包括电子认证和电子签名、在线消费者保护、个人信息保护、无纸化贸易、透明度等内容。

在竞争方面,双方承诺在实施国内竞争法律法规时,禁止反竞争商业行为,促进和保护市场公平竞争环境;在竞争执法过程中,遵循透明、非歧视和程序公正原则;加强在竞争执法领域的交流与技术合作,不断增强各自竞争执法能力等。

在环境与贸易领域,双方重申各自拥有确定其环保水平、环境发展优先领域,以及制定或修改其环境法律和政策的主权权利,将努力确保这些法律和政策有助于和鼓励高水平的环境保护,并有效实施这些法律和政策。双方承诺不通过降低环境保护水平鼓励贸易和投资,并同意环境标准不得用于贸易保护主义目的。

(本章执笔:匡增杰副教授)

第八章

国际贸易摩擦与贸易救济调查

第一节　2019—2020年境外对中国出口产品贸易摩擦情况

一、2019—2020年境外对中国出口产品发起反倾销调查情况

（一）发达经济体对中国出口产品发起反倾销调查情况

1. 美国对进口自中国的二氟甲烷进行反倾销立案调查

2020年2月13日，美国商务部宣布对进口自中国的二氟甲烷发起反倾销立案调查。本案涉及美国海关编码2903392035项下产品。

2. 欧盟对中国出口产品发起反倾销调查情况

(1)欧盟对原产于中国的订书钉进行反倾销立案调查。

2019年12月18日，欧盟委员会对原产于中国的订书钉进行反倾销立案调查。涉案产品欧盟CN（综合税则目录）编码为ex73170020、ex73170060、ex73170080、ex73262000、ex76161000、83052000和ex83081000（TARIC编码为7317002040、7317006040、7317008040、7326200040、7616100040和8308100040）。此次涉案产品不包括卷钉。

(2)欧盟对原产于中国大陆、中国台湾地区和印度尼西亚的热轧不锈钢板卷进行反倾销立案调查。

2019年8月12日，欧盟委员会对原产于中国大陆、中国台湾地区和印度尼西亚的热轧不锈钢板卷进行反倾销立案调查。涉案产品海关编码为721911、721912、721913、721914、721922、721923、721924、722011和722012。

(3)欧盟对原产于中国的聚乙烯醇进行反倾销立案调查。

2019年7月30日,欧盟委员会对原产于中国的聚乙烯醇进行反倾销立案调查。涉案产品欧盟 CN 编码为 ex39053000(TARIC 编码为 3905300091)。

(4)欧盟对原产于中国的钢制轮毂进行反倾销立案调查。

2019年2月15日,欧盟委员会对原产于中国的钢制轮毂进行反倾销立案调查。涉案产品欧盟 CN 编码为 ex87087099 和 ex87169090(TARIC 编码为 8708709920、8708709980、8716909095 和 8716909097)。

(5)欧盟对原产于中国和埃及的玻璃纤维布启动反倾销立案调查。

2019年2月21日,欧盟委员会对原产于中国和埃及的玻璃纤维布启动反倾销立案调查。涉案产品欧盟 CN 编码为 ex70193900、ex70194000、ex70195900 和 ex70199000(TARIC 编码为 7019390080、7019400080、7019590080 和 7019900080)。

(6)欧盟对原产于中国的铝型材进行反倾销立案调查。

2020年2月14日,欧盟委员会对原产于中国的铝型材进行反倾销立案调查。涉案产品欧盟 CN 编码为 ex76041010、ex76041090、ex76042100、ex76042910、ex76042990、ex76081000、ex76082081、ex76082089 和 ex 76109090。

(7)欧盟对原产于中国的平轧铝材产品进行反倾销立案调查。

2020年8月14日,欧盟委员会对原产于中国的平轧铝材产品进行反倾销立案调查。涉案产品欧盟 CN 编码为 76061110、76061191、76061193、76061199、76061220、ex76061292(TARIC 编码为 7606129295)、ex76061293(TARIC 编码为 7606129386)、ex76061299(TARIC 编码为 7606129925 和 7606129986)、76069100、ex76069200(TARIC 编码为 7606920086)和 ex76071190(TARIC 编码为 7607119044、7607119048、7607119051、7607119053、7607119060、7607119071、7607119073、7607119075、7607119077、7607119091 和 7607119093)。

(8)欧盟对原产于中国的铝转换箔产品进行反倾销立案调查。

2020年10月22日,欧盟委员会对原产于中国的铝转换箔产品进行反倾销立案调查。涉案产品欧盟 CN 编码为 ex76071119(TARIC 编码为 7607111960 和 7607111991)。

(9)欧盟对原产于中国的钢铁紧固件进行反倾销立案调查。

2020年12月21日,欧盟委员会对原产于中国的钢铁紧固件进行反倾销立案调查。涉案产品欧盟 CN 编码为 73181290、73181491、73181499、73181558、73181568、73181582、73181588、ex73181595(TARIC 编码为 7318159519 和 7318159589)、ex73182100(TARIC 编码为 7318210031、7318210039、7318210095 和 7318210098)、

ex73182200(TARIC 编码为 7318220031、7318220039、7318220095 和 7318220098)。

3. 英国对中国出口产品发起反倾销调查情况

(1)英国对原产于中国的盘条反倾销措施发起过渡性审查立案调查。

2020年11月5日,英国贸易救济调查局对原产于中国的盘条产品开启过渡性审查,以决定欧盟现行反倾销措施在英国脱欧后是否继续在英国执行。涉案产品英国CN编码为 ex72131000、72132000、72139110、72139120、72139141、72139149、72139170、72139190、72139910、72139990、72271000、72272000、72279010、72279050 和 72279095。

(2)英国对原产于中国的预应力钢绞线反倾销措施发起过渡性审查立案调查。

2020年7月30日,英国贸易救济调查局对原产于中国的预应力钢绞线产品开启过渡性审查,以决定欧盟现行反倾销措施(0～46.2%关税)在英国脱欧后是否继续在英国执行。涉案产品英国 CN 编码为 ex7217109010、7217209010、7312106191、7312106591 和 7312106991。

(3)英国对原产于中国、俄罗斯和白俄罗斯的铁或非合金钢焊缝管反倾销措施发起过渡性审查立案调查。

2020年2月10日,英国对原产于中国、俄罗斯和白俄罗斯的铁或非合金钢焊缝管的反倾销措施启动过渡性审查,以决定是否在英国继续执行或调整税率水平。涉案产品英国CN编码为 ex73063041、ex73063049、ex73063072 和 ex73063077(TARIC 编码为 7306304120、7306304920、7306307280 和 7306307780)。

4. 澳大利亚对中国出口产品发起反倾销调查情况

(1)澳大利亚对进口自中国的热镀锌角钢启动反倾销立案调查。

2019年6月24日,澳大利亚反倾销委员会对进口自中国的热镀锌角钢启动反倾销立案调查。本案倾销调查期为2018年1月1日至2018年12月31日,损害调查期从2015年1月1日开始。涉案产品澳大利亚海关编码为 7216610057、7228700012、7308300007 和 7308900064。

(2)澳大利亚对华变压器启动反倾销立案调查。

2019年3月18日,澳大利亚反倾销委员会对进口自中国的变压器启动反倾销立案调查。涉案产品澳大利亚海关编码为 8504220040、8504230026 和 8504230041。

(3)澳大利亚对华铝挤压件启动反倾销立案调查。

2020年2月17日,澳大利亚反倾销委员会对进口自中国的铝挤压件启动反倾销立案调查。涉案产品为空心型材铝挤压件,每米的重量小于200克(<0.2千克/米),不论是否合金化、磨光、粉末涂层、阳极化或进一步涂层。此次调查产品不涉及实心铝

挤压件(包括角形、矩形、实心圆形和正方形)。涉案产品澳大利亚海关编码为 7604100006、7604210007、7604210008、7604290009、7604290010、7608100009、7608200010、7610100012 和 7610900013。

5. 韩国对中国出口产品发起反倾销调查情况

(1)韩国对进口自中国大陆、中国台湾地区、日本和意大利的半透明纸启动反倾销立案调查。

2019 年 3 月 26 日,韩国贸易委员会决定对进口自中国大陆、中国台湾地区、日本和意大利的半透明纸启动反倾销立案调查。

(2)韩国对进口自中国大陆、中国台湾地区和印度尼西亚的不锈钢板卷启动反倾销立案调查。

2020 年 9 月 17 日,韩国贸易委员会对进口自中国大陆、中国台湾地区和印度尼西亚的不锈钢板卷启动反倾销立案调查。涉案产品韩国海关编码为 7219121010、7219121090、7219129000、7219131010、7219131090、7219139000、7219141010、7219141090、7219149000、7219221010、7219221090、7219229000、7219231010、7219231090、7219239000、7219241010、7219241090、7219249000、7219311010、7219311090、7219319000、7219321010、7219321090、7219329000、7219331010、7219331090、7219339000、7219341010、7219341090、7219349000、7219351010、7219351090、7219359000、7219901010、7219901090、7219909000、7220111010、7220111090、7220119000、7220121010、7220121090、7220129000、7220201010、7220201090、7220209000、7220901010、7220901090 和 7220909000。但涉案产品不包括厚度大于 8 毫米的不锈钢板卷及美国材料与试验协会 S31254 和 N08367 标准的钢产品。

6. 日本对中国产磷酸三酯发起反倾销立案调查

2019 年 9 月 26 日,日本财政部对中国产磷酸三酯发起反倾销立案调查。被调查产品涉及日本海关编码 2919.90 项下产品。

7. 新西兰对进口自中国和印度尼西亚的镀锌线进行反倾销立案调查

2020 年 5 月 25 日,新西兰商业、创新和就业部对进口自中国和印度尼西亚的镀锌线进行反倾销立案调查。涉案产品为直径 2~4.5 毫米,抗拉强度为高、中、低的镀锌钢丝,铠装线除外。涉案产品新西兰海关编码为 72172010 和 72172090。

(二)发展中经济体对中国出口产品发起反倾销调查情况

1. 欧亚经济联盟对中国出口产品发起反倾销调查情况

(1)欧亚经济联盟对原产于中国的不锈钢焊管启动反倾销立案调查。

2019年12月24日,欧亚经济委员会内部市场保护司对原产于中国的不锈钢焊接管启动反倾销立案调查。涉案产品为圆形、正方形或长方形耐腐蚀中空焊钢管(0.4毫米≤管壁厚度≤6毫米,6毫米≤钢管外直径≤115毫米)。涉案产品欧亚经济联盟海关编码为7306402009、7306408001、7306408008、7306611009和7306691009。

(2)欧亚经济联盟对原产于中国的板弹簧启动反倾销立案调查。

2019年9月2日,欧亚经济委员会对原产于中国的板弹簧启动反倾销立案调查。涉案产品欧亚经济联盟海关编码为7320101100、7320101900和7320109000。

(3)欧亚经济联盟对原产自中国及阿塞拜疆的铝带产品发起反倾销立案调查。

2019年5月7日,欧亚经济联盟对原产于中国及阿塞拜疆的铝带产品发起反倾销立案调查。涉案产品欧亚经济联盟海关编码为7606119100、7606122009和7606129209。

(4)欧亚经济联盟对原产于中国的石墨电极启动反倾销立案调查。

2020年4月9日,欧亚经济联盟对原产于中国的石墨电极启动反倾销立案调查。涉案产品为圆形横截面直径不超过520毫米的炉用石墨电极。涉案产品欧亚经济联盟海关编码为8545110089。

(5)欧亚经济联盟对原产于中国的铝制餐厨具启动反倾销立案调查。

2020年6月29日,欧亚经济联盟对原产于中国的可加热铝制餐厨具启动反倾销立案调查。涉案产品欧亚经济联盟海关编码7615101000、7615108009、7616991008和7616999008。

(6)欧亚经济联盟对原产于中国的三聚氰胺启动反倾销立案调查。

2020年9月17日,欧亚经济联盟对原产于中国的进口三聚氰胺启动反倾销立案调查。涉案产品欧亚经济联盟海关编码为2933610000。

2. 海湾阿拉伯国家合作委员会对进口自中国的铝合金产品发起反倾销立案调查

2020年4月29日,海湾阿拉伯国家合作委员会国际贸易反损害行为技术秘书局对进口自中国的铝合金产品发起反倾销立案调查。涉案产品海关编码为76061200、76069200。

3. 乌克兰对中国出口产品发起反倾销调查情况

(1)乌克兰对进口自中国的钢制紧固件发起反倾销立案调查。

2019年12月7日,乌克兰跨部门国际贸易委员会对进口自中国的钢制紧固件发起反倾销立案调查。涉案产品乌克兰海关编码为731815、731816。

(2)乌克兰对进口自中国和俄罗斯的铝轮毂发起反倾销立案调查。

2019年7月19日,乌克兰跨部门国际贸易委员会对进口自中国和俄罗斯的铝轮毂发起反倾销立案调查。涉案产品乌克兰海关编码为8708705090。

(3)乌克兰对进口自中国的钢管进行反倾销立案调查。

2019年5月14日,乌克兰跨部门国际贸易委员会对进口自中国的热轧无缝钢管进行反倾销立案调查。

(4)乌克兰对原产于中国的带涂层碳化钢启动反倾销立案调查。

2020年12月19日,乌克兰跨部门国际贸易委员会对原产于中国的带涂层碳化钢启动反倾销立案调查。涉案产品乌克兰海关编码为721070、721090和721240。

4. 印度对中国出口产品发起反倾销调查情况

(1)印度对原产于或进口自中国的1-苯基-3-甲基-5-吡唑啉酮启动反倾销立案调查。

2019年12月23日,印度商工部对原产于或进口自中国的1-苯基-3-甲基-5-吡唑啉酮启动反倾销立案调查。本案主要涉及印度海关编码2933项下产品。

(2)印度对原产于或进口自中国、马来西亚和越南的氯化胆碱启动反倾销立案调查。

2019年10月1日,印度商工部对原产于或进口自中国、马来西亚和越南的氯化胆碱启动反倾销立案调查。本案主要涉及印度海关编码23099010、23099020、23099090及29231000项下产品。

(3)印度对原产于或进口自中国的聚对苯二甲酸乙二醇酯树脂启动反倾销立案调查。

2019年10月1日,印度商工部对原产于或进口自中国的聚对苯二甲酸乙二醇酯树脂(特性粘度≥0.72分升/克)启动反倾销立案调查。此次涉案产品不包括再生PET树脂。本案主要涉及印度海关编码39076100和39076910项下产品。

(4)印度对原产于或进口自中国的玻璃纤维棉卷启动反倾销立案调查。

2019年9月24日,印度商工部对原产于或进口自中国的玻璃纤维棉卷启动反倾销立案调查。本案主要涉及印度海关编码70199010、70199090、70191900、70193900和70195900项下产品。

(5)印度对原产于或进口自中国的不锈钢扁轧制品启动反倾销立案调查。

2019年7月3日,印度商工部对原产于或进口自中国的不锈钢扁轧制品启动反倾销立案调查。本案主要涉及印度海关编码7219和7220项下产品。

(6)印度对原产于或进口自中国大陆、中国台湾地区、韩国和泰国的尼龙长丝纱线启动反倾销立案调查。

2019年6月28日,印度商工部对原产于或进口自中国大陆、中国台湾地区、韩国和泰国的尼龙长丝纱线启动反倾销立案调查。

(7)印度对原产于或进口自中国大陆、中国台湾地区、日本、韩国和越南的数字胶印印版启动反倾销立案调查。

2019年5月17日,印度商工部对原产于或进口自中国大陆、中国台湾地区、日本、韩国和越南的数字胶印印版启动反倾销立案调查。本案主要涉及印度海关编码844250项下产品,同时也涉及编码37013000、37040090、37051000、76061190、76069190和76069290项下产品。

(8)印度对原产于或进口自中国的镀铝锌合金扁轧钢产品启动反倾销立案调查。

2019年4月2日,印度商工部对原产于或进口自中国的镀铝锌合金扁轧钢产品启动反倾销立案调查。本案主要涉及印度海关编码72106100、72125090、7225990、72269990项下产品,同时也涉及72101290、72103090、72104900、72106900、72107000、72109090、72121090、72122090、72123090、72124000、72169910、72255010、72259100、72259200和72269930项下产品。

(9)印度对原产于或进口自中国的盐酸环丙沙星启动反倾销立案调查。

2020年1月10日,印度商工部对原产于或进口自中国的盐酸环丙沙星启动反倾销立案调查。本案主要涉及印度海关编码29419030项下产品。

(10)印度对原产于或进口自中国和沙特阿拉伯的二甲基甲酰胺启动反倾销立案调查。

2020年1月14日,印度商工部对原产于或进口自中国和沙特阿拉伯的二甲基甲酰胺启动反倾销立案调查。本案主要涉及印度海关编码29211110项下产品。

(11)印度对原产于或进口自中国、印度尼西亚和越南的粘胶短纱线启动反倾销立案调查。

2020年1月14日,印度商工部对原产于或进口自中国、印度尼西亚和越南的粘胶短纤纱启动反倾销立案调查。本案主要涉及印度海关编码55101110和55101210项下产品及55101190、55101290、55109010、55109090项下部分产品。

(12)印度对原产于或进口自中国的苯胺启动反倾销立案调查。

2020年1月24日,印度商工部对原产于或进口自中国的苯胺启动反倾销立案调查。本案涉及印度海关编码29214110项下产品。

(13)印度对原产于或进口自中国的PVC装饰贴膜启动反倾销立案调查。

2020年2月7日,印度商工部对原产于或进口自中国的PVC装饰贴膜启动反倾销立案调查。本案涉及印度海关编码39199090项下产品及39191000、39199010、39199020、39199090、39209919、39209959、39209999、39219099和39269099项下部分产品。

(14)印度对原产于或进口自中国大陆、中国台湾地区和马亚西亚的黑色墨粉启动反倾销立案调查。

2020年2月10日,印度商工部对原产于或进口自中国大陆、中国台湾地区和马来西亚的黑色墨粉启动反倾销立案调查。涉案产品归于印度海关编码37079010项下,此外也曾用税号37079090进口。但彩色墨粉、MICR墨粉(支票印刷的专用墨粉)、原始设备制造商印刷设备的进口墨粉、印刷设备的墨粉、墨盒中的墨粉以及液体墨粉不在此次调查范围内。

(15)印度对原产于或进口自中国、韩国、马来西亚、尼泊尔、斯里兰卡和泰国的铜和铜合金扁轧制品启动反倾销立案调查。

2020年4月20日,印度商工部对原产于或进口自中国、韩国、马来西亚、尼泊尔、斯里兰卡和泰国的铜和铜合金扁轧制品启动反倾销立案调查。本案涉及印度海关编码 74091100、74091900、74092100、74092900、74093100、74093900、74094000、74099000项下产品及74101100、74101200项下部分产品。

(16)印度对原产于或进口自中国的天然云母珠光工业颜料启动反倾销立案调查。

2020年5月9日,印度商工部对原产于或进口自中国的非化妆品级的天然云母珠光工业颜料启动反倾销立案调查。本案涉及印度海关编码320611项下产品。

(17)印度对原产于或进口自中国、印度尼西亚、韩国和泰国的邻苯二甲酸酐启动反倾销立案调查。

2020年5月21日,印度商工部对原产于或进口自中国、印度尼西亚、韩国和泰国的邻苯二甲酸酐启动反倾销立案调查。本案涉及印度海关编码29173500项下产品。

(18)印度对原产于或进口自中国、印度尼西亚、尼泊尔和越南的涤纶纱线启动反倾销立案调查。

2020年5月21日,印度商工部对原产于或进口自中国、印度尼西亚、尼泊尔和越南的涤纶纱线(或涤纶短纤纱线)启动反倾销立案调查。本案涉及印度海关编码55092100项下产品。

(19)印度对原产于或进口自中国、欧盟、日本和俄罗斯的丁腈橡胶启动反倾销立案调查。

2020年5月26日,印度商工部对原产于或进口自中国、欧盟、日本和俄罗斯的丁腈橡胶启动反倾销立案调查。本案涉及印度海关编码40025900项下产品。

(20)印度对原产于或进口自中国、韩国和美国的橡胶助剂 PX-13 启动反倾销立案调查。

2020年5月27日,印度商工部对原产于或进口自中国、韩国和美国的橡胶助剂PX-13启动反倾销立案调查。本案涉及印度海关编码3812项下产品。

(21)印度对原产于或进口自中国、印度尼西亚、马来西亚和泰国的铝箔启动反倾销立案调查。

2020年6月20日,印度商工部对原产于或进口自中国、印度尼西亚、马来西亚和泰国的小于等于80微米的铝箔启动反倾销立案调查。本案涉及印度海关编码760711、76071110、76071190、760719、76071910、76071991、76071992、76071993、76071994、76071995、76071999、760720、76072010和76072010项下产品。

(22)印度对原产于或进口自中国的乙酰乙酰基衍生物启动反倾销立案调查。

2020年8月21日,印度商工部对原产于或进口自中国的芳香族化合物或杂环化合物的乙酰乙酰基衍生物(别名芳基化物)启动反倾销立案调查。本案涉及印度海关编码29242920和29242990项下产品。

(23)印度对原产于或进口自中国的维生素C启动反倾销立案调查。

2020年9月4日,印度商工部对原产于或进口自中国的维生素C启动反倾销立案调查。本案涉及印度海关编码29362700项下产品。

(24)印度对原产于或进口自中国的铝扁轧制品启动反倾销立案调查。

2020年9月8日,印度商工部对原产于或进口自中国的铝扁轧制品启动反倾销立案调查。本案涉及印度海关编码7606和7607项下产品。

(25)印度对原产于或进口自中国和韩国的亚硫酸氢钠启动反倾销立案调查。

2020年9月16日,印度商工部对原产于或进口自中国和韩国的亚硫酸氢钠启动反倾销立案调查。本案涉及印度海关编码28311010和28321020项下产品。

(26)印度对原产于或进口自中国和韩国的未处理气相二氧化硅启动反倾销立案调查。

2020年9月22日,印度商工部对原产于或进口自中国和韩国的未处理气相二氧化硅启动反倾销立案调查。本案涉及印度海关编码28112200项下产品和28112190、28391900和34049090项下部分产品。

(27)印度对原产于或进口自中国的头孢三嗪钠启动反倾销立案调查。

2020年9月24日,印度商工部对原产于或进口自中国的头孢三嗪钠启动反倾销立案调查。本案涉及印度海关编码29411090、29419090和29420090项下产品。

(28)印度对原产于或进口自中国和美国的过硫酸盐启动反倾销立案调查。

2020年9月28日,印度商工部对原产于或进口自中国和美国的过硫酸盐启动反倾销立案调查。本案涉及印度海关编码283340项下产品和28334000项下部分产品。

(29)印度对原产于或进口自中国的硅酮密封胶启动反倾销立案调查。

2020年9月28日,印度商工部对原产于或进口自中国的硅酮密封胶启动反倾销立案调查。此次调查的产品不包括用于太阳能光伏组件和热电应用的硅酮密封胶。本案涉及印度海关编码32和35项下产品。

(30)印度对原产于或进口自中国的氢氟碳化物R-32启动反倾销立案调查。

2020年9月28日,印度商工部对原产于或进口自中国的氢氟碳化物R-32启动反倾销立案调查。本案涉及印度海关编码290339项下产品。

(31)印度对原产于或进口自中国的HFC制冷剂产品启动反倾销立案调查。

2020年9月30日,印度商工部对原产于或进口自中国的HFC制冷剂产品启动反倾销立案调查。本案涉及印度海关编码38247800项下产品。

(32)印度对原产于或进口自中国的装饰纸启动反倾销立案调查。

2020年9月30日,印度商工部对原产于或进口自中国的装饰纸启动反倾销立案调查。本案涉及印度海关编码48059100项下产品和编码48022090项下部分产品。

5. 越南对中国出口产品发起反倾销调查情况

(1)越南对原产于中国的冷轧碳钢板/卷启动反倾销立案调查。

2019年9月3日,越南工贸部对原产于中国的宽度小于1600毫米、厚度为0.108~2.55毫米的冷轧碳钢板/卷启动反倾销立案调查。

(2)越南对原产于中国的铝型材启动反倾销立案调查。

2019年1月11日,越南工贸部对原产于中国的铝制合金或非合金型材启动反倾销调查。本案涉及越南海关编码76041010、76041090、76042190、76042910和76042990项下产品。

(3)越南对原产于中国、泰国和马来西亚的双轴取向聚丙烯薄膜启动反倾销立案调查。

2019年8月5日,越南工贸部对原产于中国、泰国和马来西亚的双轴取向聚丙烯薄膜启动反倾销立案调查。

(4)越南对原产于中国和印度尼西亚的味精启动反倾销立案调查。

2019年10月31日,越南工贸部对原产于中国和印度尼西亚的味精(MSG)启动反倾销立案调查。

(5)越南对原产于中国、印度、印度尼西亚和马来西亚的聚酯长丝纱线发起反倾销调查。

2020年4月6日,越南工贸部对原产于中国、印度、印度尼西亚和马来西亚的聚酯长丝纱线产品发起反倾销调查。本案涉及越南海关编码54023300、54024600和

54024700项下产品。

(6)越南对原产于中国和韩国的高果糖玉米糖浆启动反倾销立案调查。

2020年6月29日,越南工贸部对原产于中国和韩国的高果糖玉米糖浆启动反倾销立案调查。涉案产品越南海关编码为17026010和17026020。

(7)越南对进口自中国、印度和印度尼西亚的山梨糖醇启动反倾销立案调查。

2020年12月11日,越南工贸部对进口自中国、印度和印度尼西亚的山梨糖醇启动反倾销立案调查。本案涉及越南海关编码29054400和38246000项下产品。

6. 印度尼西亚对中国出口产品发起反倾销调查情况

(1)印度尼西亚对进口自中国和马来西亚的冷轧不锈钢发起反倾销立案调查。

2019年10月23日,印度尼西亚反倾销委员会对进口自中国和马来西亚的冷轧不锈钢产品发起反倾销立案调查。涉案产品印度尼西亚海关编码为72193200、72193300、72193400、72193500、72199000、72202010、72202090、72209010和72209090。

(2)印度尼西亚对原产于中国和越南的镀铝锌涂层钢产品发起反倾销立案调查。

2019年8月26日,印度尼西亚反倾销委员会对原产于中国和越南的镀铝涂层钢产品发起反倾销立案调查。本案主要涉及印度尼西亚海关编码72106111、72125023、72125024、72125029、72259990、72269919和72269999项下产品。

(3)印度尼西亚对原产于中国的聚丙烯薄膜发起反倾销立案调查。

2019年8月7日,印度尼西亚反倾销委员会对原产于中国的聚丙烯薄膜产品发起反倾销立案调查。本案主要涉及印度尼西亚海关编码39202010、39202091和39202099项下产品。

(4)印度尼西亚对原产于中国的热轧钢卷发起反倾销立案调查。

2020年3月9日,印度尼西亚反倾销委员会对原产于中国的热轧钢卷发起反倾销立案调查。本案涉及印度尼西亚海关编码72253090项下产品。

(5)印度尼西亚对原产于中国的赖氨酸发起反倾销立案调查。

2020年3月23日,印度尼西亚反倾销委员会对原产于中国的赖氨酸产品发起反倾销立案调查。被调查产品印度尼西亚海关编码为29224100。

7. 泰国对中国出口产品发起反倾销调查情况

(1)泰国对原产于中国的热镀锌冷轧钢卷材或非卷材启动反倾销立案调查。

2020年2月21日,泰国对原产于中国的热镀锌冷轧钢卷材或非卷材启动反倾销立案调查。涉案产品泰国海关编码为72104912021、72104912022、72104912023、72104912024、72104912031、72104912032、72104912033、72104912034、72104912090、

72104913021、72104913031、72104913090、72104919021、72104919031、72104919090、72104991000、72104999000、72123011021、72123011031、72123011090、72123012021、72123012031、72123012090、72123013011、72123013090、72123019011、72123019090 和 72259290090。

(2) 泰国对原产于中国大陆、中国台湾地区、欧盟和韩国的镀锡钢板卷启动反倾销立案调查。

2020 年 4 月 7 日，泰国对原产于中国大陆、中国台湾地区、欧盟和韩国的镀锡钢板卷启动反倾销立案调查。涉案产品泰国海关编码为 72101290021、72101290022、72101290023、72101290024、72101290025、72101290026、72101290029、72101290031、72101290032、72101290033、72101290034、72101290035、72101290036、72101290039 和 72101290090。

(3) 泰国对原产于中国、韩国和欧盟的无锡钢板启动反倾销立案调查。

2020 年 5 月 15 日，泰国对原产于中国、韩国和欧盟的无锡钢板启动反倾销立案调查。涉案产品泰国海关编码为 72105000021、72105000022、72105000023、72105000024、72105000025、72105000026、72105000029 和 72105000090。

(4) 泰国对原产于中国、印度尼西亚和马来西亚的双向拉伸聚丙烯薄膜启动反倾销立案调查。

2020 年 8 月 21 日，泰国商业部外贸厅对原产于中国、印度尼西亚和马来西亚的密度为 0.90～0.91 克/立方厘米的双向拉伸聚丙烯薄膜（也称 BOPP 薄膜）启动反倾销立案调查。本案涉及泰国海关编码 39202010 项下产品。

8. 马来西亚对中国出口产品发起反倾销调查情况

(1) 马来西亚对原产于或进口自中国的铁或非合金钢冷轧板卷启动反倾销立案调查。

2019 年 3 月 29 日，马来西亚国际贸易与工业部对原产于或进口自中国的铁或非合金钢冷轧板卷启动反倾销立案调查。涉案产品马来西亚协调关税税号为 7209150000、7209169000、7209179000、7209189900 和 7225509000。

(2) 马来西亚对原产于或进口自中国、韩国和越南的镀铝或镀锌非合金钢扁轧制品启动反倾销立案调查。

2020 年 3 月 13 日，马来西亚国际贸易与工业部对原产于或进口自中国、韩国和越南的镀铝或镀锌非合金钢扁轧制品启动反倾销立案调查。涉案产品马来西亚协调关税税号为 7210611100、7210611200、7210611900、7210619100、7210619200、7210619900、7212502300、7212502490、7212502910 和 7212502990。

(3)马来西亚对原产于或进口自中国、印度尼西亚、日本、韩国、美国和越南的聚对苯二甲酸乙二醇酯启动反倾销立案调查

2020年7月28日,马来西亚国际贸易与工业部对原产于或进口自中国、印度尼西亚、日本、韩国、美国和越南的特性粘度为0.70分升/克及以上的聚对苯二甲酸乙二醇酯启动反倾销立案调查。

9. 巴基斯坦对中国出口产品发起反倾销调查情况

(1)巴基斯坦对原产于或进口自中国大陆、中国台湾地区、韩国和俄罗斯的邻苯二甲酸酐启动反倾销立案调查。

2019年12月7日,巴基斯坦国家关税委员会对原产于或进口自中国大陆、中国台湾地区、韩国和俄罗斯的邻苯二甲酸酐启动反倾销立案调查。涉案产品巴基斯坦海关编码为2917.3500。

(2)巴基斯坦对原产于中国的电容器发起反倾销立案调查。

2020年1月23日,巴基斯坦国家关税委员会对原产于中国的电容器发起反倾销立案调查。涉案产品巴基斯坦海关编码为85321000、85322200、85322500、85322900和85323090。

10. 土耳其对原产于中国的塑料安抚奶嘴等启动反倾销立案调查

2019年8月4日,土耳其对原产于中国的塑料安抚奶嘴、塑料奶瓶和吸奶器等母乳喂养及其护理用品启动反倾销立案调查。涉案产品土耳其海关编码为392321000011、392329100011、392329900011、392330100019、392410000011、392410000019、392490000011、392490000019、392690979018、841410819000 和841410899000。

11. 巴西对中国出口产品发起反倾销调查情况

(1)巴西对原产于中国的铅笔启动反倾销立案调查。

2019年8月16日,巴西经济部对原产于中国的铅笔启动反倾销立案调查。涉案产品南方共同市场海关编码为96091000。

(2)巴西对原产于中国的无缝合金钢瓶发起反倾销立案调查。

2020年2月16日,巴西对原产于中国的无缝合金钢瓶产品发起反倾销立案调查。涉案产品南方共同市场编码为73110000。

(3)巴西对原产于中国的铝板产品发起反倾销立案调查。

2020年7月29日,巴西对原产于中国的铝板产品发起反倾销立案调查。涉案产品南方共同市场海关编码为76061190、76061290、76069100、76069200、76071190和76071990。

(4)巴西对原产于中国的袜子产品发起反倾销立案调查。

2020年8月17日,巴西对原产于中国的袜子产品发起反倾销立案调查。本案涉及南方共同市场海关编码6115项下全部24项产品和编码6111项下全部4项产品。

12. 墨西哥对中国出口产品发起反倾销调查情况

(1)墨西哥对原产于中国的瓶式液压千斤顶启动反倾销立案调查

2019年11月1日,墨西哥经济部对原产于中国的顶升力为1.5～20吨、整体式瓶式液压千斤顶启动反倾销立案调查。涉案产品TIGIE税号为84254202。

(2)墨西哥对原产于中国的铝盘启动反倾销立案调查。

2019年8月9日,墨西哥经济部对原产于中国的铝盘启动反倾销立案调查。涉案产品TIGIE税号为76169910。

(3)墨西哥对原产于中国的拉链启动反倾销立案调查。

2019年8月2日,墨西哥经济部对原产于中国的装有金属齿的拉链启动反倾销立案调查。涉案产品TIGIE税号为96071101。

(4)墨西哥对原产于中国大陆和台湾地区的冷轧不锈钢板启动反倾销立案调查。

2019年4月5日,墨西哥经济部对原产于中国大陆和台湾地区的冷轧不锈钢板启动反倾销立案调查。涉案产品TIGIE税号为72193401、72193501、72202002、98020001、98020002、98020003、98020007、98020010、98020013和98020019。

(5)墨西哥对原产于中国的风电塔筒启动反倾销立案调查。

2019年4月16日,墨西哥经济部对原产于中国的风电塔筒启动反倾销立案调查。涉案产品TIGIE税号为85023101。

(6)墨西哥对原产于中国的涤纶长丝启动反倾销立案调查。

2020年3月31日,墨西哥经济部对原产于中国的涤纶长丝启动反倾销立案调查。涉案产品墨西哥海关编码为54023301。

13. 阿根廷对中国出口产品发起反倾销调查情况

(1)阿根廷对原产于中国的非电动三轮车启动反倾销立案调查。

2019年9月17日,阿根廷生产与劳工部对原产于中国的非电动三轮车发起反倾销立案调查。涉案产品南方共同市场海关编码为950.0.10。

(2)阿根廷对原产于中国、印度、孟加拉、斯里兰卡和马来西亚的手套启动反倾销立案调查。

2019年8月6日,阿根廷生产与劳工部对原产于中国、印度、孟加拉、斯里兰卡和马来西亚的手套发起反倾销立案调查。本案涉及南方共同市场海关编码61161000项下产品。

(3)阿根廷对原产于中国的电动机启动反倾销立案调查。

2019年6月21日,阿根廷生产与劳工部对原产于中国的单相异步交流电动机和通用电动机发起反倾销立案调查。本案涉及南方共同市场海关编码85011029、85011030、85012000和85014019项下产品。

(4)阿根廷对原产于中国的家用电烤箱启动反倾销立案调查。

2019年6月12日,阿根廷生产与劳工部对原产于中国的容量大于等于18升但不超过60升的非内嵌式家用电烤箱启动反倾销立案调查。本案涉及南方共同市场海关编码85166000项下产品。

(5)阿根廷对原产于中国和巴西的铝管启动反倾销立案调查。

2019年5月7日,阿根廷生产与劳工部对原产于中国和巴西的铝管发起反倾销立案调查。本案涉及南方共同市场海关编码76081000和76082090项下产品。

(6)阿根廷对原产于中国的电焊机启动反倾销立案调查。

2019年4月26日,阿根廷生产与劳工部对原产于中国的电焊机发起反倾销立案调查。本案涉及南方共同市场海关编码85153190和85153900项下产品。

(7)阿根廷对原产于中国的喷雾装置启动反倾销立案调查。

2019年4月17日,阿根廷生产与劳工部对原产于中国的喷雾装置启动反倾销立案调查。涉案产品南方共同市场海关编码为84248990。

(8)阿根廷对原产于中国的皂液按压头启动反倾销立案调查。

2019年4月17日,阿根廷生产与劳工部对原产于中国的皂液按压头启动反倾销立案调查。涉案产品南方共同市场海关编码为84798999。

(9)阿根廷对原产于中国的铝板启动反倾销立案调查。

2019年2月25日,阿根廷生产与就业部对原产于中国的铝板发起反倾销立案调查。涉案产品南方共同市场海关编码为76069100和76069200。

(10)阿根廷对原产于中国的HFC混配制冷剂启动反倾销立案调查。

2019年2月25日,阿根廷生产与就业部对原产于中国的HFC混配制冷剂发起反倾销立案调查。涉案产品南方共同市场海关编码为38247810和38247890。

(11)阿根廷对原产于中国的铝箔启动反倾销立案调查。

2019年3月8日,阿根廷生产与就业部对原产于中国的铝箔发起反倾销立案调查。涉案产品南方共同市场海关编码为76071190。

(12)阿根廷对进口自中国的粒状发泡聚苯乙烯启动反倾销立案调查。

2020年5月26日,阿根廷生产发展部对进口自中国的粒状发泡聚苯乙烯启动反倾销立案调查。涉案产品南方共同市场海关编码为39031100和39031120。

(13)阿根廷对原产于中国大陆和中国台湾地区的膨胀聚苯颗粒启动反倾销立案调查。

2020年5月26日,阿根廷生产发展部对原产于中国大陆和中国台湾地区的膨胀聚苯颗粒发起反倾销立案调查。涉案产品南方共同市场海关编码为39031110和39031120。

(14)阿根廷对原产于中国的割草机启动反倾销立案调查。

2020年2月3日,阿根廷生产发展部对原产于中国的手动操作割草机启动反倾销立案调查。涉案产品南方共同市场税海关编码为84672999和84331100。

(15)阿根廷对原产于中国的摩托车链条启动反倾销立案调查。

2020年11月9日,阿根廷生产发展部对原产于中国的摩托车链条启动反倾销立案调查。涉案产品南方共同市场海关编码为87141000。

14. 秘鲁对中国出口产品发起反倾销调查情况

(1)秘鲁对原产于中国的府绸织物启动反倾销立案调查。

2019年2月15日,秘鲁对原产于中国的府绸织物发起反倾销立案调查。涉案产品为幅宽小于1.8米、单位克重在90~200克/平方米的塔夫绸型、白色或染色涤棉原布。

(2)秘鲁对原产于中国的涤纶面料启动反倾销立案调查。

2020年2月6日,秘鲁对原产于中国的100%涤纶面料发起反倾销立案调查。涉案产品秘鲁海关编码为5512110000和5512190000。

(3)秘鲁对原产于中国的涤棉混纺织物启动反倾销立案调查。

2020年10月14日,秘鲁对原产于中国的涤棉混纺织物发起反倾销立案调查。涉案产品为涤棉短纤维制成的(涤纶重量占比超过50%)、幅宽不超过1.80米、单位克重在80~130克/平方米的单色(本色、漂白及染色)平纹织物。

(4)秘鲁对原产于中国的拉链及其零部件启动反倾销立案调查。

2020年12月9日,秘鲁对原产于中国的拉链及其零部件启动反倾销立案调查。涉案产品秘鲁海关编码为9607110000、9607190000和9607200000。

15. 智利对中国出口产品发起反倾销调查情况

(1)智利对进口自中国的钢制研磨球发起反倾销立案调查。

2020年4月27日,智利对进口自中国的钢制研磨球(直径小于4英寸)开展反倾销立案调查。涉案产品智利海关编码为73261100。

(2)智利对原产于中国的钢棒启动反倾销立案调查。

2020年9月11日,智利对原产于中国的用于制造直径小于4英寸的研磨球的钢棒启动反倾销立案调查。涉案产品智利海关编码为 72283000。

16. 哥伦比亚对中国出口产品发起反倾销调查情况

(1)哥伦比亚对原产于中国的石油及天然气管道管启动反倾销立案调查。

2020 年 5 月 11 日,哥伦比亚贸工旅游部对原产于中国的石油和天然气管道用无缝钢管和焊接钢管启动反倾销立案调查。涉案产品哥伦比亚海关编码为 7304190000 和 7306190000。

(2)哥伦比亚对原产于中国的无框涂层镜发起反倾销立案调查。

2020 年 7 月 21 日,哥伦比亚贸工部对原产于中国的无框涂层镜启动反倾销立案调查。涉案产品南方共同市场海关编码为 7009910000。

(3)哥伦比亚对原产于中国的亚克力板启动反倾销立案调查。

2020 年 8 月 27 日,哥伦比亚贸工旅游部对原产于中国的亚克力板启动反倾销立案调查。涉案产品哥伦比亚海关编码为 3920510000。

(4)哥伦比亚对原产于中国的镀锌钢型材启动反倾销立案调查。

2020 年 9 月 2 日,哥伦比亚贸工旅游部对原产于中国的合金和非合金镀锌钢型材启动反倾销立案调查。涉案产品哥伦比亚海关编码为 7216610000、7216690000、7216910000、7216990000 和 7228700000。

17. 乌拉圭对原产于中国的电热水器启动反倾销自主立案调查

2020 年 12 月 3 日,乌拉圭经济财政部对原产于中国的电热水器发起反倾销自主立案调查。涉案产品乌拉圭海关编码为 8516100010。

18. 摩洛哥对中国机织地毯及其他纺织地面覆盖物发起反倾销立案调查。

2020 年 12 月 31 日,摩洛哥对中国的机织地毯及其他纺织地面覆盖物发起反倾销立案调查。涉案产品摩洛哥海关编码为 5701100010、5701100090、5701900010、5701900090、5702310000、5702320000、5702390010、5702390090、5702410000、5702420000、5702490010、570490090、5702500010、5702500020、5702500091、5702500099、5702910000、5702920000、5702990010、5702990090、5703100010、5703100091、5703100099、5703200010、5703200091、5703200099、5703300010、5703300091、5703300099、5703900010、5703900091、5703900092、5703900099、5704100000、5704200000、5704900000、5705000010、5705000021、5705000029、5705000030、5705000040、5705000051、5705000059、5705000060 和 5705000090。

19. 埃及对中国出口产品发起反倾销调查情况

(1)埃及对原产于或进口自中国的磺化萘甲醛产品发起反倾销立案调查。

2019 年 5 月 18 日,埃及对原产于或进口自中国的磺化萘甲醛(SNF)产品发起反倾销立案调查。涉案产品税号为382440。

(2)埃及对原产于或进口自中国的卡、客车轮胎产品发起反倾销立案调查。

2019年10月22日,埃及对原产于或进口自中国、印度、印度尼西亚、泰国的卡、客车轮胎产品发起反倾销立案调查。涉案产品税号为4011200010。

(3)埃及对原产于或进口自中国的预应力混凝土钢绞线产品发起反倾销立案调查。

2020年5月16日,埃及贸工部对原产于或进口自中国、突尼斯和土耳其的预应力混凝土钢绞线产品发起反倾销立案调查。涉案产品税号为73089010。

(4)埃及对原产于或进口自中国、印度和俄罗斯硅铁合金产品发起反倾销立案调查。

2020年8月23日,埃及贸工部对原产于或进口自中国、印度和俄罗斯的硅铁合金产品发起反倾销立案调查。涉案产品税号为720221720229。

二、2019—2020年境外对中国出口产品发起反补贴调查情况

(一)美国对中国出口产品发起反补贴调查情况

1. 美国对进口自中国的液力端进行反补贴立案调查

2020年1月9日,美国商务部对进口自中国的液力端发起反补贴立案调查。本案涉及美国协调关税税号7218910030、7218990030、7224900015、7224900045、7326190010、7326908688和8413919055项下部分产品。

2. 美国对进口自中国的床垫进行发补贴立案调查

2020年4月21日,美国商务部对进口自中国的床垫发起反补贴立案调查。本案涉及美国协调关税税号9404210010、9404210013、9404291005、9404291013、9404299085和9404299087等项下产品。

(二)欧盟对中国出口产品发起反补贴调查情况

1. 欧盟对原产于中国和埃及的玻璃纤维织物进行反倾补贴立案调查

2019年5月16日,欧盟委员会对原产于中国和埃及的玻璃纤维织物进行反补贴立案调查。涉案产品欧盟CN编码为ex70193900、ex70194000、ex70195900和ex70199000(TARIC编码为7019390080、7019400080、7019590080和7019900080)。

2. 欧盟对原产于中国和印度尼西亚的热轧不锈钢板材和卷材进行反补贴立案调查

2019年10月10日,欧盟委员会对原产于中国和印度尼西亚的热轧不锈钢板材和卷材进行反补贴立案调查。涉案产品欧盟HS编码为721911、721912、721913、

721914、721922、721923、721924、722011 和 722012。

3. 欧盟对原产于中国的铝转换箔产品进行反补贴立案调查

2020年12月4日,欧盟委员会对原产于中国的厚度小于0.021毫米、无支撑、经轧制、重量超过10千克的铝转换箔产品进行反补贴立案调查。涉案产品欧盟 CN 编码为 ex76071119（TARIC 编码 7607111960 和 7607111991）。

(三)印度对原产于或进口自中国的粘胶长丝纱线启动反补贴立案调查

2020年7月20日,印度商工部对原产于或进口自中国的60旦以上粘胶长丝纱线启动反补贴立案调查。本案涉及印度海关编码 540120、540331、540332 和 540341 项下产品以及编码 54012000、54033100、54033200、54034110、54034120、54034130、54034150、54034170、54034190、54034290 和 54034990 项下部分产品。

三、2019—2020年境外对中国出口产品发起"双反"调查情况

(一)美国对中国出口产品发起"双反"调查情况

1. 美国对进口自中国的玻璃容器进行"双反"立案调查

2019年10月16日,美国商务部对进口自中国的玻璃容器发起反倾销和反补贴立案调查。本案涉及美国协调关税税号 7010905005、7010905009、7010905015、7010905019、7010905025、7010905029、7010905035、7010905039、7010905045、7010905049 和 7010905055 项下产品。

2. 美国对进口自中国的订书钉进行"双反"立案调查

2019年6月27日,美国商务部对进口自中国的订书钉发起反倾销和反补贴立案调查。本案涉及美国协调关税税号 8305200000 项下产品。

3. 美国对进口自中国的立式金属文件柜进行"双反"立案调查

2019年5月21日,美国商务部宣布对进口自中国的立式金属文件柜发起反倾销和反补贴立案调查。本案涉及美国 HS 税号 9403100020 项下产品及税号 9403100040、9403200080、9403200090 项下部分产品。

4. 美国对进口自中国的瓷砖进行"双反"立案调查

2019年5月1日,美国商务部对进口自中国的瓷砖发起反倾销和反补贴立案调查。本案涉及美国协调关税税号 6907211011、6907211051、6907212000 等项下产品以及税号 6914108000、6914908000、6905100000 和 690590005 项下部分产品。

5. 美国对进口自中国的木柜和浴室柜进行"双反"立案调查

2019年3月27日,美国商务部对进口自中国的木柜和浴室柜发起反倾销和反补贴立案调查。本案涉及美国协调关税税号 9403409060 和 9403608081 项下产品及税

号 9403907080 项下部分产品。

6. 美国对进口自中国大陆的碳合金钢螺杆进行"双反"立案调查

2019 年 3 月 14 日,美国商务部对进口自中国大陆、中国台湾地区、印度和泰国的碳合金钢螺杆发起反倾销立案调查,同时对进口自中国大陆和印度的涉案产品发起反补贴立案调查。本案涉及美国协调关税税号 7318155051、7318155056 和 7318155090 项下产品以及税号 7318152095 和 7318190000 项下部分产品。

7. 美国对进口自中国的集装箱拖车底盘及其部件进行"双反"立案调查

2020 年 8 月 20 日,美国商务部对进口自中国的集装箱拖车底盘及其部件发起反倾销和反补贴立案调查。本案涉及美国协调关税税号 8716390090 和 8716905060 项下产品。

8. 美国对进口自中国的扎口丝产品进口"双反"立案调查

2020 年 7 月 17 日,美国商务部对进口自中国的扎口丝产品进行反倾销和反补贴立案调查。本案涉及美国协调关税税号 8309900000 和 5609003000 项下产品。

9. 美国对进口自中国的金属储物柜及其零部件进行"双反"立案调查

2020 年 7 月 30 日,美国商务部对进口自中国的金属储物柜及其零部件启动反倾销和反补贴立案调查。本案涉及美国协调关税税号 9403200078、9403200080(前两个税号为 2019 年 7 月之前进口产品的税号)和 9403908041 项下产品。

10. 美国对进口自中国的手扶式割草机及其零部件进行"双反"立案调查

2020 年 6 月 16 日,美国商务部对进口自中国的手扶式割草机及其零部件发起反倾销和反补贴立案调查。本案涉及美国协调关税税号 8433110050 项下产品。

11. 美国对进口自中国的非重复充装钢瓶进行"双反"立案调查

2020 年 4 月 17 日,美国商务部对进口自中国的非重复充装钢瓶发起反倾销和反补贴立案调查。本案涉及美国协调关税税号 7311000060 和 7311000090 项下产品以及税号 7310290025 和 7310290050 项下部分产品。

12. 美国对进口自中国的排量为 99～225cc 的立式发动机及其零部件进行"双反"立案调查

2020 年 4 月 8 日,美国商务部对进口自中国的排量为 99～225cc 的立式发动机及其零部件发起反倾销和反补贴立案调查。本案涉及美国协调关税税号 8407901010、8409919990、8433110050、8433110060 和 8424309000 项下产品以及税号 8407901020、8407909040 和 8407909060 项下部分产品。

13. 美国对进口自中国和巴西的木质装饰线条进行"双反"立案调查

2020 年 1 月 29 日,美国对进口自中国和巴西的木制模具和木工制品发起反倾销和反补贴立案调查。本案涉及美国协调关税税号 4409104010、4409104090、4409104500、4409105000、4409224000、4409225000、4409294000、4409294100、4409295000 和 4409295100 项下产品。

14. 美国对进口自中国的垂立式发动机及其零部件进行"双反"立案调查

2020 年 2 月 5 日,美国商务部对进口自中国的排量为 225~999cc 的立式发动机及其零部件发起反倾销和反补贴立案调查。本案涉及美国协调关税税号 8407901020、8407901060、8407901080 和 8409919990 项下产品以及税号 8407909060 和 8407909080 项下部分产品。

15. 美国对进口自中国的缓蚀剂进行"双反"立案调查

2020 年 2 月 26 日,美国商务部对进口自中国的缓蚀剂发起反倾销和反补贴立案调查。本案涉及美国协调关税税号 2933998210 和 2933998220 项下产品。

(二)加拿大对中国出口产品发起"双反"调查情况

1. 加拿大对进口自中国的铜管件启动"双反"再调查

2019 年 1 月 31 日,加拿大对进口自中国、美国和韩国的铜管件启动反倾销再调查,同时对进口自中国的铜管件启动反补贴再调查。涉案产品加拿大海关编码为 7412100011、7412100019、7412100090、7412200011、7412200012、7412200019 和 7412200090。

2. 加拿大对原产于或进口自中国的装饰和其他非结构胶合板启动"双反"立案调查

2020 年 6 月 11 日,加拿大边境服务署对原产于或进口自中国的装饰和其他非结构胶合板启动反倾销和反补贴立案调查。涉案产品加拿大海关编码为 4412100000、4412330020、4412340000、4412390022、4412940000、4412999030、4412310000、4412330030、4412390010、4412390023、4412991000、4412999090、4412330010、4412330090、4412390021、4412390090 和 4412999010。

3. 加拿大对原产于或进口自中国和越南的软垫式座椅启动"双反"立案调查

2020 年 12 月 21 日,加拿大边境服务署对原产于或进口自中国和越南的软垫式座椅发起反倾销和反补贴立案调查。此次调查的产品包括沙发、沙发床、家庭影院座椅、带软垫的椅子、凳子、脚蹬、蒲团等。涉案产品的加拿大海关编码为 9401400000、9401611010、9401611090 和 9401711010 和 9401711090。

(三)澳大利亚对中国出口产品发起"双反"调查情况

1. 澳大利亚对进口自中国大陆、中国台湾地区、韩国和越南的精密钢管启动"双反"立案调查

2020年3月31日,澳大利亚反倾销委员会对进口自中国大陆、中国台湾地区、韩国和越南的精密钢管启动反倾销和反补贴立案调查。涉案产品的澳大利亚海关编码为7306300030、7306500045和7306610021。

2. 澳大利亚对进口自中国的彩钢带启动"双反"立案调查

2020年5月27日,澳大利亚反倾销委员会对进口自中国的彩钢带启动反倾销和反补贴立案调查。涉案产品澳大利亚海关编码为7212400062。

3. 澳大利亚对进口自中国和越南的镀铝锌板启动"双反"立案调查

2020年6月30日,澳大利亚反倾销委员会对进口自中国和越南的宽度小于600毫米的镀铝锌板启动反倾销和反补贴立案调查。涉案产品澳大利亚海关编码为7212500066和7226990071。

4. 澳大利亚对进口自中国的铜管启动"双反"立案调查

2020年7月13日,澳大利亚反倾销委员会对进口自中国的铜管启动反倾销和反补贴立案调查。涉案产品澳大利亚海关编码为7411100011。

(四)欧盟对原产于中国的光缆启动"双反"立案调查

2020年9月24日,欧盟委员会对原产于中国的光缆进行反倾销立案调查;2020年12月21日,欧盟委员会对原产于中国的光缆进行反补贴立案调查。涉案产品欧盟CN为ex85447000(TARIC编码为8544700010)。

四、2019—2020年境外对中国出口产品发起保障措施调查情况

(一)发达经济体对中国出口产品发起保障措施调查情况

1. 美国对进口新鲜、冷藏或冷冻蓝莓发起保障措施立案调查

2020年10月6日,美国国际贸易委员会对进口新鲜、冷藏或冷冻蓝莓启动保障措施立案调查。本案涉及美国协调关税税号0810400024、0810400026、0810400029、0811902010、0811902024和0811902030项下产品。

2. 英国对进口钢产品保障措施发起保障措施立案调查

2020年10月1日,英国对进口钢产品启动保障措施立案调查,审查"脱欧"过渡期结束之后,英国对钢产品的保障措施是否应调整、延期或取消。

(二)发展中经济体对中国出口产品发起保障措施调查情况

1. 欧亚经济联盟对中国出口产品发起保障措施调查情况

(1)欧亚经济联盟对进口微波炉产品启动保障措施立案调查。

2019年3月1日,欧亚经济联盟对进口微波炉产品启动保障措施立案调查。涉案产品欧亚经济联盟税号为8516500000。

(2)欧亚经济联盟对进口不锈钢焊接管启动保障措施立案调查。

2019年3月4日,欧亚经济联盟对进口不锈钢焊接管启动保障措施立案调查。涉案产品欧亚经济联盟税号为7306402009、7306408001、7306408008、7306611009和7306691009。

2. 乌克兰对中国出口产品发起保障措施调查情况

(1)乌克兰对进口注射器启动保障措施立案调查。

2019年12月7日,乌克兰经济发展和贸易部对进口注射器启动保障措施立案调查。本案涉及乌克兰海关编码9018311000项下产品。

(2)乌克兰对进口氮肥启动保障措施立案调查。

2019年8月28日,乌克兰经济发展和贸易部对进口氮肥启动保障措施立案调查。本案涉及乌克兰海关编码3102(310210和3102800000)和3105项下的产品。

(3)乌克兰对进口复合化肥启动保障措施立案调查。

2019年8月28日,乌克兰经济发展和贸易部对进口复合化肥启动保障措施立案调查。涉案产品乌克兰海关编码为3105。

(4)乌克兰对进口苛性钠启动保障措施立案调查。

2020年2月11日,乌克兰跨部门国际贸易委员会决定对进口苛性钠启动保障措施立案调查。涉案产品乌克兰海关编码为2815120090。

(5)乌克兰对进口聚合材料启动保障措施立案调查。

2020年2月21日,乌克兰跨部门国际贸易委员会对聚合材料启动保障措施立案调查。涉案产品包括比重大于等于0.94的聚乙烯(乌克兰海关编码:3901201000、3901209000)和聚氯乙烯(乌克兰海关编码:3904100000、3904210000、3904220000)。

(6)乌克兰决定对进口鲜切玫瑰发起保障措施立案调查。

2020年5月28日,乌克兰跨部门国际贸易委员会对进口鲜切玫瑰发起保障措施立案调查。涉案产品乌克兰海关编码为06031100。

(7)乌克兰决定对进口电缆产品发起保障措施立案调查。

2020年7月28日,乌克兰跨部门国际贸易委员会对进口电缆产品发起保障措施立案调查。涉案产品乌克兰海关编码为8544492000、8544499100、8544601010、8544601098、8544609010、8544609090、8544700010和8544700090。

3. 印度对中国出口产品发起保障措施调查情况

(1)印度对进口异丙醇启动保障措施立案调查。

2019年11月4日,印度商工部对进口异丙醇启动保障措施立案调查。本案涉及印度海关编码29051220项下产品。

(2)印度对进口单模光纤启动保障措施立案调查。

2019年9月23日,印度商工部对进口单模光纤启动保障措施立案调查。本案涉及印度海关编码9001(90011000)项下产品。

(3)印度对进口苯酚启动保障措施立案调查。

2019年8月23日,印度商工部对进口苯酚启动保障措施立案调查。涉案产品印度海关编码为29071110。

4. 菲律宾对中国出口产品发起保障措施调查情况

(1)菲律宾对进口大米启动保障措施立案调查。

2019年9月11日,菲律宾对进口大米启动保障措施立案调查。涉案产品东盟协调关税税号为10063030(糯米)、10063040(茉莉香米)、10063091(蒸谷米)和10063099(其他大米)。

(2)菲律宾对进口浮法玻璃启动保障措施立案调查。

2019年2月19日,菲律宾对进口浮法玻璃启动保障措施立案调查。本案涉及菲律宾海关编码70052990、70052190和70051090项下产品。

(3)菲律宾对进口机动车发起保障措施立案调查。

2020年2月6日,菲律宾对进口机动车发起保障措施立案调查。涉案产品东盟协调关税税号为87032110、87032129、87032129B、87032190C、87032219B、87032345、87032351B、87032352B、87032353B、87032354B、87032450B、87033120、87033120B、87033241、87033249、87033251B、87033259B、87033291B、87033291D、87033291E、87033299C、87033341、87033342、87033351A、87033351B、87033352B、87033390C、87039051、87042119和87042129。

(4)菲律宾对进口彩涂板进行保障措施立案调查。

2020年6月17日,菲律宾对进口镀锌彩涂板和镀铝锌彩涂板进行保障措施立案调查,主要涉及镀锌彩涂板和镀铝锌彩涂板(东盟协调关税税号为72107011、72107019、72107090、72107091和72107099),也包括涂镀其他材料的钢板(东盟协调关税税号为72109010和72109090)和涂镀钢带(东盟协调关税税号为72124011、72124012、72124019、72124091、72124092和72124099)。

(5)菲律宾对进口镀锌板卷进行保障措施立案调查。

22020年6月17日,菲律宾对进口镀锌板卷进行保障措施立案调查。涉案产品包括镀锌板卷(东盟协调关税税号为72104111、72104119、72104191、72104199、72104991和72104999),以及镀锌带(东盟协调关税税号为72123012、72123013、72123019和72123099)。

(6)菲律宾对进口镀铝锌板卷进行保障措施立案调查。

2020年6月17日,菲律宾对进口镀铝锌板卷进行保障措施调查。涉案产品包括镀铝锌板卷(东盟协调关税税号为72106111、72106119、72106191、72106192、72106199、72106911、72106919、72106991和72106999)及镀铝锌带(东盟协调关税税号为72125019、72125023、72125024、72125029、72125093、72125094和72125099)。

(7)菲律宾对进口高密度聚乙烯颗粒和线性低密度聚乙烯颗粒启动保障措施立案调查。

2020年9月4日,菲律宾对进口高密度聚乙烯颗粒和线性低密度聚乙烯颗粒启动保障措施立案调查。涉案产品菲律宾海关编码为39011012、39011092、39014000和39019090。

5. 印度尼西亚对中国出口产品发起保障措施调查情况

(1)印度尼西亚对进口果糖糖浆启动保障措施立案调查。

2019年11月13日,印度尼西亚保障措施委员会对进口果糖糖浆启动保障措施立案调查。涉案产品印度尼西亚海关编码为17026020。

(2)印度尼西亚对进口窗帘启动保障措施立案调查。

2019年9月18日,印度尼西亚保障措施委员会对进口窗帘(包括帷帘)、百叶窗、床帷及其他装饰用织物制品启动保障措施调查。涉案产品印度尼西亚海关编码为63031200、63031990、63039100、63039200、63039900、63041990、63049190和63049200。

(3)印度尼西亚对进口纱线启动保障措施立案调查。

2019年9月18日,印度尼西亚保障措施委员会对进口合成纤维纱线和人造短纤维纱线(缝纫线除外)启动保障措施立案调查。涉案产品印度尼西亚海关编码为55092200、55093200、55095100、55095300、55101200和55109000。

(4)印度尼西亚对进口织物启动保障措施立案调查。

2019年9月18日,印度尼西亚保障措施委员会对进口织物启动保障措施立案调查。涉案产品印度尼西亚海关编码为52081200、52083200、52084900、52091200、52092200、52092900、52102900、52103900、52104190、52111100、52111900、52112000、52121100、52122400、52122590、54071029、54071091、54072000、55122900、55131100、55131200、55141200、55142100、55142200、55151100、55151200、55159100、55161100、55161300、55161400、58041011、58041019、58041029、58109200、60012100、60019220、60041090、60049000、60052100、60061000、60062100、60062200、60064410和60064490等。

(5)印度尼西亚对进口蒸发器启动保障措施立案调查。

2019年6月12日,印度尼西亚保障措施委员会对进口蒸发器启动保障措施立案调查。涉案产品印度尼西亚海关编码为84189910。

(6)印度尼西亚对进口地毯启动保障措施立案调查。

2020年6月10日,印度尼西亚保障措施委员会对进口地毯和纺织材料的其他铺地制品启动保障措施立案调查。涉案产品印度尼西亚海关编码为57011010、57011090、57019011、57019019、57019020、57019091、57019099、57021000、57022000、57023100、57023200、57023910、57023920、57023990、57024110、57024190、57024210、57024290、57024911、57024919、57024920、57024991、57024999、57025010、57025020、57025090、57029110、57029190、57029210、57029290、57029911、57029919、57029920、57029991、57029999、57031010、57031020、57031030、57031090、57032010、57032090、57033010、57033090、57039011、57039019、57039021、57039022、57039029、57039091、57039092、57039093、57039099、57041000、57042000、57049000、57050011、57050019、57050021、57050029、57050091、57050092和57050099。

(7)印度尼西亚对进口服装及服饰配件启动保障措施立案调查。

2020年10月1日,印度尼西亚保障措施委员会对进口服装及服饰配件启动保障措施立案调查。涉案产品印度尼西亚海关编码为6101、6102、6103、6104、6105、6106、6109、6110、6111、6117、6201、6202、6203、6204、6205、6206、6209和6214。

(8)印度尼西亚对进口卷烟纸启动保障措施立案调查。

2020年10月26日,印度尼西亚保障措施委员会对进口卷烟纸启动保障措施立案调查。涉案产品印度尼西亚海关编码为ex48132000、ex48139010和ex48139090。

(9)印度尼西亚对进口可膨胀聚苯乙烯颗粒发起保障措施立案调查。

2020年11月18日,印度尼西亚保障措施委员会对进口可膨胀聚苯乙烯颗粒发起保障措施立案调查。涉案产品印度尼西亚海关编码为39031110。

6. 摩洛哥对中国出口产品发起保障措施调查情况

(1)摩洛哥对进口焊接钢管启动保障措施立案调查。

2019年10月7日,摩洛哥对进口焊接钢管启动保障措施立案调查。本案涉及摩洛哥海关编码7305311000、7305319900、7305391000、7305399900、7306191090、7306199900、7306301099、7306309900、7306501090、7306509900、7306611000、7306619000、7306691000、7306699900、7306901090和7306909900项下产品。但进口自中国香港特别行政区、中国澳门特别行政区和中国台湾地区的涉案产品不适用。

(2)摩洛哥对进口热轧钢板启动保障措施立案调查。

2019年5月29日,摩洛哥对进口热轧钢板/卷启动保障措施立案调查。涉案产品摩洛哥海关编码为 7208、721113、721114、721119、722530、722540、7226200011、7226200021、7226200030、7226200040、7226200051、7226200052、7226200059、722691、7226999091 和 7226999099。

7. 马达加斯加对中国出口产品发起保障措施调查情况

(1)马达加斯加对进口肥皂启动保障措施立案调查。

2019年8月14日,马达加斯加对进口肥皂进行保障措施立案调查。涉案产品马达加斯加海关编码为 34011110、34011190、34011911、34011919、34011990、34012010、34012090 和 34013000。

(2)马达加斯加对进口润滑油启动保障措施立案调查。

2019年8月14日,马达加斯加对进口润滑油进行保障措施立案调查。涉案产品马达加斯加海关编码为 27101933。

(3)马达加斯加对进口食用植物油和人造黄油启动保障措施立案调查。

2019年8月14日,马达加斯加对进口食用植物油和人造黄油进行保障措施立案调查。涉案产品马达加斯加海关编码为 15071010、15079000、15089000、15091010、15099000、15100000、15111011、15111091、15119000、15121110、15121900、15122110、15122900、15141100、15141110、15141900、15149110、15149900、15171000、15179010、15179090 和 15180000。

8. 土耳其对中国出口产品发起保障措施调查情况

(1)土耳其对进口聚酯短纤启动保障措施立案调查。

2020年5月30日,土耳其贸易部对进口聚酯短纤启动保障措施立案调查。涉案产品土耳其海关编码为 5503200000。

(2)土耳其对进口聚对苯二甲酸乙二醇酯启动保障措施立案调查。

2020年6月11日,土耳其贸易部对进口聚对苯二甲酸乙二醇酯启动保障措施立案调查。涉案产品土耳其海关编码为 390769000000。

8. 南非对中国出口产品发起保障措施调查情况

(1)南非对进口钢铁螺纹紧固件发起保障措施立案调查。

2019年3月1日,南非对进口钢铁螺纹紧固件启动保障措施立案调查。涉案产品南非海关编码为 73181541、73181542 和 73181630。

(2)南非对进口铁或钢制六角头螺栓产品发起保障措施调查。

2020年5月15日,南非国际贸易管理委员会(代表南部非洲关税同盟 SACU,成员国包括纳米比亚、南非、莱索托、斯威士兰和博茨瓦纳)对进口铁或钢制六角头螺栓产品发起保障措施立案调查。涉案产品南非海关编码为73181543。

(3)南非对进口结构钢产品启动保障措施立案调查。

2020年6月19日,南非对进口包括铁或非合金钢的U、I、H、L和T型材在内的结构钢产品启动保障措施立案调查。涉案产品南非海关编码为721631、721632、721633、721640、721650和722870。

9. 埃及对中国出口产品发起保障措施调查情况

(1)埃及对进口半成品铁、非合金钢和钢筋启动保障措施立案调查。

2019年3月31日,埃及对建筑用的进口半成品铁、非合金钢和钢筋启动保障措施立案调查。涉案产品埃及海关编码为7207、7213和7214。

(2)埃及对进口生铝启动保障措施立案调查。

2020年4月16日,埃及对进口包括铝锭、铝坯和铝线材在内的生铝启动保障措施立案调查。涉案产品埃及海关编码为760110、760120和760511。

10. 马来西亚对进口陶瓷地砖和墙砖启动保障措施立案调查

2020年9月13日,马来西亚对进口陶瓷地砖和墙砖发起保障措施立案调查。

11. 泰国对进口铝箔启动保障措施立案调查

2020年9月18日,泰国对进口铝箔启动保障措施立案调查。涉案产品为无衬背铝箔(厚度≤0.2mm),泰国海关编码为7607110000和7607190009。

12. 约旦对进口薯片和马铃薯启动保障措施立案调查

2019年9月1日,约旦对进口非冷冻、非醋或醋酸方法制作和保藏的薯片和马铃薯启动保障措施立案调查。涉案产品约旦海关编码为20052090和210690992。

13. 海湾合作委员会对进口钢产品启动保障措施立案调查

2019年10月23日,海湾合作委员会对进口钢产品启动保障措施立案调查。涉案产品包括热轧钢板卷(税号为720827、720837、720838、720839、720851、720853、720854、721113、721114、721119);冷轧钢板卷(税号为720916、720917、720918、720926、720927、720928、720990、722550);金属涂层钢板(税号为721030、721049、721069、721220、721250、721260、722591、722592、722599);有机涂层钢板(税号为721240);钢筋和线材(税号为721310、721320、721391、721399、721410、721430、721510、721550、721590、722710、722720、722810、722820、722840、722850、722860);圆形、方形和矩形的钢棒(税号为721491、721499、722211、722219);钢型材(税号为721610、721631、721632、730810);钢铁角材、型材及异型材(税号为721621、721650、730120);输送水、气和油的焊接无缝管(税号为730424、730520、730531、730539、730611、730619、730640、730661、730690)。

14. 厄瓜多尔对进口扁平陶瓷启动保障措施立案调查

2019年11月26日,厄瓜多尔对进口扁平陶瓷启动保障措施立案调查。涉案产品厄瓜多尔海关编码为6907210090、6907220090和6907230090。

15. 巴拿马对进口猪肉启动保障措施立案调查

2019年5月3日,巴拿马对进口猪肉启动保障措施立案调查。涉案产品为冷冻、冷藏或新鲜、一扇或半扇、带骨或无骨猪肉,巴拿马海关编码为0203110000、0203120000、0203190000、0203210000、0203220000和0203290000。

16. 秘鲁对进口服装启动保障措施立案调查

2020年11月1日,秘鲁国家竞争和知识产权保护局倾销、补贴和非关税贸易壁垒委员会对海关税则第61章、第62章和第63章项下共计284个税号子项的服装产品启动保障措施立案调查。

17. 哥伦比亚对进口利乐纸启动保障措施立案调查

2019年4月11日,哥伦比亚贸工旅游部对源自世界贸易组织成员国的进口利乐纸启动保障措施立案调查。涉案产品哥伦比亚海关编码为4811592000。

18. 哥斯达黎加对进口白砂糖启动保障措施立案调查

2019年6月20日,哥斯达黎加经济、工业和商务部对进口白砂糖启动保障措施立案调查。产品包括家用及工业用特制和精制白砂糖,税号为1701990000。

19. 危地马拉对进口合金钢平板轧材启动保障措施立案调查

2019年8月27日,危地马拉对宽度≥600毫米的进口合金钢平板轧材启动保障措施立案调查。涉案产品危地马拉海关编码为72259100、72259200和72259900。

第二节 2019—2020年中国对进口产品贸易救济情况

一、2019—2020年中国对进口产品贸易救济调查发起情况

(一)对原产于新加坡、马来西亚和日本的进口甲硫氨酸进行反倾销立案调查(商务部公告2019年第16号)

1. 立案调查及调查期

自2019年4月10日起,商务部对原产于新加坡、马来西亚和日本的进口甲硫氨酸进行反倾销立案调查。倾销调查期为2018年1月1日至2018年12月31日,产业损害调查期为2016年1月1日至2018年12月31日。

2. 调查范围

原产于新加坡、马来西亚和日本的进口甲硫氨酸,俗称蛋氨酸,归在 29304000 项下。

(二)对原产于日本、美国、韩国和马来西亚的进口聚苯硫醚进行反倾销立案调查(商务部公告 2019 年第 23 号)

1. 立案调查及调查期

自 2019 年 5 月 30 日起,对原产于日本、美国、韩国和马来西亚的进口聚苯硫醚进行反倾销立案调查。倾销调查期为 2018 年 1 月 1 日至 2018 年 12 月 31 日,产业损害调查期为 2015 年 1 月 1 日至 2018 年 12 月 31 日。

2. 调查范围

原产于日本、美国、韩国和马来西亚的进口聚苯硫醚,归在 39119000 项下;该税则号项下聚苯硫醚以外的其他产品不在本次调查范围之内。

(三)对原产于美国、韩国、欧盟的进口三元乙丙橡胶进行反倾销立案调查(商务部公告 2019 年第 29 号)

1. 立案调查及调查期

自 2019 年 6 月 19 日起,对原产于美国、韩国、欧盟的进口三元乙丙橡胶进行反倾销立案调查。倾销调查期为 2018 年 1 月 1 日至 2018 年 12 月 31 日,产业损害调查期为 2015 年 1 月 1 日至 2018 年 12 月 31 日。

2. 调查范围

原产于美国、韩国、欧盟的进口三元乙丙橡胶,归在 40027010 和 40027090 项下。

(四)对原产于美国的进口正丙醇进行反倾销立案调查(商务部公告 2019 年第 32 号)

1. 立案调查及调查期

自 2019 年 7 月 23 日起,对原产于美国的进口正丙醇进行反倾销立案调查。倾销调查期为 2018 年 1 月 1 日至 2018 年 12 月 31 日,产业损害调查期为 2015 年 1 月 1 日至 2018 年 12 月 31 日。

2. 调查范围

原产于美国的进口正丙醇,归在 29051210 项下。

(五)对原产于美国的进口正丙醇进行反补贴立案调查(商务部公告 2019 年第 35 号)

1. 立案调查及调查期

自 2019 年 7 月 29 日起,对原产于美国的进口正丙醇进行反补贴立案调查。补贴调查期为 2018 年 1 月 1 日至 2018 年 12 月 31 日,产业损害调查期为 2015 年 1 月 1 日至 2018 年 12 月 31 日。

2. 调查范围

原产于美国的进口正丙醇,归在 29051210 项下。

(六)对原产于美国、欧盟、日本的进口间甲酚进行反倾销立案调查(商务部公告 2019 年第 33 号)

1. 立案调查及调查期

自 2019 年 7 月 29 日起,对原产于美国、欧盟、日本的进口间甲酚进行反倾销立案调查。倾销调查期为 2018 年 1 月 1 日至 2018 年 12 月 31 日,产业损害调查期为 2016 年 1 月 1 日至 2018 年 12 月 31 日。

2. 调查范围

原产于美国、欧盟、日本的进口间甲酚,归在 29071211 项下。

(七)对原产于美国的进口聚苯醚进行反倾销立案调查(商务部公告 2020 年第 31 号)

1. 立案调查及调查期

自 2020 年 8 月日起,商务部对原产于美国的进口聚苯醚进行反倾销立案调查;倾销调查期为 2019 年 1 月 1 日至 2019 年 12 月 31 日,产业损害调查期为 2017 年 1 月 1 日至 2019 年 12 月 31 日。

2. 调查范围

原产于美国的进口聚苯醚,归在 39072090 项下;该税则号项下聚苯醚以外的其他产品不在本次调查范围之内。

(八)对原产于美国的进口聚苯醚进行反补贴立案调查(商务部公告 2020 年第 32 号)

1. 立案调查及调查期

自 2020 年 8 月 14 日起,对原产于美国的进口聚苯醚进行反补贴立案调查。补贴调查期为 2019 年 1 月 1 日至 2019 年 12 月 31 日,产业损害调查期为 2017 年 1 月 1 日至 2019 年 12 月 31 日。

2. 调查范围

原产于美国的进口聚苯醚,归在 39072090 项下;该税则号项下聚苯醚以外的其他产品不在本次调查范围之内。

3. 调查项目

20 项美国联邦政府项目和 125 项美国地方政府项目。

(九)对原产于澳大利亚的进口相关葡萄酒进行反倾销立案调查(商务部公告 2020 年第 34 号)

1. 立案调查及调查期

自 2020 年 8 月 18 日起,对原产于澳大利亚的进口相关葡萄酒进行反倾销立案调查。倾销调查期为 2019 年 1 月 1 日至 2019 年 12 月 31 日,产业损害调查期为 2015 年 1 月 1 日至 2019 年 12 月 31 日。

2. 调查范围

原产于澳大利亚的进口装入 2 升及以下容器的葡萄酒,归在 22042100 项下。

(十)对原产于澳大利亚的进口相关葡萄酒进行反补贴立案调查(商务部公告 2020 年第 35 号)

1. 立案调查及调查期

自 2020 年 8 月 31 日起,对原产于澳大利亚的进口相关葡萄酒进行反补贴立案调查。补贴调查期为 2019 年 1 月 1 日至 2019 年 12 月 31 日,产业损害调查期为 2015 年 1 月 1 日至 2019 年 12 月 31 日。

2. 调查范围

原产于澳大利亚的进口装入 2 升及以下容器的葡萄酒,归在 22042100 项下。

3. 调查项目

16 项澳大利亚联邦政府补贴项目和 21 项地方政府项目。

(十一)对原产于美国的进口相关乙二醇和丙二醇的单烷基醚进行反倾销立案调查(商务部公告 2020 年第 36 号)

1. 立案调查及调查期

自 2020 年 8 月 31 日起,对原产于美国的进口相关乙二醇和丙二醇的单烷基醚进行反倾销立案调查。倾销调查期为 2019 年 1 月 1 日至 2019 年 12 月 31 日,产业损害调查期为 2016 年 1 月 1 日至 2019 年 12 月 31 日。

2. 调查范围

原产于美国的进口相关乙二醇和丙二醇的单烷基醚,归在 29094400 和 29094990 项下;税则号 29094990 项下相关乙二醇和丙二醇的单烷基醚以外的其他产品不在本次调查范围之内。

(十二)对原产于美国的进口聚氯乙烯进行反倾销立案调查(商务部公告 2020 年第 40 号)

1. 立案调查及调查期

自 2020 年 9 月 25 日起,对原产于美国的进口聚氯乙烯进行反倾销立案调查。倾销调查期为 2019 年 1 月 1 日至 2019 年 12 月 31 日,产业损害调查期为 2016 年 1 月 1 日至 2019 年 12 月 31 日。

2. 调查范围

原产于美国的进口聚氯乙烯,归在39041090项下。

(十三)对原产于美国的进口聚氯乙烯进行反补贴立案调查(商务部公告2020年第41号)

1. 立案调查及调查期

自2020年10月14日起,对原产于美国的进口聚氯乙烯进行反补贴立案调查,补贴调查期为2019年1月1日至2019年12月31日,产业损害调查期为2016年1月1日至2019年12月31日。

2. 调查范围

原产于美国的进口聚氯乙烯,归在39041090项下。

3. 调查项目

16项美国联邦政府项目和90项美国地方政府项目。

二、2019—2020年中国对进口产品贸易救济调查初裁情况

(一)对原产于欧盟、日本、韩国和印度尼西亚的进口不锈钢钢坯和不锈钢热轧板/卷反倾销调查进行初步裁定(商务部公告2019年第9号)

1. 初步裁定

原产于欧盟、日本、韩国和印度尼西亚的进口不锈钢钢坯和不锈钢热轧板/卷存在倾销,国内不锈钢钢坯和不锈钢热轧板/卷产业受到实质损害,而且倾销与实质损害之间存在因果关系。

2. 调查范围

原产于欧盟、日本、韩国和印度尼西亚的进口不锈钢钢坯和不锈钢热轧板/卷,归在72189100、72189900、72191100、72191200、72191312、72191319、72191322、72191329、72191412、72191419、72191422、72191429、72192100、72192200、72192300、72192410、72192420、72192430、72201100和72201200项下。

3. 征收保证金

自2019年3月23日起,进口经营者在进口被调查产品时应提供保证金:欧盟公司43.0%;日本公司——日本冶金工业株式会社18.1%,其他日本公司29.0%;韩国公司——株式会社POSCO23.1%,其他韩国公司103.1%;印度尼西亚公司20.2%。

(二)对原产于美国、欧盟、韩国、日本和泰国的进口苯酚反倾销调查进行初步裁定(商务部公告2019年第22号)

1. 初步裁定

原产于美国、欧盟、韩国、日本和泰国的进口苯酚存在倾销,国内苯酚产业受到实

质损害,而且倾销与实质损害之间存在因果关系。

2. 调查范围

原产于美国、欧盟、韩国、日本和泰国的进口苯酚,归在 29071110 项下。

3. 征收保证金

自 2019 年 5 月 27 日起,进口经营者在进口被调查产品时提供保证金:美国公司——英力士美国公司 129.6%,美国兰科运营有限责任公司 125.4%,其他美国公司 129.6%;欧盟公司 82.0%;韩国公司——锦湖 P&B 化学株式会社 13.9%,(株)LG 化学 13.3%,其他韩国公司 23.7%;日本公司 81.2%;泰国公司——PTT 苯酚有限公司 11.9%,其他泰国公司 28.6%。

(三)对原产于美国的进口正丙醇反倾销调查进行初步裁定(商务部公告 2020 年第 25 号)

1. 初步裁定

原产于美国的进口正丙醇存在倾销,国内正丙醇产业受到实质损害,而且倾销与实质损害之间存在因果关系。

2. 调查范围

原产于美国的进口正丙醇,归在 29051210 项下。

3. 征收保证金

自 2020 年 7 月 18 日起,进口经营者在进口被调查产品时应提供保证金:陶氏化学公司 254.4%,欧季亚公司 267.4%,其他美国公司 267.4%。

(四)对原产于美国的进口正丙醇反补贴调查进行初步裁定(商务部公告 2020 年第 33 号)

1. 初步裁定

原产于美国的进口正丙醇存在补贴,国内正丙醇产业受到实质损害,而且补贴与实质损害之间存在因果关系。

2. 调查范围

原产于美国的进口正丙醇,归在 29051210 项下。

3. 临时反补贴措施

自 2020 年 9 月 9 日起,采取临时反补贴税保证金的形式对原产于美国的进口正丙醇实施临时反补贴措施:陶氏化学公司 37.7%,欧季亚公司 34.2%,其他美国公司 37.7%。

(五)对原产于日本、美国、韩国和马来西亚的进口聚苯硫醚反倾销调查进行初步裁定(商务部公告 2020 年第 45 号)

1. 初步裁定

原产于日本、美国、韩国和马来西亚的进口聚苯硫醚存在倾销,国内聚苯硫醚产业受到实质损害,而且倾销与实质损害之间存在因果关系。

2. 调查范围

原产于日本、美国、韩国和马来西亚的进口聚苯硫醚,归在39119000项下;该税则号项下聚苯硫醚以外的其他产品不在本次调查范围之内。

3. 征收保证金

自2020年10月17日起,进口经营者在进口被调查产品时,应提供相应的保证金:日本公司——东丽株式会社26.9%,DIC株式会社27.3%,宝理塑料株式会社25.2%,东曹株式会社25.6%,出光狮王塑料株式会社33.6%,住友电木株式会社34.5%,其他日本公司69.1%;美国公司——苏威特种聚合物美国有限公司214.1%,富特朗实业有限公司220.9%,其他美国公司220.9%;韩国公司——东丽尖端素材株式会社26.4%,SK化工株式会社32.7%,其他韩国公司46.8%;马来西亚公司——宝理塑料(亚太)公司23.3%,迪爱生复合物(马来西亚)有限公司40.5%,其他马来西亚公司40.5%。

(六)对原产于美国、韩国和欧盟的进口三元乙丙橡胶反倾销调查进行初步裁定(商务部公告2020年第48号)

1. 初步裁定

原产于美国、韩国和欧盟的进口三元乙丙橡胶存在倾销,国内三元乙丙橡胶产业受到实质损害,而且倾销与实质损害之间存在因果关系。

2. 调查范围

原产于美国、韩国和欧盟的进口三元乙丙橡胶,归在40027010和40027090项下。

3. 征收保证金

自2020年10月28日起,进口经营者在进口被调查产品时,应提供保证金:美国公司——陶氏化学公司222.0%,埃克森美孚公司214.9%,阿朗新科美国有限公司219.8%,美国狮子弹性体有限公司219.8%,其他美国公司222.0%;韩国公司——锦湖POLYCHEM株式会社12.5%,乐天玮萨黎司弹性体有限公司21.1%,其他韩国公司24.5%;欧盟公司——阿朗新科荷兰有限公司18.1%,埃克森美孚化工法国公司14.7%,意大利玮萨黎司有限公司16.5%,其他欧盟公司31.7%。

(七)对原产于美国、欧盟和日本的进口间甲酚反倾销调查进行初步裁定(商务部公告2020年第50号)

1. 初步裁定

原产于美国、欧盟和日本的进口间甲酚存在倾销,国内间甲酚产业受到实质损害,而且倾销与实质损害之间存在因果关系。

2. 调查范围

原产于美国、欧盟和日本的进口间甲酚,归在29071211项下。

3. 征收保证金

自2020年11月6日起,进口经营者在进口被调查产品时,应依据所确定的各公司的保证金比率提供保证金:美国公司131.7%;欧盟公司——朗盛德国有限责任公司27.9%,其他欧盟公司49.5%;日本公司54.8%。

(八)对原产于澳大利亚的进口相关葡萄酒反倾销调查进行初步裁定(商务部公告2020年第59号)

1. 初步裁定

原产于澳大利亚的进口相关葡萄酒存在倾销,国内相关葡萄酒产业受到实质损害,而且倾销与实质损害之间存在因果关系。

2. 调查范围

原产于澳大利亚的进口装入2升及以下容器的葡萄酒,归在22042100项下。

3. 征收保证金

自2020年11月28日起,进口经营者在进口被调查产品时,应提供相应的保证金。具体为:被抽样公司——富豪葡萄酒产业酒商有限公司169.3%,卡塞拉酒业私人有限公司160.2%,天鹅酿酒有限公司107.1%;其他配合调查的公司均为160.6%,包括澳大利亚依恋森林酒庄、澳大利亚誉加葡萄酒有限公司、澳塔瓦酒庄、澳洲佳酿集团、保乐力加酿酒师有限公司、博格丹投资有限公司、布朗兄弟米拉瓦葡萄园有限公司、丹歌酒庄、德灵酒庄、芬格富酒业集团、福莱斯葡萄酒有限公司、福润德酒业有限公司、歌浓葡萄酒有限责任公司、红袋鼠葡萄酒有限公司、礼拜山酒庄、珀缇雅谷葡萄酒有限公司、绅士酒庄、史密斯父子有限公司、泰勒飞力士、腾达堡、温加拉葡萄酒集团有限公司;其他澳大利亚公司212.1%。

(九)对原产于澳大利亚的进口相关葡萄酒反补贴调查进行初步裁定(商务部公告2020年第58号)

1. 初步裁定

调查机关初步认定,原产于澳大利亚的进口相关葡萄酒存在补贴,国内相关葡萄酒产业受到实质损害,且补贴与实质损害间存在因果关系。

2. 调查范围

原产于澳大利亚的进口装入2升及以下容器的葡萄酒,归在22042100项下。

3. 临时反补贴措施

自 2020 年 12 月 11 日起,采取临时反补贴税保证金的形式对原产于澳大利亚的进口相关葡萄酒实施临时反补贴措施。具体为:被抽样公司——富豪葡萄酒产业酒商有限公司 6.3%,卡塞拉酒业私人有限公司 6.3%,天鹅酿酒有限公司 6.3%,保乐力加酿酒师有限公司 6.4%;其他配合调查的公司均为 6.3%,包括澳大利亚依恋森林酒庄、澳大利亚誉加葡萄酒有限公司、澳塔瓦酒庄、澳洲佳酿集团、博格丹投资有限公司、布朗兄弟米拉瓦葡萄园有限公司、丹歌酒庄、德灵酒庄、芬格富酒业集团、福莱斯葡萄酒有限公司、福润德酒业有限公司、歌浓葡萄酒有限责任公司、红袋鼠葡萄酒有限公司、礼拜山酒庄、珀缇雅谷葡萄酒有限公司、绅士酒庄、史密斯父子有限公司、泰勒飞力士、腾达堡、温加拉葡萄酒集团有限公司;其他澳大利亚公司 6.4%。

三、2019—2020 年中国对进口产品贸易救济调查终裁情况

(一)对原产于日本和印度的进口邻二氯苯反倾销调查进行最终裁定(2019 年第 1 号公告)

自 2019 年 1 月 23 日起,对原产于日本和印度的进口邻二氯苯征收反倾销税,税率为 31.9%~70.4%,征收期限为 5 年。

(二)对原产于巴西的进口白羽肉鸡产品反倾销调查进行最终裁定(商务部公告 2019 年第 6 号)

自 2019 年 2 月 17 日起,对原产于巴西的进口白羽肉鸡产品征收为期 5 年的反倾销税,税率为 17.8%~32.4%。对自 2018 年 6 月 9 日至 2018 年 10 月 8 日有关进口经营者依初裁所提供的保证金,按终裁所确定的征收反倾销税的产品范围和反倾销税税率计征并转为反倾销税,并按相应的增值税税率计征进口环节增值税。对 2018 年 6 月 9 日之前及 2018 年 10 月 9 日至 2019 年 2 月 16 日进口的原产于巴西的白羽肉鸡产品不追溯征收反倾销税。

(三)对原产于欧盟、日本、韩国和印度尼西亚的进口不锈钢钢坯和不锈钢热轧板/卷反倾销调查进行最终裁定(商务部 2019 年第 31 号公告)

自 2019 年 7 月 23 日起,对原产于欧盟、日本、韩国和印度尼西亚的进口不锈钢钢坯和不锈钢热轧板/卷征收为期 5 年的反倾销税,税率为:欧盟公司 43.0%;日本公司——日本冶金工业株式会社 18.1%,其他日本公司 29.0%;韩国公司——POSCO 株式会社 23.1%,其他韩国公司 103.1%;印度尼西亚公司 20.2%。调查机关接受 POSCO 株式会社提出的价格承诺,该承诺和本终裁同时生效。对自 2019 年 3 月 23 日至 2019 年 7 月 22 日有关进口经营者依初裁所提供的保证金,按终裁所确定的征收

反倾销税的商品范围和反倾销税税率计征并转为反倾销税,并计征进口环节增值税。对临时反倾销措施实施之日前进口的原产于欧盟、日本、韩国和印度尼西亚的进口不锈钢钢坯和不锈钢热轧板/卷不追溯征收反倾销税。

(四)对原产于美国、欧盟、韩国、日本和泰国的进口苯酚反倾销调查进行最终裁定(商务部公告 2019 年第 37 号)

自 2019 年 9 月 6 日起,对原产于美国、欧盟、韩国、日本和泰国的进口苯酚征收为期 5 年的反倾销税,税率如下:美国公司——英力士美国公司 287.2%,美国兰科运营有限责任公司 244.3%,其他美国公司 287.2%;欧盟公司 30.4%;韩国公司——锦湖 P&B 化学株式会社 12.5%,(株)LG 化学 12.6%,其他韩国公司 23.7%;日本公司——三井化学株式会社 19.3%,其他日本公司 27.0%;泰国公司——PTT 苯酚有限公司 10.6%,其他泰国公司 28.6%。对自 2019 年 5 月 27 日至 2019 年 9 月 5 日有关进口经营者依初裁所提供的保证金,按终裁所确定的征收反倾销税的产品范围和反倾销税税率计征并转为反倾销税,并计征进口环节增值税。对临时反倾销措施实施之日前进口的原产于美国、欧盟、韩国、日本和泰国的苯酚不追溯征收反倾销税。

(五)对原产于澳大利亚的进口大麦"双反"调查进行最终裁定(商务部 2020 年第 14 号和第 15 号公告)

自 2020 年 5 月 19 日起,对原产于澳大利亚的进口大麦征收反倾销税和反补贴税。反倾销税税率为 73.6%,反补贴税税率为 6.9%。征收期限为 5 年。

(六)对原产于美国、韩国和欧盟的进口三元乙丙橡胶反倾销调查进行最终裁定(商务部公告 2020 年第 60 号)

自 2020 年 12 月 20 日起,对原产于美国、韩国和欧盟的进口三元乙丙橡胶征收反倾销税,实施期限为 5 年。税率分别为:美国公司——陶氏化学公司 222.0%,埃克森美孚公司 214.9%,阿朗新科美国有限公司 219.8%,美国狮子弹性体有限公司 219.8%,其他美国公司 222.0%;韩国公司——锦湖 POLYCHEM 株式会社 12.5%,乐天玮萨黎司弹性体有限公司 21.1%,其他韩国公司 24.5%;欧盟公司——阿朗新科荷兰有限公司 18.1%,埃克森美孚化工法国公司 14.7%,意大利玮萨黎司有限公司 16.5%,其他欧盟公司 31.7%。

(七)对原产于美国的进口正丙醇反倾销调查进行最终裁定(商务部公告 2020 年第 46 号)

自 2020 年 11 月 18 日起,对原产于美国的进口正丙醇征收反倾销税,实施期限为 5 年。反倾销税税率为:陶氏化学公司 254.4%,OQ 化学公司 267.4%,其他美国公司 267.4%。

(八)对原产于美国的进口正丙醇反补贴调查进行最终裁定(商务部公告 2020 年第 47 号)

自 2020 年 11 月 18 日起,对原产于美国的进口正丙醇征收反补贴税,实施期限为 5 年。反补贴税税率为:陶氏化学公司 37.7%,OQ 化学公司 34.2%,其他美国公司 37.7%。

四、2019—2020 年中国对进口产品贸易救济调查期间复审情况

(一)对原产于美国的干玉米酒糟"双反"措施启动期间复审调查(商务部公告 2019 年第 18 号)

1. 复审内容

对原产于美国的进口干玉米酒糟继续实施反倾销和反补贴措施的必要性进行复审。

2. 复审调查期

自 2019 年 4 月 15 日起开始,应于 2020 年 4 月 15 日前结束。

(二)对原产于美国的进口干玉米酒糟反倾销及反补贴措施进行期间复审裁定(商务部公告 2019 年第 30 号)

继续按照商务部 2016 年第 79 号公告和第 80 号公告的,继续对原产于美国的进口干玉米酒糟征收反倾销税和反补贴税。

(三)对原产于日本的进口光纤预制棒反倾销措施启动期间复审调查(商务部公告 2019 年第 40 号)

1. 复审产品范围

自 2019 年 9 月 27 日起,对原产于日本的进口光纤预制棒所适用的反倾销措施进行倾销及倾销幅度的期间复审。

2. 复审调查期

2018 年 4 月 1 日至 2019 年 3 月 31 日。

(四)对埃克森美孚公司和埃克森美孚化工有限公司生产的进口卤化丁基橡胶所适用的反倾销措施启动期间复审调查(商务部公告 2019 年第 52 号)

1. 复审产品范围

自 2019 年 11 月 20 日起,对埃克森美孚公司和埃克森美孚化工有限公司生产的进口卤化丁基橡胶所适用的反倾销措施进行倾销及倾销幅度期间复审。

2. 复审调查期

倾销调查期为 2018 年 10 月 1 日至 2019 年 9 月 30 日。

3. 复审范围

适用于埃克森美孚公司和埃克森美孚化工有限公司生产的进口卤化丁基橡胶的反倾销税税率。

（五）对原产于日本的进口光纤预制棒反倾销措施进行期间复审裁定（商务部公告 2020 年第 39 号）

1. 复审裁定

在复审调查期内，原产于日本的进口光纤预制棒存在倾销。

2. 反倾销措施

自 2020 年 9 月 26 日起，将原产于日本的进口光纤预制棒的反倾销税税率调整为：信越化学工业株式会社 17.0%，株式会社藤仓 14.4%，住友电气工业株式会社 31.2%，古河电气工业株式会社 31.2%，其他日本公司 31.2%。

五、2019—2020 年中国对进口产品贸易救济调查期终复审情况

（一）对原产于美国和韩国的进口太阳能级多晶硅反倾销措施进行期终复审调查（商务部公告 2019 年第 2 号）

自 2019 年 1 月 20 日起，对原产于美国和韩国的进口太阳能级多晶硅所适用的反倾销措施进行期终复审调查。

1. 复审调查期

倾销调查期为 2018 年 1 月 1 日至 2018 年 12 月 31 日，产业损害调查期为 2014 年 1 月 1 日至 2018 年 12 月 31 日。

2. 复审调查产品范围

与商务部 2014 年第 5 号公告公布的反倾销措施所适用的产品范围一致。

3. 复审内容

如果终止对原产于美国和韩国的进口太阳能级多晶硅实施的反倾销措施，是否可能导致倾销和损害的继续或再度发生。

（二）对原产于美国的进口太阳能级多晶硅反补贴措施进行期终复审调查（商务部公告 2019 年第 3 号）

自 2019 年 1 月 20 日起，对原产于美国的进口太阳能级多晶硅所适用的反补贴措施进行期终复审调查。

1. 复审调查期

补贴调查期为 2018 年 1 月 1 日至 2018 年 12 月 31 日，产业损害调查期为 2014 年 1 月 1 日至 2018 年 12 月 31 日。

2. 复审调查产品范围

与商务部 2014 年第 4 号公告公布的反补贴措施所适用的产品范围一致。

3. 复审内容

如果终止对原产于美国的进口太阳能级多晶硅实施的反补贴措施,是否可能导致补贴和损害的继续或再度发生。商务部可以对本次复审过程中可能发现的其他补贴项目进行调查。

(三)对原产于欧盟的马铃薯淀粉反倾销措施发布期终复审裁定(商务部公告 2019 年第 4 号)

1. 复审裁定

如果终止反倾销措施,原产于欧盟的进口马铃薯淀粉对中国的倾销可能继续或再度发生,对国内马铃薯淀粉产业的损害可能继续或再度发生。

2. 被调查产品名称

马铃薯淀粉,也称马铃薯原淀粉、马铃薯精制淀粉、马铃薯生粉、土豆淀粉或洋芋淀粉等,归在 11081300 项下。

3. 反倾销措施

自 2019 年 2 月 6 日起,对原产于欧盟的进口马铃薯淀粉继续征收反倾销税,实施期限 5 年。

(四)对原产于美国和欧盟的乙二醇和二甘醇的单丁醚反倾销措施发布期终复审裁定(商务部公告 2019 年第 5 号)

1. 复审裁定

如果终止反倾销措施,原产于美国和欧盟的进口乙二醇和二甘醇的单丁醚对中国的倾销可能继续或再度发生,对国内乙二醇和二甘醇的单丁醚产业造成的损害可能继续或再度发生。

2. 征收反倾销税的产品范围

乙二醇和二甘醇的单丁醚,归在 29094300 项下。

3. 反倾销措施

自 2019 年 1 月 28 日起,对原产于美国和欧盟的进口乙二醇和二甘醇的单丁醚继续征收反倾销税,实施期限为 5 年。

(五)对原产于日本和美国的进口间苯二酚反倾销措施发布期终复审裁定(商务部公告 2019 年第 10 号)

1. 复审裁定

如果终止反倾销措施,原产于日本和美国的进口间苯二酚对中国的倾销可能继续或再度发生,对中国国内产业造成的损害可能继续或再度发生。

2. 调查范围

原产于日本和美国的进口间苯二酚,又称1,3-苯二酚、雷琐辛,归在29072100项下;但间苯二酚盐不在本次调查产品范围之内。

3. 反倾销措施

自2019年3月23日起,对原产于日本和美国的进口间苯二酚继续征收反倾销税,实施期限5年。反倾销税税率为:日本公司40.5%,美国公司30.1%。

(六)对原产于印度和中国台湾地区的进口壬基酚反倾销措施发布期终复审裁定(商务部公告2019年第11号)

1. 复审裁定

如果终止反倾销措施,原产于印度和中国台湾地区的进口壬基酚对中国大陆的倾销可能继续或再度发生,对中国大陆产业的损害可能继续或再度发生。

2. 被调查产品

壬基酚,也称壬基苯酚,归在29071310项下。

3. 反倾销措施

自2019年3月29日起,对原产于印度和中国台湾地区的进口壬基酚继续征收反倾销税,实施期限5年。反倾销税税率为:印度公司——印度十拿－赫蒂利亚有限公司12.22%,其他印度公司20.38%;中国台湾地区公司——和益化学工业股份有限公司6.87%,中国人造纤维股份有限公司4.08%,其他中国台湾地区公司20.38%。

(七)对原产于日本的进口电解电容器纸反倾销措施发布期终复审裁定(商务部2019年第17号公告)

1. 复审裁定

如果终止反倾销措施,原产于日本的进口电解电容器纸对中国的倾销可能继续或再度发生,对中国国内产业造成的损害可能继续或再度发生。

2. 被调查产品

电解电容器纸(未经浸渍或涂布电解质),也称电解电容器原纸,归在48059110项下。

3. 反倾销措施

自2019年4月18日起,对原产于日本的进口电解电容器纸继续征收反倾销税,实施期限5年。反倾销税税率为:高度纸工业株式会社22%,大福制纸株式会社15%,其他日本公司40.83%。

(八)对原产于美国和欧盟的进口相关高温承压用合金钢无缝钢管反倾销措施进

行期终复审调查(商务部公告 2019 年第 20 号)

自 2019 年 5 月 10 日起,对原产于美国和欧盟的进口相关高温承压用合金钢无缝钢管所适用的反倾销措施进行期终复审调查。

1. 复审调查期

倾销调查期为 2018 年 1 月 1 日至 2018 年 12 月 31 日,产业损害调查期为 2014 年 1 月 1 日至 2018 年 12 月 31 日。

2. 产品范围

与商务部 2014 年第 34 号公告的产品范围一致。

3. 复审内容

如果终止对原产于美国和欧盟的进口相关高温承压用合金钢无缝钢管实施的反倾销措施,是否可能导致倾销和损害的继续或再度发生。

(九)调整原产于美国和欧盟的进口相关高温承压用合金钢无缝钢管所适用的反倾销税率(商务部公告 2019 年第 24 号)

1. 复审裁定

在本次复审调查期内,原产于美国和欧盟的进口相关高温承压用合金钢无缝钢管存在倾销。

2. 反倾销措施

自 2019 年 6 月 14 日起,对原产于美国和欧盟的进口相关高温承压用合金钢无缝钢管按以下税率征收反倾销税:美国公司——美国威曼高登锻造有限公司 101.0%,其他美国公司 147.8%;欧盟公司——瓦卢瑞克德国公司和瓦卢瑞克法国钢管公司 57.9%,其他欧盟公司 60.8%。

(十)对原产于欧盟和美国的进口四氯乙烯反倾销措施发起期终复审调查(商务部公告 2019 年第 21 号)

自 2019 年 5 月 31 日起,对原产于欧盟和美国的进口四氯乙烯所适用的反倾销措施进行期终复审调查。

1. 复审调查期

倾销调查期为 2018 年 1 月 1 日至 2018 年 12 月 31 日,产业损害调查期为 2015 年 1 月 1 日至 2018 年 12 月 31 日。

2. 产品范围

与商务部 2014 年第 32 号公告的产品范围一致。

3. 复审内容

如果终止对原产于欧盟和美国的进口四氯乙烯实施的反倾销措施,是否可能导致倾销和损害的继续或再度发生。

(十一)对原产于日本、新加坡、韩国和中国台湾地区的进口丙酮反倾销措施进行期终复审调查(商务部公告2019年第25号)

自2019年6月8日起,对原产于日本、新加坡、韩国和中国台湾地区的进口丙酮所适用的反倾销措施进行期终复审调查。

1. 复审调查期

倾销调查期为2018年1月1日至2018年12月31日,产业损害调查期为2014年1月1日至2018年12月31日。

2. 产品范围

与商务部2008年第40号公告所适用的产品范围一致。

3. 复审内容

如果终止对原产于日本、新加坡、韩国和中国台湾地区的进口丙酮实施的反倾销措施,是否可能导致倾销和损害的继续或再度发生。

(十二)对原产于欧盟的进口甲苯胺反倾销措施发布期终复审裁定(商务部公告2019年第28号)

1. 复审裁定

如果终止反倾销措施,原产于欧盟的进口甲苯胺对中国的倾销可能继续或再度发生,对中国国内产业造成的损害可能继续或再度发生。

2. 被调查产品

甲苯胺,归在29214300。该税则号项下甲苯胺以外的其他产品不在本次被调查产品范围之内。

3. 反倾销措施

自2019年6月28日起,对原产于欧盟的进口甲苯胺继续征收反倾销税,实施期限5年。反倾销税率为:朗盛德国有限责任公司19.6%;其他欧盟公司36.9%。

(十三)对原产于印度的进口单模光纤反倾销措施发起期终复审调查(商务部公告2019年第34号)

自2019年8月14日起,对原产于印度的进口单模光纤所适用的反倾销措施进行期终复审调查。

1. 复审调查期

倾销调查期为2018年4月1日至2019年3月31日,产业损害调查期为2015年1月1日至2019年3月31日。

2. 复审调查产品范围

与商务部 2014 年第 56 号公告的产品范围一致。

3. 复审内容

如果终止对原产于印度的进口单模光纤实施的反倾销措施,是否可能导致倾销和损害的继续或再度发生。

(十四)对原产于日本、韩国、新加坡和中国台湾地区的进口双酚 A 反倾销措施发布期终复审裁定(商务部公告 2019 年第 36 号)

1. 复审裁定

如果终止反倾销措施,原产于日本、韩国、新加坡和中国台湾地区的进口双酚 A 对中国大陆的倾销可能继续或再度发生,对中国大陆产业造成的损害可能继续或再度发生。

2. 产品范围

原产于日本、韩国、新加坡和中国台湾地区的进口双酚 A,归在 29072300 项下。该税则号项下的双酚 A 盐不在申请调查范围之内。

3. 反倾销措施

自 2019 年 8 月 30 日起,对原产于日本、韩国、新加坡和中国台湾地区的进口双酚 A 继续征收反倾销税,实施期限 5 年。反倾销税率为:日本公司——三井化学株式会社 6.1%,三菱化学株式会社 7.9%,其他日本公司 37.1%;韩国公司——锦湖 P&B 化学株式会社 5.8%,(株)LG 化学 4.7%,其他韩国公司 37.1%;新加坡公司——三井酚类新加坡公司 5.0%,其他新加坡公司 37.1%;中国台湾地区公司——南亚塑胶工业股份有限公司 6.0%,长春人造树脂厂股份有限公司 6.0%,信昌化学工业股份有限公司 5.3%,其他台湾地区公司 37.1%。

(十五)对原产于美国的进口聚酰胺-6,6 切片反倾销措施发起期终复审调查(商务部公告 2020 年第 42 号)

自 2020 年 10 月 13 日起,对原产于美国的进口聚酰胺-6,6 切片所适用的反倾销措施进行期终复审调查。

1. 复审调查期

倾销调查期为 2019 年 1 月 1 日至 2019 年 12 月 31 日,产业损害调查期为 2015 年 1 月 1 日至 2019 年 12 月 31 日。

2. 复审调查产品范围

聚酰胺-6,6 切片,全称聚己二酰己二胺,归在 39081011。该税则号项下经螺杆二次混炼加入玻璃纤维、矿物质、增韧剂、阻燃剂的改性聚酰胺-6,6 切片(简称"改性聚酰胺-6,6 切片")不在本次被调查产品范围之列。改性聚酰胺-6,6 切片分为增韧型、增强型、阻燃型和填充型,其中增韧型改性聚酰胺-6,6切片的密度低于1.12克/立方厘米,增强型、阻燃型和填充型改性聚酰胺-6,6切片的密度高于1.15克/立方厘米。

3. 复审内容

如果终止对原产于美国的进口聚酰胺-6,6切片实施的反倾销措施,是否可能导致倾销和损害的继续或再度发生。

(十六)对原产于美国和韩国的进口太阳能级多晶硅反倾销措施发布期终复审裁定(商务部公告2020年第1号)

1. 复审裁定

如果终止反倾销措施,原产于美国和韩国的进口太阳能级多晶硅对中国的倾销可能继续或再度发生,对国内太阳能级多晶硅产业造成的损害可能继续或再度发生。

2. 反倾销措施

自2020年1月20日起,对原产于美国和韩国的进口太阳能级多晶硅继续征收反倾销税,实施期限为5年。

3. 产品范围

与商务部2014年第5号公告中的产品范围一致。

4. 反倾销税税率

与商务部2014年第5号公告和2017年第78号公告相同。

(十七)对原产于美国的进口太阳能级多晶硅反补贴措施发布期终复审裁定(商务部公告2020年第2号)

1. 复审裁定

如终止反补贴措施,原产于美国的进口太阳能级多晶硅的补贴可能继续或再度发生,对国内太阳能级多晶硅产业的损害可能继续或再度发生。

2. 反补贴措施

自2020年1月20日起,对原产于美国的进口太阳能级多晶硅继续征收反补贴税,实施期限为5年。反补贴税税率与商务部2014年第4号公告的规定相同。

3. 产品范围

与商务部2014年第4号公告中的产品范围一致。

(十八)对原产于美国和欧盟的进口相关高温承压用合金钢无缝钢管反倾销措施发布期终复审裁定(商务部公告2020年第9号)

1. 复审裁定

如果终止反倾销措施,原产于美国和欧盟的进口相关高温承压用合金钢无缝钢管对中国的倾销可能继续或再度发生,对国内相关高温承压用合金钢无缝钢管产业造成的损害可能继续或再度发生。

2. 反倾销措施

自 2020 年 5 月 10 日起,对原产于美国和欧盟的进口相关高温承压用合金钢无缝钢管继续征收反倾销税,实施期限为 5 年。反倾销税税率与商务部 2019 年第 24 号公告的规定相同。

3. 产品范围

与商务部 2014 年第 34 号和 2019 年第 24 号公告中一致。

(十九)维持对原产于日本、新加坡、韩国和中国台湾地区的进口丙酮所适用的反倾销措施(2020 年第 13 号公告)

自 2020 年 6 月 8 日起,对原产于日本、新加坡、韩国和中国台湾地区的进口丙酮继续采取反倾销措施,实施期限为 5 年。

(二十)对原产于日本、新加坡、韩国和中国台湾地区的进口丙酮反倾销措施发布期终复审裁定(商务部公告 2020 年第 13 号)

1. 复审裁定

如果终止反倾销措施,原产于日本、新加坡、韩国和中国台湾地区的进口丙酮对中国大陆的倾销可能继续或再度发生,对中国大陆产业造成的损害可能继续或再度发生。

2. 反倾销措施

自 2020 年 6 月 8 日起,对原产于日本、新加坡、韩国和中国台湾地区的进口丙酮继续征收反倾销税,实施期限 5 年。征收反倾销税的税率与商务部 2008 年第 40 号公告、2010 年第 54 号公告和 2014 年第 40 号公告的规定相同。

3. 产品范围

与商务部 2008 年第 40 号公告、2010 年第 54 号公告和 2014 年第 40 号公告中公布的产品范围一致。

(二十一)对原产于欧盟和美国的进口四氯乙烯反倾销措施发布期终复审裁定(商务部公告 2020 年第 18 号)

1. 复审裁定

如果终止反倾销措施,原产于欧盟和美国的进口四氯乙烯对中国倾销可能继续或再度发生,对中国国内产业造成的损害可能继续或再度发生。

2. 反倾销措施

自 2020 年 5 月 31 日起,对原产于欧盟和美国的进口四氯乙烯继续征收反倾销税,实施期限5年。反倾销税税率与商务部2014年第32号公告相同。

3. 产品范围

与商务部2014年第32号公告规定相同。

(二十二)对原产于印度的进口单模光纤反倾销措施发布期终复审裁定(商务部公告2020年第29号)

1. 复审裁定

自2020年8月14日起对原产于印度的进口单模光纤继续征收反倾销税,实施期限5年。反倾销税税率与商务部2014年第56号公告相同。

2. 被调查产品名称

单模光纤,归在90011000。该税则号项下不符合被调查产品具体描述的其他种类的光纤、光导纤维束及光缆,不属于本次调查范围。

六、2019—2020年中国对进口产品贸易救济调查终止情况

(一)终止对原产于美国、韩国、日本和中国台湾地区的进口聚氯乙烯的反倾销期终复审调查(商务部公告2019年第43号)

自2019年9月29日起,对原产于美国、韩国、日本和中国台湾地区的进口聚氯乙烯不再征收反倾销税。

(二)终止对原产于印度和日本的进口吡啶的反倾销期终复审调查(商务部公告2019年第50号)

自2019年11月21日起,对原产于印度、日本进口吡啶不再征收反倾销税。

(三)终止对原产于日本和中国台湾地区的进口甲乙酮的反倾销期终复审调查(商务部公告2019年第51号)

自2019年11月21日起,对原产于日本和中国台湾地区的进口甲乙酮不再征收反倾销税。

(四)终止对原产于日本和中国台湾地区的立式加工中心反倾销调查(商务部公告2020年第10号)

自2020年4月13日起,终止对原产于日本和中国台湾地区的进口立式加工中心的反倾销调查。

(五)终止对原产于新加坡、马来西亚和日本的进口甲硫氨酸反倾销调查(商务部公告2020年第43号)

自2020年10月10日起,终止对原产于新加坡、马来西亚和日本的进口甲硫氨酸的反倾销调查。

第三节 国际贸易摩擦与贸易救济评述

一、2019—2020 年境外对中国出口产品开展贸易救济调查评述

2019—2020 年,中国连续成为遭遇反倾销调查和反补贴调查最多的国家,全球有 1/3 的贸易救济立案调查针对中国。

(一)新立案总数同比微降,反补贴数骤降,保障措施数激增

根据中国贸易救济数据网数据统计,2019 年共有 30 个国家和地区(同比增加 2 个)对我国启动 102 起贸易救济调查,同比下降 3.77%。其中,反倾销 62 起,同比增加 2 起,增长 3.33%;反补贴 10 起,同比减少 19 起,下降 65.52%;保障措施 30 起,同比增加 13 起,增长 76.5%。

2020 年中国出口产品共遭遇 28 个国家和地区(同比减少 2 个)133 起贸易救济立案调查,同比增长 30.4%,涉案金额约 131 亿美元,同比增长 6%,主要集中在化工、钢铁、机电、纺织等领域。其中,反倾销 90 起,同比增长 45.2%;反补贴 20 起,同比增长 100%;保障措施 23 起,同比 23.3%。除贸易救济调查外,美国还发起 20 起涉及中国出口产品的"337"调查,主要集中在机电领域。

(二)境外对中国贸易救济调查仍以反倾销为主,保障措施跃居第二

2019 年,在境外对中国启动的贸易救济调查中,反倾销案件数持平,但占比回升;反补贴案件数与占比均大幅下降,保障措施案件数和占比均大幅上升。

2020 年,在境外对中国启动的贸易救济调查中,反倾销案件数和占比均有所提升;反补贴案件数虽增长 1 倍,但占比仍居末位;保障措施案件数和占比均有所下滑(见表 8.1)。

表 8.1 　　　　2013—2020 年境外对中国启动贸易救济调查情况

年份	总数(起)	反倾销 数量(起)	反倾销 占比(%)	反补贴 数量(起)	反补贴 占比(%)	保障措施 数量(起)	保障措施 占比(%)
2013	108	75	69.4	14	13	19	17.6
2014	95	57	60	14	14.7	24	25.3
2015	93	67	72	8	8.6	18	19.4
2016	119	90	75.6	19	16	10	8.5
2017	75	53	70.7	14	18.7	8	10.7
2018	106	60	56.6	29	27.4	17	16.0

续表

年份	总数(起)	反倾销 数量(起)	反倾销 占比(%)	反补贴 数量(起)	反补贴 占比(%)	保障措施 数量(起)	保障措施 占比(%)
2019	102	62	60.8	10	9.8	30	29.4
2020	133	90	67.7	20	15.0	23	17.3

(三)发展中经济体重新占据对中国发起贸易救济调查的主体地位

1. 发展中经济体重新夺得主体地位,但美国仍居首位

2019年,共有30个经济体对中国启动贸易救济调查,其中发达经济体6个,发展中经济体24个。在国外对中国发起的102起贸易救济调查中,发达经济体28起,占比27.5%;发展中经济体74起,占比72.5%,以绝对优势重新成为对中国发起贸易救济立案调查的主体。

2020年,共有28个经济体对中国启动贸易救济调查,其中发达经济体7个,发展中经济体21个。在国外对中国发起的133起贸易救济调查中,发达经济体49起,占比36.8%;发展中经济体84起,占比63.2%,连续两年成为对中国发起贸易救济立案调查的主体。

就国别(地区)而言,2019年美国、印度、阿根廷、印度尼西亚等是对中国产品发起贸易救济调查数量较多的国家,其中,美国以14起仍居首位,印度以12起保持第二,阿根廷以11起跃居第三,印度尼西亚以8起位居第四,欧盟以7起位列第五,乌克兰以6起位列第六,墨西哥、欧亚经济联盟均以5起并列第七,越南则以4起位居第八。

2020年,印度、美国、澳大利亚、欧盟、印度尼西亚等是对中国产品进行贸易救济调查的主要发起方;其中,印度以25起重新位居首位,美国以22起退居第二位,澳大利亚以9起跃居第三,欧盟以8起进居第四,印度尼西亚以6起位居第五,乌克兰、菲律宾、泰国以5起并列第六,英国、加拿大、秘鲁、阿根廷、哥伦比亚则以4起位居第七。

2. 发达经济体偏爱反补贴和反倾销,发展中经济体热衷保障措施和反倾销

2019年,发达经济体对中国发起贸易救济调查28起,其中反倾销17起,占比60.7%,反补贴10起,占比35.7%,保障措施1起,占比3.6%;发展中经济体对华发起贸易救济调查74起,其中反倾销45起,占比60.8%,反补贴0起,保障措施29起,占比39.2%。

2020年,发达经济体对中国发起贸易救济调查49起,其中反倾销28起,占比57.1%,反补贴19起,占比38.8%,保障措施2起,占比4.1%;发展中经济体84起,其中反倾销62起,占比73.8%,反补贴1起,占比1.2%,保障措施21起,占比25%。

2019年,境外对中国发起反倾销立案调查62起,其中发达经济体17起,占比

27.4%,发展中经济体45起,占比72.6%;反补贴立案调查10起,全部由发达经济体发起;保障措施立案调查30起,其中发达经济体1起,占比3.3%,发展中经济体29起,占比96.7%。

2020年,境外对中国发起反倾销立案调查90起,其中发达经济体28起,占比31.1%,发展中经济体62起,占比68.9%;反补贴立案调查20起,发达经济体19起,占比95%,发展中经济体1起,占比5%;保障措施立案调查23起,其中发达经济体2起,占比8.7%,发展中经济体21起,占比91.3%。

表8.2列示了2016—2020年境外对中国启动贸易救济调查的主体分析情况。

表8.2 2016—2020年境外对中国启动贸易救济调查的主体分析

年份	经济体	反倾销(起)	反补贴(起)	保障措施(起)	合计(起)	占比(%)
2016	发达	26	16	0	42	35.3
	发展中	64	3	10	77	64.7
2017	发达	22	14	3	39	52
	发展中	31	0	5	36	48
2018	发达	29	23	3	55	51.9
	发展中	31	6	14	51	48.1
2019	发达	17	10	1	28	27.4
	发展中	45	0	29	74	72.6
2020	发达	28	19	2	49	36.8
	发展中	62	1	21	84	63.2

(四)对中国发起贸易救济调查涉案行业众多,钢铁及制品占1/3强

2019年,国外对中国启动的102起贸易救济调查共涉及贱金属及其制品、化工、机器设备、食品、杂项制品、玻璃、塑料、纺织、陶瓷、运输设备、造纸、橡胶、光纤、医学仪器、矿产品等15个行业。其中,贱金属及其制品以36起居首位,占比35.3%;其次是化工产品12起,占比11.8%;机器设备位居第三,共10起,占比9.8%;食品位居第四,共8起,占比7.8%;杂项制品7起,位居第五,占比6.9%;玻璃、塑料和纺织均以6起并列第六,占比均为5.9%;陶瓷产品3起,位居第七,占比2.9%;运输设备和造纸各2起,占比均为2%;橡胶、光纤、医学仪器(注射器)和矿产品(润滑油)各1起,占比各1%。

2020年,国外对中国启动的133起贸易救济调查共涉及贱金属及其制品、化工、机械与电气设备、光缆、纺织、塑料、杂项制品、食品、运输设备、木制品、造纸、橡胶、玻璃、陶瓷等行业,但多年都集中于贱金属及其制品、化工产品、机械与电气设备。其中,贱金属及其制品以 52 起居首位,占比 39.1%;其次是化工产品 22 起,占比 16.5%;机械与电气和纺织品并列第三,各 13 起,占比均为 9.8%;塑料位居第四,共 10 起,占比 7.5%;杂项制品 6 起,位居第五,占比 4.5%;运输设备、木制品和食品均以 4 起并列第六,占比均为 3.0%%;造纸 2 起,位居第七,占比 1.5%;橡胶、玻璃和陶瓷各 1 起,占比均为 0.8%。

(五)"双反"调查数先降后升,仍以美国为主要发起方,钢铁及制品仍是主要涉案产品

2019 年,国外对中国启动"双反"调查 8 起,同比减少 12 起,占同期对中国启动反倾销调查数 62 起的 12.9%,占对中国启动反补贴调查总数 10 起的 80%。8 起"双反"调查全部由发达经济体发起:美国 7 起,占比 87.5%;加拿大 1 起,占比 12.5%。2019 年,对中国的 8 起"双反"调查主要涉及:钢铁产品 4 起,占比 50%;杂项制品 2 起,占比 25%;玻璃与陶瓷产品各 1 起,占比均为 12.5%。

2020 年,境外对中国启动"双反"调查 16 起,同比增加 8 起,占同期对中国启动反倾销调查数 90 起的 17.8%,占对中国启动反补贴调查总数 20 起的 80%。16 起"双反"调查全部由发达经济体发起:美国 9 起,占比 56.3%;澳大利亚 4 起,占比 25%;加拿大 2 起,占比 12.5%;欧盟 1 起,占比 6.3%。

2020 年,境外对中国 16 起"双反"调查涉及产品较为集中:钢铁产品 6 起,占比 40%;机械与电气设备及零件等 4 起,占比 25%;杂项制品和木制品各 2 起,占比各 12.5%;化工品和运输工具各 1 起,占比各 6.3%。

(六)美国对中国"337"调查仍保持蔓延趋势

如表 8.3 所示,2019 年,美国立案的涉及中国企业的"337"调查数量达 25 起,占美国启动"337"调查总数的比例不断提高,中国已连续 19 年成为遭受该调查最多的国家。2020 年,美国立案的涉及中国企业的 337 调查数量达 20 起,数量和占比虽都有所下降,但仍然连续 20 年成为遭受该调查最多的国家。

表 8.3　　　　　　　　美国启动涉华"337"调查情况

年份	2002—2012	2013	2014	2015	2016	2017	2018	2019	2020
数量(起)	148	14	12	10	21	24	20	27	20
占比(%)	34.2	33.3	35.3	27.8	38.2	41.4	40.0	57.4	40.8

从涉案产品看,资本技术密集型的高科技产业逐渐成为遭遇"337"调查的重灾区,由中低端产品向高端产品延伸成为"337"调查的显著特征之一。

2019年,电子类产品是被调查的重灾区,共12起,占比44.4%;其次为轻工类产品6起,占比22.2%;塑料制品、纺织服装、化工产品、运输设备各2起;光伏产品1起。2020年,电子类产品是被调查的重灾区,共13起,占比65%;其次为杂项制品、贱金属及其制品各2起,占比均为10%;塑料制品、纺织服装、机械设备各1起,占比均为5%。

(七)轮毂产品遭受连锁贸易救济调查且出现负面效应

1. 中国轮毂产品多次受到境外贸易救济调查

2019—2020年,中国轮毂产品在前期遭遇9起贸易救济调查的基础上,又遭遇欧盟、乌克兰2起反倾销调查,调查总数已达11起。

表8.4　　　　　　2009—2020年中国轮毂产品遭受贸易救济调查情况

发起方	产品类型	时间	进度
欧盟	铝合金轮毂反倾销	2009-08-13	应欧洲轮毂制造商协会申请启动反倾销调查
		2009-09	对友发、戴卡、万丰、和立四家企业进行第一轮调查,主要调查是否具备"市场经济主体地位"
		2010-01	第一轮被调查企业都不具备"市场经济主体地位";并对多家中国企业启动第二轮调查
		2010-05-12	初裁:统一按20.6%征收反倾销税
		2010-10-28	终裁:按22.3%计征反倾销税,有效期5年
		2015-10-27	启动日落复审调查
		2017-01-24	日落复审终裁:继续按原税率征税
欧亚经济联盟	铝合金轮毂反倾销	2018-02-26	启动反倾销调查
		2019-01-10	终裁:按33.66%计征反倾销税,有效期5年
阿根廷	铝合金轮毂反倾销	2017-05-17	启动调查(14英寸≤直径≤18英寸)
		2017-05-31	初裁:存在产业实质性损害
		2018-01-05	终裁:按36.9%计征反倾销税,有效期5年
		2018-12-18	启动调查(17.5英寸≤直径≤24.5英寸)
		2019-07-24	初裁:按41.78%征收反倾销税,有效期4个月
		2019-12-09	终裁:按41.78%计征反倾销税,有效期5年

续表

发起方	产品类型	时间	进度
美国	钢制轮毂"双反"	2011-03-30	美国汽车产业协会提出调查申请
		2012-03-19	商务部终裁:征收高额"双反"税
		2012-04-17	终裁:不存在产业损害或损害威胁,停止征税
		2018-03-27	美国企业提出调查申请
		2018-04-17	启动"双反"调查
		2018-05-10	"双反"产业损害初裁:构成实质性损害
		2018-08-27	反补贴初裁:补贴率为58.75%~172.51%
		2018-10-24	反倾销初裁:中国普遍倾销率231.70%
		2019-03-22	终裁:普遍倾销率231.70%,补贴率457.10%
		2019-04-24	"双反"产业损害肯定性终裁
澳大利亚	铁道轮毂"双反"	2018-04-18	"双反"立案调查
		2018-06-18	反倾销初裁:中国普遍倾销幅度17.0%
		2019-01-24	因补贴幅度微量,终止反补贴调查
欧盟	钢制轮毂	2019-02-15	启动反倾销调查
		2019-10-10	肯定性初裁,征收临时反倾销税50.3%~66.4%
		2020-03-04	肯定性终裁,征收反倾销税50.3~66.4%
乌克兰	铝轮毂反倾销	2019-07-19	启动反倾销调查
		2021-01-16	申请方已宣布破产而终止

2. 境外对中国轮毂产品贸易救济调查负面效应初显

当前,境外对中国轮毂产品贸易救济调查负面效应已初显。根据中国汽车工业协会统计数据(见表8.5),2018年中国铝合金轮毂出口金额和数量虽均再创历史新高,但同比增速都呈现下滑;2019年和2020年1—7月出口金额和数量双双负增长,则显示中国铝合金轮毂出口形势严峻;而出口单价的下跌则表明中国铝合金轮毂出口结构升级压力加大。

表8.5　　　　　　　　2017—2020年中国铝合金轮毂出口情况

年份	金额(亿美元)	同比(%)	数量(万吨)	同比(%)	单价(美元/千克)
2016	38.66	0	83.64	6.1	4.622
2017	42.93	11.05	92.63	10.75	4.635
2018	47.38	10.4	99.41	7.3	4.766

续表

年份	金额(亿美元)	同比(%)	数量(万吨)	同比(%)	单价(美元/千克)
2019	40.36	−14.8	90.38	−9.1	4.466
2020	35.56	−12.4	81.17	−10.2	4.356

资料来源：铝合金轮毂网.2020 年 1—7 月中国大陆铝合金车轮出口情况简析[EB/OL].www.alu.cn/alunews/newsdisplay_1098299.html,2021−01−23.

3. 我国轮毂行业应对贸易救济措施的策略

(1)加大技术研发，提升自主品牌。据中国汽车工业协会统计数据,2016—2019 年连续出口排名前 7 位的公司——中信戴卡股份有限公司、盛旺汽车零部件(昆山)有限公司、保定市立中车轮制造有限公司、昆山六丰机械工业有限公司、浙江万丰奥威汽轮股份有限公司、连云港启创铝制品制造有限公司、广州驭凤旭铝铸件有限公司都以 OEM 为主，而缺乏自主品牌和知识产权。2019—2020 年出口单价的下降也反映出中国铝轮毂出口产品结构亟待升级，因此中国轮毂企业要加大技术研发投入和打造自主品牌。

(2)鼓励企业兼并重组，提高企业规模和行业集中度。2017 年底，中国铝合金轮毂出口企业达 1 598 家，行业集中较低；虽然 2019 年出口厂商数量大幅减少到 1 194 家，但仅有 1 家公司中信戴卡股份有限公司出口数量超过 1 000 万只，2 家公司出口数量 500 万～1 000 万只，5 家企业出口数量 200 万～500 万只，企业规模和集中度还有待提升。

(3)强化出口市场多元化战略以有效规避部分国家和地区贸易救济措施的影响。2018 年，我国铝合金轮毂虽然共计出口到 173 个国家和地区，但出口市场过于集中——出口量前 40 位的国家和地区总金额达 46.33 亿美元，占出口总金额的 97.8%。其中，出口美国总金额位居第一，达 23.97 亿美元，占总出口金额比重连续多年超 5 成；出口美国数量也位居第一，达 47.77 万吨，占总出口数量比重达 48.1%；出口日本总金额位居第二，但出口金额仅 8.24 亿美元，占比仅 17.4%；出口日本数量也位居第二，但仅达 18.63 万吨，占比仅 18.7%；出口金额和数量位居第三至第五位的国家和地区的金额和数量占比则仅有个位数。

2019 年，中国铝合金轮毂共计出口 177 个国家和地区，数量超过 50 万吨的只有 16 个，数量超过 100 万吨的只有 11 个，超过 200 万吨的只有 5 个，超过 500 万吨的只有 3 个，超过 1 000 万吨的只有 2 个，分别为美国和日本。虽然对美国出口数量和占比都显著下滑，但由于对其他国家出口基本维持稳定，甚至对墨西哥出口数量大幅提升，导致对前五位市场出口总数量有所下降，占比却微幅上升，集中度进一步提高。

表 8.6　　　　　2018—2019 年中国铝合金轮毂出口前 5 位市场情况分析

序号	2018 年			2019 年		
	国　别	数量(万吨)	占比(%)	国　别	数量(万吨)	占比(%)
1	美　国	47.77	48.1	美　国	36.70	40.6
2	日　本	18.63	18.7	日　本	18.83	20.8
3	墨西哥	5.893	5.93	墨西哥	9.014	9.97
4	泰　国	2.611	2.63	韩　国	2.819	3.12
5	加拿大	2.054	2.07	泰　国	2.667	2.95
	合　计	76.96	77.4	合　计	70.03	77.5

(4)加大对外投资,深入推进国际化。

相比于对外出口的快速增长,中国轮毂产业的对外投资发展则相对滞后。根据恒州博智《2020—2026 全球与中国汽车铝轮毂行业现状及未来市场预测》,目前仅有保定立中、中信戴卡、浙江万丰和浙江今飞等轮毂生产企业开始探索海外建厂,但产能相对有限。

考虑到反倾销的针对性和歧视性,可以预测随着反倾销区域的扩大、反倾销税率的提高,中国国内出口订单较多且有条件的轮毂企业应充分利用"一带一路"倡议的优势地位,加快海外投资的步伐或加大扩充海外产能的力度;此外,海外投资目的地也可以考虑接近美国、加拿大等主要汽车生产国的墨西哥、阿根廷、巴西等国家。

(八)美国在对中国扎带"双反"案中首提"汇率补贴"概念

2020 年 7 月 17 日,美国商务部宣布对进口自中国的扎带进行"双反"立案调查,涉及美国 HS 税号 8309900000 和 5609003000 项下产品。据美方统计,2019 年美国自中国进口涉案产品仅约 415 万美元,但美国首次立案调查"人民币汇率低估"补贴项目值得关注。

1. 美国对中国扎带"双反"调查初裁情况

2020 年 11 月 24 日,美国商务部发布对中国扎带反补贴调查初裁结果,以中国企业未应诉为由,以不利事实推定的方式裁定中国涉案企业高达 122.5% 的补贴幅度。其中,针对所谓"人民币汇率低估"项目,以存在严重问题的美国财政部报告为基础认定"人民币汇率低估",并借用美国在以往对中国反补贴案件中贷款项目的最高税率裁定 10.54% 的补贴幅度。

2. 美国开展"人民币汇率低估"补贴项目调查的实质

美国商务部之所以选择一个中国出口额很小的产业以及选择一家无应招之力的企业,目的就是要更加顺利地对别国实施"汇率低估"项目。因为美国是一个判例法国家,美国商务部找一个很小的企业"开刀",在于试水和推行其汇率反补贴新规,借此顺利地制造一个判例和先例,为后续采用"人民币汇率低估"来进行反补贴裁定埋下伏笔,以精准打击别国产品的竞争力,并干预别国市场汇率。

3. 美国开展"人民币汇率低估"补贴项目调查缺少事实依据

2005年"汇改"以来,我国就实行以市场供求为基础、参考一篮子货币进行调节、有管理的浮动汇率制度,市场在汇率形成中起决定性作用。总体上,人民币汇率处于合理均衡水平,且存在升值趋势,并没有被低估。自2005年以来,人民币对美元已累计升值超17%,根据国际清算银行数据,2005年初至2020年10月人民币名义有效汇率升值41%,实际有效汇率升值52%,是二十国集团经济体中最强势的货币,在全球范围内也是升值幅度最大的货币。2019年人民币对美元汇率的波动幅度超过5%,而同年中国经常项目余额仅占GDP的1%,完全处于正常水平,也低于美国国内法界定的汇率操纵标准。因此,美国对"人民币汇率低估"补贴项目进行调查缺少事实依据。

4. 美国开展"人民币汇率低估"补贴项目调查超出世界贸易组织规则所赋予的权限

《关税及贸易总协定》第15条明确规定,涉及外汇安排问题时,世界贸易组织成员方应与国际货币基金组织(IMF)磋商,由国际货币基金组织作出判定结论。美国商务部无权跨越国际货币基金组织进行判定,即美国该做法既越过了世界贸易组织成员反补贴规则的权限,也越过了国际货币基金组织对汇率问题的判定,是严重的单边主义行径。

5. 美国开展"人民币汇率低估"补贴项目调查违背世界贸易组织规则

世界贸易组织《补贴与反补贴措施协定》明确规定补贴必须具备财政资助、专向性和利益授予等要素。但美国并没有按照相关世界贸易组织规则要求进行调查和论证,而是以主要依据缺乏证据的美国财政部报告进行裁决——美国财政部报告以中方"缺乏透明度"为由,没有提供任何数据分析即得出2019年人民币对美元汇率低估5%的结论。此外,美国借用贷款项目确定性质完全不同的汇率低估项目的补贴幅度,严重破坏国际规则,毫无正当理由和法律依据。

6. 美国开展"人民币汇率低估"补贴项目调查凸显国内法凌驾国际法

为顺利开展对别国汇率进行反补贴调查,2020年2月,美国不惜违背《国际货币基金组织协定》经第二次修改所创设的自由汇率制度而修改国内法规,创设均衡实际有效汇率,以此来衡量和弹压其他国家汇率。美国汇率反补贴新规实际上以其国内法中的均衡实际有效汇率取代国际法中的自由汇率制,不仅违背国际条约的规定,也侵犯他国货币主权。

因此,对于美国违反国际规则,一意孤行开展"人民币汇率低估"补贴项目调查,中国企业应积极应诉,提交详实证据和抗辩意见;中国政府应敦促美方尊重国际规则和多边贸易体制,停止对所谓"人民币汇率低估"进行反补贴调查,纠正有关错误做法和结论;并积极通过世界贸易组织争端解决机制以及国际货币基金组织等寻求解决之道,维护合法权益。

(九)中国贱金属及其制品仍是贸易救济调查的重灾区且负面效应明显

1. 中国贱金属及其制品成为贸易救济调查重灾区且产品集中

2019年,中国贱金属及其制品共遭受境外36起贸易救济调查,占比35.6%。

2020年,中国贱金属及其制品共遭受境外52起贸易救济调查,占比39.1%,提高3.5个百分点,且主要集中在钢铁、钢铁制品、铜及其制品、铝及其制品等(见表8.7)。

表8.7　　　　2019—2020年中国贱金属及其制品遭遇贸易救济调查情况　　　单位:起

章	品名	2019年 反倾销	反补贴	保障措施	合计	2020年 反倾销	反补贴	保障措施	合计
72	钢铁	10	1	4	15	15	3	5	23
73	钢铁制品	7	3	3	13	9	2	1	12
74	铜及其制品	1	1	0	2	2	1	0	3
76	铝及其制品	6	0	0	6	9	1	2	12
83	贱金属制品	0	0	0	0	1	1	0	2
	合计	24	5	7	36	36	8	8	52

2. 我国贱金属及其制品遭受贸易救济调查效应显现

2019—2020年,中国遭受贸易救济调查的贱金属及其制品出口总体出现负增长,但各产品表现不一,特别是钢铁制品出现正增长(见表8.8),但增速大幅下滑,且钢铁和钢铁制品总体出现负增长,2019年为-2.97%,2020年为-3.88%,呈现加速下滑趋势。

表8.8　　　　2019—2020年中国贱金属及其制品出口情况

章	品名	2019 金额(亿美元)	增速(%)	2020 金额(亿美元)	增速(%)
72	钢铁	394.25	-15.9	334.13	-15.2
73	钢铁制品	692.63	6.3	710.63	2.6
74	铜及其制品	67.81	-2.3	61.73	-9.0

续表

章	品 名	2019 金额(亿美元)	2019 增速(%)	2020 金额(亿美元)	2020 增速(%)
76	铝及其制品	260.78	−3.5	245.98	−5.7
	合 计	1 415.46	−3.04	1 352.47	−4.45

2019—2020年,中国钢材和氧化铝出口单价虽有所上升,但出口数量和金额却呈现断崖式下跌,表明中国钢材和氧化铝还需进一步调整产品结构(参见表8.9)。

表8.9　　　　　2019—2020年中国钢材和氧化铝出口情况分析

产 品	年份	数量(万吨)	增速(%)	金额(亿美元)	增速(%)	单价(美元/吨)	增速(%)
钢 材	2019	6 429	−7.3	537.60	−11.3	836.21	−4.3
	2020	5 367	−16.5	454.70	−15.4	847.22	1.32
氧化铝	2019	27.49	−81.2	1.68	−78.6	610.55	13.86
	2020	15	−43.8	0.99	−41	659.99	8.10

2019年,中国生铁、粗钢、钢材和氧化铝产量仍基本保持增长,加之销售不济,导致期末库存有所增加(见表8.10),表明产品结构调整压力仍然巨大。特别是氧化铝,在产量下跌的情况下,期末库存却增长近四成,表明该产品国内外销售面临巨大压力。据中国钢铁工业协会数据,2019年中国钢材价格平均指数为107.98点,同比下降6.77点,降幅为5.90%;2020年平均指数为105.57点,同比下降2.41点,降幅为2.24%。

表8.10　　　　　2019—2020年中国钢材与氧化铝产销情况分析

	产品	生铁	粗钢	钢材	钢筋	线材(盘条)	氧化铝
2019年	产量(万吨)	80 936.5	99 634.2	120 477.4	24 971.6	15 682.0	7 247.4
	同比增速(%)	5.3	8.3	9.8	17.8	8.9	−1.0
	产销率(%)	99.8	100	100	—	99.5	99.5
	期末库存增减(%)	6.9	−2.2	1.0	—	99.5	37.5
2020年	产量(万吨)	88 752.4	105 299.9	132 489.2	26 639.1	16 655.6	7 313.2
	同比增速(%)	4.3	5.2	7.7	5.1	6.4	0.3

(十)机械与电气设备贸易救济调查的影响已初显

2019年,中国机械与电气设备共遭遇10起贸易救济调查,占据总调查数的10%;

2020年,中国机械与电气设备共遭遇13起贸易救济调查(见表8.11),占据总调查数的9.8%。

表8.11　　2019—2020年中国机械与电气设备遭遇贸易救济调查情况

序	产品名称	税号	发起方	发起时间	类型	进展
1	变压器	85042200、85042300	澳大利亚	2019-03-18	反倾销	终止
2	电焊机	85153190、85153900	阿根廷	2019-04-26	反倾销	终裁
3	家用电烤箱	85166000	阿根廷	2019-06-12	反倾销	终裁
4	洗衣机用单相电动机	85011029、85012000 85011030、85014019	阿根廷	2019-06-21	反倾销	终裁
5	风塔	85023101	墨西哥	2019-04-16	反倾销	终裁
6	微波炉	85165000	欧亚经济联盟	2019-03-01	保障措施	终止
7	喷雾装置	84248990	阿根廷	2019-04-17	反倾销	终裁
8	皂液按压头	84798999	阿根廷	2019-04-17	反倾销	终裁
9	液压千斤顶	84254202	墨西哥	2019-11-01	反倾销	终裁
10	蒸发器	84189910	印度尼西亚	2019-06-12	保障措施	终裁
11	电容器	85321000、85322200 85322500、85322900 85323090	巴基斯坦	2020-01-23	反倾销	终止
12	光缆	85447000	欧盟	2020-09-24	反倾销	调查
13	光缆	85447000	欧盟	2020-12-21	反补贴	调查
14	石墨电极	8545110089	欧亚经济联盟	2020-04-09	反倾销	调查
15	电热水器	8516100010	乌拉圭	2020-12-03	反倾销	调查
16	割草机	84672999、84331100	阿根廷	2020-02-03	反倾销	终止
17	手扶割草机及其零部件	8433110050	美国	2020-06-18	"双反"	初裁
18	225～999CC立式发动机及其零部件	84079010、84099199 84079090	美国	2020-02-05	"双反"	终裁
19	99～225cc立式发动机及其零部件	84079010、84099199 84331100、84243090 84079010	美国	2020-04-08	"双反"	调查
20	电缆	85444920、85444991 85446010、85446090 85447000	乌克兰	2020-07-28	保障措施	调查

这些贸易救济调查措施已对中国相关产品出口产生初步影响,如第84章和第85章产品出口增速相比于2018年大幅跳水(见表8.12)。

表8.12　　　　　　2018—2020年中国第84章和第85章产品出口情况

类　章	产品名称	年份	2018年	2019年	2020年
第84章	核反应堆、锅炉、机械器具及零件	金额(亿美元)	4 294.31	4 166.70	4 402.52
		增速(%)	12.1	−2.9	5.7
第85章	电机、电气设备及其零件;录音机及放声机、电视图像、声音的录制和重放设备及其零件、附件	金额(亿美元)	6 641.04	6 704.52	7 101.24
		增速(%)	11	1.0	5.9

(十一)中国对于境外贸易救济调查的应对之策

1. 商务部层面,应内外施策全力加强总体应对

对外要加大高层之间的交涉力度,要求国外的有关机构减少立案,公正调查,并积极参加包括世贸组织规则、自由贸易区相关规则的谈判,为境内企业开拓海外业务创造一个良好的规则环境。对内要加强各部门间的协调和互动,一盘棋应对国外的调查,特别是反补贴方面的调查。

2. 企业层面,要树立信心,积极应对贸易摩擦

对企业而言,生存和发展要考虑很多因素,贸易摩擦只是其中一个方面,如果企业的国际业务比较少,贸易摩擦更只是一个非常小的方面,甚至都不会纳入企业的常规战略考量,但对一个国家的产业发展和企业的做大做强来说,国际化是不得不推进的路径,既然中国的发展和中国企业的成长已经引起了各方的关注,主要竞争对手已经将焦点聚焦在中国和中国企业上,那就必须睁大双眼,积极应对。受制于严峻的国际经贸形势,很多案件的应诉结果并不尽如人意,但也要看到像杭州奇客这样的企业,在应对贸易摩擦的过程中,反而脱颖而出,不断做大做强,取得了其他企业没有的优势。

3. 更好地依托四体联动工作机制,形成贸易摩擦应对的合力

加入世界贸易组织以后,贸易摩擦的四体联动机制发挥了非常重要的作用,商务部作为四体中的一员也将做好协调和指导的工作,采取各种手段共同营造公平的对外贸易的环境。地方政府、商务主管部门也要做好协调和沟通的工作,千方百计支持企业,尽可能维护企业的合法利益。

4. 转变发展思路,积极培育产业核心竞争力;加强行业自律,合规经营

比如有的案件胜诉了,但由于缺乏行业自律,大家又一拥而上抢着出口,结果又引发新的调查和措施,再加上当前经济发展情况和国内外约束条件的变化,靠低价竞争

的路子很容易触发各种贸易限制的措施。因此,境内企业应按照供给侧结构性改革高质量发展的要求,加强研发和知识产权的保护,同时重视合规经营和行业自律。其中,最具代表性的就是中国钢铁产业。

2019年,经过三年坚持不懈的供给侧结构性改革,钢铁行业已提前完成"十三五"期间化解过剩产能的目标,为中国钢铁工业持续健康发展奠定了坚实基础。但伴随着中国工业化、城市化基本完成及经济结构的调整,未来仍然存在钢铁产能过剩问题。中国应从建立打击"地条钢"的长效机制、加强对产能置换的审查和监督、发挥政府在市场调节失灵时的主导作用三个方面入手,巩固来之不易的去产能成果,进一步提升中国钢铁行业的国际竞争力。

5. 加快多元化市场开拓,优化全球供应链和价值链布局

海外经营和投资有各种风险,这其中既有政治风险,又有安全风险和商业风险等。不管是通过贸易还是投资的方式,都要努力打造一个安全稳定、可预期的投资和经营环境。

6. 加强自由贸易区建设,推动双边、多边优化贸易发展

早在2007年,党的十七大就把自由贸易区建设提升为国家战略。2012年,党的十八大进一步提出要加快实施自由贸易区战略。党的十八届三中全会更是明确提出要以周边为基础加快实施自由贸易区战略,形成面向全球的高标准自由贸易区网络。"十三五"期间,中国加快建设面向全球的自由贸易区网络,已与25个国家和地区签署18个自由贸易协定,自由贸易伙伴遍及亚洲、拉丁美洲、大洋洲、欧洲和非洲。特别是2020年11月15日,随着涵盖15个成员国的区域全面经济伙伴关系协定正式签署,全球最大自由贸易区正式诞生,同时也翻开东亚区域经济一体化新的一页。

二、2019—2020年中国对进口产品开展贸易救济评述

按世界贸易组织口径统计[①],2019年中国对6个经济体的甲硫氨酸、正丙醇、间甲酚、聚苯硫醚、三元乙丙橡胶5种产品启动贸易救济调查15起,其中反倾销14起、反补贴1起;对干玉米酒糟、光纤预制棒、卤化丁基橡胶3种产品发起4起期中复审调查;对太阳能级多晶硅、四氯乙烯、丙酮、合金钢无缝钢管、单模光纤5种产品发起12起期终复审调查;对苯酚、不锈钢钢坯和不锈钢热轧板/卷两种产品作出9起原审初裁;对白羽肉鸡、邻二氯苯、苯酚、不锈钢钢坯和不锈钢热轧板/卷4种产品作出14起

---

① 如未作说明,则按世界贸易组织方式统计。世界贸易组织统计方式将对不同国家同一产品启动的贸易救济调查按涉及国家数进行统计,而中国将对多个国家同一产品启动的贸易救济调查按涉及产品数(即1起)进行统计。

原审终裁;对干玉米酒糟作出 2 起期中复审裁决;对马铃薯淀粉、乙二醇和二甘醇的单丁醚、间苯二酚、壬基酚、甲苯胺、双酚 A、电解电容器纸、合金钢无缝钢管 8 种产品作出 15 起期终复审裁决。

2020 年,商务部依法对聚苯醚、聚氯乙烯、乙二醇和丙二醇的单烷基醚、葡萄酒 4 种产品发起原审立案调查 8 起,反倾销和反补贴各 4 起;对聚酰胺－6,6 切片发起 1 起期终复审调查;对立式加工中心、正丙醇、聚苯硫醚、间甲酚、三元乙丙橡胶、葡萄酒 6 种产品作出 16 起原审初裁;对大麦、正丙醇、三元乙丙橡胶 3 种产作出 7 起原审终裁;对光纤预制棒作出 1 起期间复审裁决;对太阳能级多晶硅、高温承压用合金钢无缝钢管、四氯乙烯、丙酮、单模光纤 5 种产品作出 12 起期终复审裁决;终止对立式加工中心、甲硫氨酸两种产品共 5 起贸易救济调查。

(一)中国对外贸易救济调查启动数起伏较大,仍以反倾销为主

按世界贸易组织统计方式,2019 年,中国对外共启动 14 起反倾销调查,同比减少 2 起,降幅 12.5%;反补贴 1 起,同比减少 2 起,降幅 66.7%;保障措施仍为 0 起。2020 年,中国共对进口商品启动 4 起反倾销调查,同比减少 10 起,降幅 71.4%;反补贴 4 起,同比增加 3 起,增幅 300%;保障措施仍为 0 起。

2011—2020 年,中国对进口产品共启动 122 起贸易救济调查。其中,反倾销 108 起,占比 88.5%;反补贴 13 起,占比 10.7%;保障措施 1 起,占比 0.8%(见表 8.13)。

表 8.13　　　　2011—2020 年中国对进口产品启动贸易救济调查总体情况　　　　单位:起

	2011 年	2012 年	2013 年	2014 年	2015 年	2016 年	2017 年	2018 年	2019 年	2020 年	合计
反倾销	5	9	11	7	11	7	24	16	14	4	108
反补贴	0	2	1	0	0	1	1	3	1	4	13
保障措施	0	0	0	0	0	1	0	0	0	0	1
合 计	5	11	12	7	11	9	25	19	15	8	122

(二)对发达经济体启动数持平,但占比提高较快

2019 年,中国对外共启动 15 起贸易救济调查:涉及发达经济体 13 起,占比 86.67%,提高 18.3 个百分点,案件绝对数量持平;涉及发展中经济体 2 起,占比 13.3%,下降 18.3 个百分点,案件绝对数量同比减少 4 起,降幅达 66.67%。2020 年,中国共对进口商品启动 8 起贸易救济调查:涉及发达经济体 8 起,占比 100%,提高 13.33 个百分点,案件绝对数下降 5 起,降幅 38.46%;涉及发展中经济体 0 起,占比 0%,下降 13.3 个百分点,案件绝对数量同比减少 2 起,降幅达 100%。

2011—2020 年,中国对进口产品共启动 122 起贸易救济调查:涉及发达经济体 90

起,占比73.8%;涉及发展中经济体31起,占比25.4%;未明确被诉经济体1起,占比0.8%(见表8.14)。

表8.14　　　　2011—2020年中国对进口产品启动贸易救济调查涉案经济体情况

被诉方	指标	2011年	2012年	2013年	2014年	2015年	2016年	2017年	2018年	2019年	2020年	合计
发达经济体	数量(起)	5	9	9	6	8	6	13	13	13	8	90
	占比(%)	100	81.8	75	85.7	72.7	66.7	52	68.4	86.7	100	73.8
发展中经济体	数量(起)	0	2	3	1	3	2	12	6	2	0	31
	占比(%)	0	18.2	25	14.3	27.3	22.2	48	31.6	13.3	0	25.4

(三)主要集中于美日欧三大经济体,且占比大幅回升

2019年,中国对外共启动15起贸易救济调查,美国以5起居首位,占比达33.3%;日本以3起位居第二,占比20%;欧盟、韩国和马来西亚各以2起并居第三,各占比14.7%;新加坡1起,占比6.7%。其中,美国、欧盟、日本合计10起,占比达66.7%。2020年,我国共对进口商品启动8起贸易救济调查,美国以6起居首位,占比达75%,澳大利亚以2起位居第二,占比25%。

2011—2020年,中国对进口产品启动贸易救济调查主要涉及美国(32起,第一)、日本(23起,第二)和欧盟(19起,第三),三者合计占比达60.7%;韩国以11起位居第四,占比9.0%;印度以9起位居第五,占比7.4%(见表8.15)。前五位合计占比达77.0%,涉案国家相对集中。

表8.15　　　　2011—2020年中国对进口产品启动贸易救济调查涉案国别情况

被诉经济体	美国(起)	日本(起)	欧盟(起)	韩国(起)	澳大利亚(起)	新加坡(起)	加拿大(起)	印度(起)	泰国(起)	马来西亚(起)	中国台湾地区(起)	巴西(起)	土耳其(起)	印度尼西亚(起)	沙特(起)	南非(起)	未明确(起)	合计(起)	美日欧合计占比(%)
2011年	2	1	2															5	100
2012年	3	2	4	1			1											11	81.8
2013年	3	1	4			1	2					1						12	66.7
2014年	1	3	1		1			1										7	71.4
2015年	2	4	2	2						1								11	72.7
2016年	2	2	1	1				1	1								1	9	55.5
2017年	5	3	1		1		3	2	2	2								25	36
2018年	3	4	2	2	2		3	1		1			1					19	47.4
2019年	5	3	2	2		1				2								15	66.7
2020年	6				2													8	75
合计	32	23	19	11	4	3	1	9	5	5	3	2	1	1	1	1	1	122	60.7

(四)化工、塑料、橡胶行业涉案增加,行业高度集中

按照 HS 编码类章分类,2019 年,中国对外启动 15 起贸易救济调查:涉及化学品 8 起(甲硫氨酸 3 起、间甲酚 3 起、正丙醇 2 起),占比 53.3%;涉及塑料 4 起(聚苯硫醚 4 起),占比 26.7%;涉及橡胶 3 起(三元乙丙橡胶 3 起),占 20%。涉案产品所属行业高度集中。2020 年,中国共对外启动 8 起贸易救济调查:涉及化学品 6 起(聚苯醚、聚氯乙烯、乙二醇和丙二醇的单烷基醚均为 2 起),占比 75%;涉及食品 2 起,占比 25%。涉案产品所属行业高度集中。

2011—2020 年,中国对外启动 122 起贸易救济调查,共涉及化工(58 起)、钢铁及其制品(14 起)、食品(12 起)、塑料(8 起)、橡胶(8 起)、造纸(7 起)、多晶硅(5 起)、纺织(3 起)、医疗设备(2 起)、机械设备(2 起)、玻璃(2 起)、单模光纤(1 起)等行业(见表 8.16)。前 3 个行业合计共 84 起,占比达 68.8%,前 5 个行业占比达 81.97%,行业集中度较高,特别是化工行业以 58 起领跑,占比达 47.5%。

表 8.16　2011—2020 年中国对进口产品启动贸易救济调查涉案产品情况　　单位:起

被诉产业	化工	钢铁及其制品	食品	塑料制品	橡胶制品	造纸	太阳能多晶硅	纺织	医疗设备	机械设备	玻璃	单模光纤
2011 年	2	2	0	0	0	1	0	0	0	0	0	0
2012 年	6	0	0	0	0	0	5	0	0	0	0	0
2013 年	3	3	2	0	0	3	0	0	0	0	0	1
2014 年	3	0	0	0	0	0	0	0	2	0	2	0
2015 年	0	5	0	0	0	3	0	3	0	0	0	0
2016 年	2	0	3	4	0	0	0	0	0	0	0	0
2017 年	19	0	1	0	5	0	0	0	0	0	0	0
2018 年	9	4	4	0	0	0	0	0	0	2	0	0
2019 年	8	0	0	4	3	0	0	0	0	0	0	0
2020 年	6	0	2	0	0	0	0	0	0	0	0	0
合计	58	14	12	8	8	7	5	3	2	2	2	1

(五)实施和终止贸易救济措施情况

2019 年,中国新实施贸易救济措施 9 起,全部为反倾销措施;新增征税产品 2 个,分别为不锈钢钢坯和不锈钢热轧板/卷(初裁+终裁)、苯酚(初裁+终裁)。

2019 年,中国共终止实施 8 起贸易救济措施,全部为反倾销措施;其中,到期终止 4 起,申请复审终止 4 起;涉及 3 个产品,分别为聚氯乙烯(到期终止)、吡啶(申请复审终止)、甲乙酮(申请复审终止)。

2020年，中国新实施贸易救济措施16起；其中，反倾销措施13起，占比81.25%，反补贴措施3起，占比18.75%；新增征税产品6个——聚苯硫醚、间甲酚、葡萄酒、大麦（终裁）、正丙醇（初裁+终裁）、三元乙丙橡胶（初裁+终裁）；终止实施贸易救济措施0起。

具体情况详见表8.17。

表8.17　2019—2020年中国对进口产品启动贸易救济调查实施和终止情况

品名	措施	涉案国家（地区）	类型	时间	期限
不锈钢钢坯和不锈钢热轧板/卷	反倾销	欧盟、日本、韩国、印度尼西亚	初裁 终裁	2019-03-23 2019-07-23	— 5年
苯酚	反倾销	美国、欧盟、韩国、日本、泰国	初裁 终裁	2019-05-27 2019-09-06	— 5年
邻二氯苯	"双反"	日本、印度	初裁 终裁	2018-10-12 2019-01-23	— 5年
白羽肉鸡	反倾销	巴西	初裁	2018-06-09 2019-02-17	— 5年
聚氯乙烯	反倾销	美国、韩国、日本、中国台湾	到期终止	2019-09-29	
吡啶	反倾销	印度、日本	申请终止	2019-11-21	
甲乙酮	反倾销	日本、中国台湾	申请终止	2019-11-21	
正丙醇	反倾销 反补贴	美国	初裁 初裁	2020-07-18 2020-09-09	— —
	"双反"		终裁	2020-11-18	5年
三元乙丙橡胶	反倾销	美国、韩国和欧盟	初裁 终裁	2020-10-28 2020-12-20	— 5年
聚苯硫醚	反倾销	日本、美国、韩国、马来西亚	初裁	2020-10-17	—
间甲酚	反倾销	美国、欧盟、日本	初裁	2020-11-06	—
葡萄酒	反倾销 反补贴	澳大利亚	初裁	2020-11-28 2020-12-11	—
大麦	"双反"	澳大利亚	终裁	2020-05-19	5年

注："—"表示该措施无具体实施期限。

按中国统计口径，截至2020年底，中国共有70起贸易救济案件仍在采取措施。其中反补贴案件8起，反倾销案件61起，保障措施1起，涉及产品52个。这些措施依法保护了国内产业免受不公平进口产品的损害，特别是P92钢管、光纤预制棒等产业不仅实现扭亏为盈，还加速了产品创新升级，促进了全产业链稳定发展。

(六)中国对外贸易救济复审启动与裁决情况

按照世界贸易组织统计口径,2019年,中国依法对干玉米酒糟(双反)、光纤预制棒、卤化丁基橡胶3种产品启动3起反倾销和1起反补贴期中复审调查;对太阳能级多晶硅(双反)、合金钢无缝钢管、四氯乙烯、丙酮、单模光纤5种产品启动11起反倾销和1起反补贴期终复审调查;对干玉米酒糟(期中)作出反倾销和反补贴肯定性期中复审裁定各1项;对合金钢无缝钢管、乙二醇和二甘醇的单丁醚、马铃薯淀粉、间苯二酚、壬基酚、电解电容器纸、甲苯胺、双酚A 8种产品作出15项反倾销肯定性期终复审裁决。

2020年,中国依法对聚酰胺-6,6切片启动1起反倾销期终复审调查;对光纤预制棒作出反倾销肯定性期中复审裁定1项;对太阳能级多晶硅(双反)、高温承压用合金钢无缝钢管、四氯乙烯、丙酮、单模光纤5种产品作出11项反倾销和1项反补贴肯定性期终复审裁决。

(七)中国对美国、日本光纤预制棒发起反倾销调查效果显现

1. 被调查产品及用途

光纤预制棒(HS70022010)是具有特定折射率剖面并用于制造光导纤维(简称光纤)的石英玻璃棒,主要用于制造光纤,制造出来的光纤用于各类光缆结构进行光信号传输。

2. 反倾销调查历程

中国对光纤预制棒反倾销调查历程见表8.18。

表8.18　　　　　　　　　中国对光纤预制棒反倾销历程

时间	涉案国家	阶段	备注
2014-01-22	日本、美国	申请调查	
2014-03-19	日本、美国	发起调查	倾销调查期2013年1月1日至2013年12月31日,损害调查期为2010年1月1日至2013年12月31日。
2015-05-21	日本、美国	初裁	征收临时反倾销税。
2015-08-19	日本、美国	终裁	征收为期2年的反倾销税。
2017-08-19	日本、美国	发起期终复审	倾销调查期为2016年7月1日至2017年6月30日,损害调查期2014年1月1日至2017年6月30日。
2018-07-11	日本、美国	期终复审裁决	继续征收为期5年的反倾销税。
2019-09-27	日本	发起期间复审	倾销调查期为2018年4月1日至2019年3月31日。
2020-09-26	日本	期间复审裁决	提高涉案产品反倾销税税率。

3. 反倾销调查效益开始显现

(1)光纤预制棒进口数量和金额开始下降。受益于反倾销措施带来的公平竞争环境,中国光纤预制棒进口增速有所减缓,甚至从2017年开始出现下降趋势,但进口单价却有所提高,表明进口产品质量提到提升(见表8.19)。

表8.19　　　　　　　　2015—2020年中国光纤预制棒进口情况分析

年　份	2015	2016	2017	2018	2019	2020
金额(吨)	1 839.6	2 145.0	1 936.6	1 628.2	922.0	633.89
金额(万美元)	25 852.4	30 197.5	29 933.9	29 883.7	16 729.8	9 858.67
单价(美元/吨)	140 533	140 781	154 569	183 538	181 450	155 527

资料来源:根据海关总署海关统计数据在线查询平台http://43.248.49.97/的资料整理得到,2021-01-23。

(2)光纤预制棒价格提升,推动企业盈利和研发投入。

受益于反倾销措施带来的公平竞争环境,中国光纤预制棒进口开始减少,提高了产品价格(见表8.20),增强了企业的盈利能力,在一定程度上促进了中国光纤预制棒企业加大研发力度,并成功打破国外企业的技术封锁:从曾经预制棒全部依赖进口,只能进行简单的光缆加工,一跃成为全球光纤预制棒最大的制造国和需求国,逐渐摆脱依赖进口的被动局面。

表8.20　　　　　　　　2015—2017年中国光纤预制棒价格分析

	2015年	2016年		2017年	
	价格(元/芯公里)	价格(元/芯公里)	增速(%)	价格(元/芯公里)	增速(%)
整体	30.55	33.66	10.20	40.97	21.71
自产	30.10	33.38	10.89	41.29	23.69
外购	31.29	34.36	9.82	40.56	18.04

资料来源:任珂.光纤预制棒将实现国产化[EB/OL].www.jzcx.net/article/994.html,2019-01-25.

(3)光纤预制棒国内产能扩张,自给率不断提升。中国是全球第一大光纤光缆需求国和制造国,但长期以来光纤的母体——光纤预制棒一直依靠国外进口。但在反倾销措施以及政府配套政策支持下,通过企业不断地自主创新和合作,光纤预制棒基本实现国产化,自给率不断得到提升(见表8.21)。2022年,中国光纤预制棒有望实现完全自给,2023年产量和需求量预计分别达到2.02万公吨和1.94万公吨,但应预防供过于求的风险。

表 8.21　　　　　2015—2018 年中国光纤预制棒产量与自给率分析

年　份	2009	2010	2013	2014	2015	2016	2017	2018
数量(吨)	—	—	3 439	4 271	5 401	6 019	7 800	8 806
增速(%)	—	—	39.85	24.19	26.46	11.44	29.59	12.89
自给率(%)	27.6	31.6	56.4	64.4	75.6	78.9	88.1	93.3

资料来源：温程辉.2018 年光纤光缆光棒行业市场现状与发展趋势分析[R/OL]. www.qianzhan.com/analyst/detail/220/190213-7aab9543.html,2019-02-14.

(4) 光纤预制棒出口产品质量和价格得到提升。受益于反倾销措施带来的公平竞争环境，中国光纤预制棒研发投入增加带来产品质量提升，进而导致出口价格提升(见表 8.22)。

表 8.22　　　　　2015—2020 年中国光纤预制棒出口情况分析

年份	2015	2016	2017	2018	2019	2020
数量(吨)	514.8	1 602.1	2 147.9	999.3	904.2	998.2
金额(万美元)	1 546.8	2 317.5	2 640.9	6 788.9	7 546.9	7 064.6
单价(美元/吨)	30 047	14 465	12 295	67 937	83 462	70 773

资料来源：根据海关总署海关统计数据在线查询平台 http://43.248.49.97/的资料整理得到,2021-01-23。

(5) 下游光纤光缆产业受到一定冲击。受制于光纤预制棒价格上涨所带来的成本投入提高和国内需求的增加，光纤价格快速上涨；而光纤预制棒反倾销措施也促使涉案经济体加大对下游产品生产，致使光纤的进口价格远低于国内自产价格(见表 8.23)，但也表明国外光纤可能存在倾销。

表 8.23　　　　　2015—2017 年中国光纤价格分析　　　　　单位：元/芯公里

年　份	2015	2016	2017
光纤整体价格	47.19	52.10	63.66
光纤自产价格	52.40	57.54	65.60
光纤外购价格	43.18	47.97	59.16

资料来源：任珂.光纤预制棒将实现国产化[EB/OL].www.jzcx.net/article/994.html,2019-01-25.

因此，中国先后对印度单模光纤、美国和欧盟非色散位移单模光纤(HS90011000)发起反倾销期终复审立案调查，并相继作出期终和期间复审肯定性裁决(见表 8.24)。

表8.24 中国对单模光纤反倾销调查情况

产品	国家（地区）	时间	阶段	具体措施
单模光纤	印度	2013-08-14	原审立案	
		2014-05-14	原审初裁	征收临时反倾销税。
		2014-08-14	原审终裁	征收7.4%~30.6%反倾销税，为期5年。
		2019-08-14	期终复审立案	
		2020-08-14	期终复审终裁	继续征收反倾销税，为期5年。
非色散位移单模光纤	美国、欧盟	2010-04-22	原审立案	
		2011-02-18	原审初裁	征收临时反倾销税。
		2011-04-22	原审终裁	征收5.4%~18.6%反倾销税，为期5年。
		2016-04-22	期终复审立案	
		2017-04-22	期终复审终裁	继续征收反倾销税，为期5年。
	美国	2017-08-22	期间复审立案	
		2018-07-11	期间复审裁定	按33.3%~78.2%税率继续征收反倾销税。

资料来源：根据商务部中国贸易信息救济网 http://cacs.mofcom.gov.cn/的资料整理得到，2021-01-23。

海关进出口统计数据显示，中国对光纤反倾销措施已取得一定效应（见表8.25）：第一，光纤总体以及自印度、美国的进口数量和进口金额都有所下降，且自印度、美国的进口数量和金额占比都有所下降，表明反倾销措施具有进口数量限制效应；第二，光纤总体进口均价持续上升，表明反倾销措施具有一定的进口价格提升效应；第三，自印度进口均价却处于下降趋势，且低于总体均价的差距日益扩大，表明自印度进口光纤的倾销行为继续存在，因此，2020年8月14日，中国作出反倾销期终复审肯定性终裁，继续征收为期5年的反倾销税；第四，由于原先对美国征收的反倾销税率相对过低，并未有效抑制自美国进口（如2018年进口数量、金额、占比均同比提高），因而于2018年7月11日提高反倾销税率，随后2019年自美国进口光纤数量、金额和占比开始下降，但价格大幅提升，反倾销效应凸显。

表8.25 2017—2020年中国光纤（HS90011000）进口情况

		2017年	2018年	2019年	2020年
总体	数量（吨）	2 176.46	1 638.80	1 295.42	1 269.10
	金额（万美元）	39 205.0	37 151.4	34 194.8	35 367.6
	均价（万美元/吨）	18.01	22.67	26.40	27.87

续表

		2017 年	2018 年	2019 年	2020 年
自印度进口	数量(吨)	90.36	51.05	28.15	12.05
	占比(%)	4.15	3.11	2.17	0.95
	金额(万美元)	1 152.94	653.41	307.11	131.20
	占比(%)	2.94	1.76	0.90	0.37
	均价(万美元/吨)	12.76	12.80	10.91	10.88
自美国进口	数量(吨)	425.20	475.26	170.15	185.34
	占比(%)	19.54	29.00	13.13	14.60
	金额(万美元)	10 081.8	11 271.0	9 533.1	8 470.3
	占比(%)	25.72	30.34	27.88	23.95
	均价(万美元/吨)	23.71	23.72	56.03	45.70

资料来源:根据海关总署海关统计数据在线查询平台http://43.248.49.97/的资料整理得到, 2021-01-23。

此外,由于国内光纤价格提高,光缆生产成本提高,加之国内需求增长,导致中国光缆(HS85447000)进口数量大幅增加、进口金额窄幅波动,而进口价格虽有所起伏,但总体大幅下降,国内产量也呈现波动中下降的特性(见表8.26),表明境外光缆可能存在倾销,并对国内产业造成一定的冲击,但迄今中国并未对光缆发起反倾销调查。

表 8.26　　　　　　　2015—2019 年中国光缆产业发展情况

年　份	2015	2016	2017	2018	2019	2020
光缆进口量(公吨)	3 177.6	4 801.4	7 730.0	4 833.1	3 728.9	6 742.8
光缆进口额(亿美元)	1.724 8	1.715 2	1.886 3	1.754 3	1.457 3	1.587 9
光缆进口价格(美元/千克)	54.28	35.72	24.40	36.30	39.08	23.55
光缆国内产量(万芯公里)	34 947	32 949	34 211	31 735	26 516	28 878

资料来源:根据海关总署海关统计数据在线查询平台http://43.248.49.97/的资料整理得到, 2021-01-23;中商产业研究院.2020年中国光缆产量数据统计分析[R/OL].www.askci.com/news/data/chanxiao/20210122/1107011336515.shtml,2021-01-22.

(八)中国对美国正丙醇发起"双反"调查合理合法且效果显现

1. 被调查产品及用途

本调查产品正丙醇归在 29051210 项下,可直接使用或酯化为醋酸正丙酯,大量用于食品包装生产以及作为食品包装的印刷油墨溶剂,醋酸正丙酯还是新能源汽车锂电池电解液的重要组分。正丙醇作为前药,大量应用于红霉素的生产,是大环内酯类抗生素不可缺少的原料,同时也是丙硫胺、丙磺舒等药品的起始原料。作为化学中间体,正丙醇被用来合成乙二醇醚、正丙胺、正丙酯和溴丙烷等。作为优良的溶剂,正丙醇也广泛用于涂料、油漆、胶黏剂、化妆品、塑料和杀菌剂等产品。正丙醇还是食品添加剂、饲料添加剂、合成香料、清洁剂、增塑剂、润滑剂、脱脂液、粘合剂、防腐剂和刹车油等多个领域的重要原料。

2. 对正丙醇启动"双反"调查

经国内企业申请,中国商务部决定自2019年7月23日起对原产于美国的进口正丙醇进行反倾销立案调查,自2019年7月29日起对原产于美国的进口正丙醇进行反补贴立案调查。

3. 中国正丙醇进口激增

"双反"调查发起前,中国正丙醇进口大幅增长,且增速呈现加速趋势。美国则是中国正丙醇进口第一大来源国,进口增速和占进口总额比重都超过60%(见表8.27)。

表8.27 2017—2019年1—6月中国正丙醇进口情况

	总体进口				自美国进口					
	数量(万吨)	同比(%)	金额(万美元)	同比(%)	数量(万吨)	同比(%)	占比(%)	金额(万美元)	同比(%)	占比(%)
2017年	6.03	—	6 245.70	—	2.81	—	46.7	2945.19	—	47.2
2018年	6.66	10.5	7 499.42	20.1	4.40	56.5	66.1	5 004.18	69.9	66.7
2019年1—6月	4.61	72.7	4 520.84	47.2	2.85	87.2	61.9	2 822.12	60.1	62.4

资料来源:根据海关总署海关统计数据在线查询平台http://43.248.49.97/的资料整理得到,2021-01-23。

美国正丙醇对中国出口激增,部分原因在于倾销(中国正丙醇产业估算,2018年美国正丙醇对中国倾销的幅度达154.07%)。美国联邦政府和地方政府给予正丙醇产业107项补贴。

4. 中国正丙醇产业发展受到冲击

新思界研究报告指出:正丙醇进口量的激增,给中国本土生产企业造成非常大的发展压力,如2018年,中国正丙醇产量出现负增长,产能利用率大幅下滑。加之生产工艺落后、企业规模较小、品牌知名度低等原因,中国正丙醇出口规模一直非常小,贸易逆差不断扩大,更是加深了中国正丙醇行业的发展困境。

表8.28 2017—2019年中国正丙醇出口情况

	数量(吨)	同比(%)	金额(万美元)	同比(%)	差额(万美元)
2017年	143.03	—	37.87	—	-6 207.83

续表

	数量 (吨)	同比 (%)	金额 (万美元)	同比 (%)	差额 (万美元)
2018 年	151.96	6.243	38.19	0.832	-7 461.24
2019 年	197.42	29.92	54.78	43.45	-8 539.16

资料来源:根据海关总署海关统计数据在线查询平台 http://43.248.49.97/的资料整理得到，2021-01-23。

5. 正丙醇肯定性裁决效应显现

自 2020 年 7 月 18 日起，采取临时反倾销税保证金;自 2020 年 9 月 9 日起，采取临时反补贴税保证金;自 2020 年 11 月 18 日起，正式征收反倾销税和反补贴税，征收期限 5 年。正丙醇"双反"调查获得肯定性裁决，为中国正丙醇产业发展创造了公平的市场竞争环境。

(1)进出口改善。2020 年，中国正丙醇进口量达 4.167 万吨，同比降低 54.86%，金额达 3 872.15 万美元，同比降低 54.94%;自美国进口正丙醇达 2.104 万吨，同比降低 65.60%，金额达 1 886.32 万美元，同比降低 66.67%，数量和金额占比分别为 50.49% 和 48.71%，分别下降 15.76 和 17.15 个百分点;2020 年，中国正丙醇出口达 5 624.87 吨和 716.51 万美元，同比分别增长 27.5 倍和 12.1 倍;贸易逆差 3 155.64 万美元，大幅缩小 63%。

(2)国内价格回升。生意社一大宗商品数据显示，2020 年，正丙醇国内价格由年初的 10 600 元/吨上涨至年底的 11 800 元，上涨了 1 200 元/吨，涨幅 11.32%。

(3)国内产能提升。2019 年，国内正丙醇产能仅有 26 万吨左右;2020 年，国内正丙醇总产能上升为 39.4 万吨左右(含鲁西化工)，同比增长 51.54%。

6. 中国正丙醇产业发展策略

中国正丙醇产业应充分利用有所改善的外部环境，加快投资，以扩大企业规模和产能，形成规模优势;多元化生产工艺，如积极推广具有投资低、能耗少、催化剂可循环使用、反应安全、副产物(正丙醇、2-甲基-1,3-丙二醇)利用价值高、推广前景大等优点的烯丙醇加氢法，以降低对乙烯羰基合成法的依赖——该方法是国内最重要的正丙醇生产工艺路线，占全国总产能的 84.5%;加大技术研发，提升产品性能，并实施品牌战略，提升品牌知名度。

(九)我国终止对印度和日本吡啶的救济措施体现市场竞争原则

1. 被调查产品及作用

被调查产品归在 29333100 项下。吡啶是含吡啶环类农药和医药中间体的基础原料，也是日用化工、饲料、食品添加剂、子午轮胎工业的重要原料，具有广泛的应用领域(见表 8.29)。

表 8.29　　　　　　　　吡啶的主要应用领域和典型产品类型

应用领域	典型产品类型
医药中间体	氟哌酸、维生素 A,抗肿瘤药物、地塞米松、乙酰螺旋霉素、烟酸、异烟酸、磺胺、青霉素、可的松
农药中间体	百草枯、敌草快、吡虫啉、绿草定、毒死蜱、啶虫脒、吡嗪酮
化工中间体	氯代吡啶、五氯吡啶、2-乙烯基吡啶、4-乙烯基吡啶、吡啶硫酮钠
染料	N-乙基吡啶酮系列、蓝色基 BB、蓝色基 RR、分散蓝 S-RB、可溶解性还原灰 IBL、可溶性还原蓝 IBC

2. 被调查产品贸易救济措施

2012 年 9 月 21 日,对原产于印度和日本的进口吡啶发起反倾销立案调查。

2013 年 5 月 28 日,肯定性初裁,进口经营者向海关提供 24.6%～57.4%的保证金。

2013 年 11 月 21 日,肯定性终裁,征收 24.6%～57.4%的反倾销税。

2015 年 2 月 5 日,对原产于印度吉友联生命科学有限公司的进口吡啶进行期中复审。

2016 年 2 月 5 日,将吉友联生命科学有限公司所适用的吡啶反倾销税税率修改为 17.6%。

2018 年 11 月 21 日,对原产于印度和日本的进口吡啶的反倾销措施发起期终复审调查。

2019 年 11 月 7 日,中国吡啶产业请求终止期终复审调查。

2019 年 11 月 21 日,对原产于印度和日本的进口吡啶不再征收反倾销税。

3. 被调查产品进口量跌价升明显,倾销威胁减轻

在申请终止反倾销措施前的 2018—2019 年 1—10 月,随着国内吡啶产量增加和反倾销作用,中国吡啶进口量和进口额迅速减少,而进口平均价格则大幅上升;虽然 2019 年 1—10 月自印度进口数量和金额都大幅增长,但进口平均价格也呈现上升,表明印度对中国吡啶倾销问题有所缓解;虽然 2018 年自日本进口数量和金额都大幅上升,但同期进口均价也较大幅度提高,且 2019 年 1—10 月已呈现较大负增长,也表明日本对中国吡啶倾销问题缓解(见表 8.30)。

表 8.30　　　　　　　　2018—2019 年 1—10 月中国吡啶进口情况

		数量（吨）	同比（%）	金额（万美元）	同比（%）	均价（美元/千克）	同比（%）
总体	2018 年	1 195.3	−56.3	691.348	−34.9	5.78	49.1
	2019 年 1—10 月	443.67	−54.6	435.136	−26.0	9.81	63.1
印度	2018 年	71.171	−48.12	71.031	−19.8	9.98	54.5
	2019 年 1—10 月	145.32	108.5	161.686	158.7	11.13	24.1
日本	2018 年	192.37	134.4	97.053	240.6	5.05	45.3
	2019 年 1—10 月	80.03	−33.5	41.691	−39.3	5.21	−8.64

4. 被调查产品国内产量快速提升

近年,国产吡啶产能在迅速增加,并逐步采用相对先进和绝对主流的合成法生产吡啶系列产品,产能和产量迅速增加,国产品开始替代进口产品。当前,中国吡啶及其系列产品的总生产能力已达 15 万吨,占到全球的 55% 左右,年实际产量达 10 余万吨,生产企业有近 10 家,已成为全球最大的吡啶及其系列产品生产国。其中,最大的生产企业为南京红太阳集团,该公司具有自主知识产权生产工艺,年生产能力达 6.2 万吨,高于美国凡特鲁斯公司 5.9 万吨和印度吉友联公司 4.2 万吨的产能而排名世界第一位,占全球产能的 23% 左右。中国吡啶产业协会预计,随着国产吡啶及其系列产品市场份额扩大,该产品进口依赖会有所下降。

5. 被调查产品国内产业发展策略

在国内产业得到发展、倾销威胁解除的背景下,中国产业主动申请终止对进口吡啶的反倾销措施体现了市场公平竞争原则。但在终止对进口吡啶反倾销措施、国内市场竞争日趋激烈的环境下,国内企业要想获得竞争优势,必须坚持低成本、新技术战略。

第一,应根据自身条件,继续改进吡啶生产工艺,加快工艺国产化进程,建成具有自主知识产权工艺的合成吡啶生产装置。

第二,新建生产能力应综合、统一规划上、下游产品,以实现效益的最大化。

第三,继续抓好工艺管理、设备管理、质量管理等工作,以进一步提高产品质量、降低原材料和能源消耗、降低产品成本,进而提高企业的竞争力。

第四,提升吡啶企业的环境安全水平,为可持续发展创造必要的条件。

第五,科研院所、大专院校应进一步加紧对吡啶下游产品及应用的研发,使我国吡啶在应用和品种方面尽快达到发达国家水平,提升中国吡啶扩大生产和持续发展的驱动力。

(本章执笔:查贵勇副教授)

第九章

世界贸易组织争端

世界贸易组织争端解决机制是一种贸易争端解决机制,也是世界贸易组织机制中不可缺少的一部分,是多边贸易机制的支柱,在经济全球化发展中颇具特色。它具有统一性、效率性和强制性的特点。它具有自己的原则、机构和解决程序。中国自2001年12月11日正式加入世界贸易组织以来,直接或间接地参与了世界贸易组织争端解决机制多起案例。本章旨在对中国在2019—2020年参与的世界贸易组织贸易争端解决的实践进行简单回顾,从中总结经验教训,以便为今后中国更好地利用世界贸易组织争端解决机制解决贸易争端提供有益借鉴。

第一节 2019—2020年中国参与世界贸易组织争端概况

一、中国作为起诉方的世界贸易组织争端

中国就美国对中国的某些商品的关税措施(第三部分)向世界贸易组织提出磋商请求(DS587)

2019年9月4日,世界贸易组织发布第WT/DS587/1号通报称,中国于2019年9月2日就美国对中国的某些商品的关税措施(第三部分)(tariff measures on certain goods from China Ⅲ)向世界贸易组织争端解决机构(DSB)申请进行磋商,目前该案在进一步的磋商中。

二、中国作为被诉方的世界贸易组织争端

（一）加拿大就中国从加拿大进口油菜籽的措施向世界贸易组织提出磋商请求（DS589）

2019年9月12日，世界贸易组织发布第WT/DS589/1号通报称，加拿大于2019年9月9日就中国从加拿大进口油菜籽的措施（measures concerning the importation of canola seed from Canada）向世界贸易组织争端解决机构（DSB）申请进行磋商，目前该案仍在进一步的磋商中。

（二）澳大利亚就中国对来自澳大利亚大麦的反倾销和反补贴措施向世界贸易组织提出磋商请求（DS598）

2020年12月21日，世界贸易组织发布第WT/DS598/1号通报称，澳大利亚于2020年12月16日就中国对来自澳大利亚大麦的反倾销和反补贴措施（anti-dumping and countervailing duty measures on barley from Australia）向世界贸易组织争端解决机构（DSB）申请进行磋商，目前该案仍在进一步的磋商中。

三、中国作为第三方参与的世贸组织争端

（一）泰国就土耳其对进口空调机的附加税向世界贸易组织提出磋商请求（DS573）

2018年12月10日，世界贸易组织发布第WT/DS573/1号通报称，泰国于2018年12月5日就土耳其对进口空调机的附加税（additional duties on imports of air conditioningmachines from Turkey）向世界贸易组织争端解决机构（DSB）申请进行磋商。2019年4月19日，世界贸易组织建立工作组，中国作为第三方参与到工作组中。

（二）阿联酋就卡塔尔对有关阿拉伯联合酋长国货物的某些措施向世界贸易组织提出磋商请求（DS576）

2019年1月31日，世界贸易组织发布第WT/DS576/1号通报称，阿联酋于2019年1月28日就卡塔尔对有关阿拉伯联合酋长国货物的某些措施（certain measures concerning goods from the United Arab Emirates）向世界贸易组织争端解决机构（DSB）申请进行磋商。该案件于2019年5月28日建立工作组，中国作为第三方参与其中。

（三）欧盟就美国对产自西班牙的成熟橄榄实施反倾销和反补贴关税措施向世界贸易组织提出磋商请求（DS577）

2019年1月31日，世界贸易组织发布第WT/DS577/1号通报称，欧盟就美国对

产自西班牙的成熟橄榄实施反倾销和反补贴关税措施（countervailing and anti-dumping duties on ripe olives from Spain）向世界贸易组织争端解决机构（DSB）申请进行磋商。该案件于2019年10月18日建立工作组,中国作为第三方参与其中。

（四）突尼斯就摩洛哥对学校练习册的最终反倾销措施向世界贸易组织提出磋商请求（DS578）

2019年2月27日,世界贸易组织发布第WT/DS578/1号通报称,突尼斯于2019年2月21日就摩洛哥对学校练习册的最终反倾销措施（definitive anti-dumping measures on school exercise books from Tunisia）向世界贸易组织争端解决机构（DSB）申请进行磋商。该案件于2019年10月28日建立工作组,中国作为第三方参与其中。

（五）巴西就印度对关于糖和甘蔗的措施向世界贸易组织提出磋商请求（DS579）

2019年3月5日,世界贸易组织发布第WT/DS579/1号通报称,巴西于2019年2月27日就印度对关于糖和甘蔗的措施（measures concerning sugar and sugarcane）向世界贸易组织争端解决机构（DSB）申请进行磋商。该案件于2019年8月15日建立工作组,中国作为第三方参与其中。

（六）澳大利亚就印度对关于糖和甘蔗的措施向世界贸易组织提出磋商请求（DS580）

2019年3月7日,世界贸易组织发布第WT/DS580/1号通报称,澳大利亚于2019年3月1日就印度对关于糖和甘蔗的措施（measures concerning sugar and sugarcane）向世界贸易组织争端解决机构（DSB）申请进行磋商。该案件于2019年8月15日建立工作组,中国作为第三方参与其中。

（七）危地马拉就印度对关于糖和甘蔗的措施向世界贸易组织提出磋商请求（DS581）

2019年3月25日,世界贸易组织发布第WT/DS581/1号通报称,危地马拉于2019年3月15日就印度对关于糖和甘蔗的措施（measures concerning sugar and sugarcane）向世界贸易组织争端解决机构（DSB）申请进行磋商。该案件于2019年8月15日建立工作组,中国作为第三方参与其中。

（八）欧盟就印度对某些信息和通信技术商品的关税待遇向世界贸易组织提出磋商请求（DS582）

2019年4月9日,世界贸易组织发布第WT/DS582/1号通报称,欧盟于2019年4月2日就印度对某些信息和通信技术商品的关税待遇（tariff treatment on certain good in the information and communications technology sector）向世界贸易组织争端

解决机构(DSB)申请进行磋商。该案件于 2020 年 6 月 29 日建立工作组,中国作为第三方参与其中。

(九)欧盟就土耳其对关于药品生产、进口和销售的若干措施向世界贸易组织提出磋商请求(DS583)

2019 年 4 月 10 日,世界贸易组织发布第 WT/DS583/1 号通报称,欧盟于 2019 年 4 月 2 日就土耳其对关于药品生产、进口和销售的若干措施(certain measures concerning the production, importation and marketing of pharmaceutical products)向世界贸易组织争端解决机构(DSB)申请进行磋商。该案件于 2019 年 9 月 30 日建立工作组,中国作为第三方参与其中。

(十)日本就印度对某些商品的关税待遇向世界贸易组织提出磋商请求(DS584)

2019 年 5 月 14 日,世界贸易组织发布第 WT/DS584/1 号通报称,日本于 2019 年 5 月 10 日就印度对某些商品的关税待遇(tariff treatment on certain goods)向世界贸易组织争端解决机构(DSB)申请进行磋商。该案件于 2020 年 7 月 29 日建立工作组,中国作为第三方参与其中。

(十一)美国就印度对某些商品的附加关税向世界贸易组织提出磋商请求(DS585)

2019 年 7 月 4 日,世界贸易组织发布第 WT/DS585/1 号通报称,美国于 2019 年 7 月 3 日就印度对某些商品的附加关税(additional duties on certain products from the United States)向世界贸易组织争端解决机构(DSB)申请进行磋商。该案件于 2019 年 10 月 28 日建立工作组,中国作为第三方参与其中。

(十二)台澎金马单独关税区就印度对信息和通信技术领域某些商品的关税待遇向世界贸易组织提出磋商请求(DS588)

2019 年 9 月 9 日,世界贸易组织发布第 WT/DS588/1 号通报称,台澎金马单独关税区于 2019 年 9 月 2 日就印度对信息和通信技术领域某些商品的关税待遇(tariff treatment on certain goods in the information and communications technology sector)向世界贸易组织争端解决机构(DSB)申请进行磋商。该案件于 2020 年 7 月 29 日建立工作组,中方作为第三方参与其中。

(十三)韩国就日本对有关向韩国出口产品和技术的措施向世界贸易组织提出磋商请求(DS590)

2019 年 9 月 16 日,世界贸易组织发布第 WT/DS590/1 号通报称,韩国于 2019 年 9 月 11 日就日本对有关向韩国出口产品和技术的措施(measures related to the exportation of products and technology to korea)向世界贸易组织争端解决机构(DSB)

申请进行磋商。该案件于 2020 年 6 月 18 日建立工作组,中国作为第三方参与其中。

(十四)欧盟就哥伦比亚对来自比利时、荷兰和德国的冷冻薯条的反倾销税向世界贸易组织提出磋商请求(DS591)

2019 年 11 月 20 日,世界贸易组织发布第 WT/DS591/1 号通报称,欧盟于 2019 年 11 月 15 日就哥伦比亚对比利时、荷兰和德国冷冻薯条的反倾销税(anti-dumping duties on frozen fries from belgium, the netherlands and germany)向世界贸易组织争端解决机构(DSB)申请进行磋商。该案件于 2020 年 6 月 29 日建立工作组,中国作为第三方参与其中。

(十五)欧盟就印度尼西亚对有关原材料的措施向世界贸易组织提出磋商请求(DS592)

2019 年 11 月 27 日,世界贸易组织发布第 WT/DS592/1 号通报称,欧盟于 2019 年 11 月 22 日就印度尼西亚对有关原材料的措施(measures relating to raw materials)向世界贸易组织争端解决机构(DSB)申请进行磋商。

(十六)印度尼西亚就欧盟对有关棕榈油和油棕作物基生物燃料的某些措施向世界贸易组织提出磋商请求(DS593)

2019 年 12 月 16 日,世界贸易组织发布第 WT/DS593/1 号通报称,印度尼西亚于 2019 年 12 月 09 日就欧盟对有关棕榈油和油棕作物基生物燃料的某些措施(certain measures concerning palm oil and oil palmcrop-based biofuels)向世界贸易组织争端解决机构(DSB)申请进行磋商。该案件于 2020 年 7 月 29 日建立工作组,中国作为第三方参与其中。

(十七)土耳其就欧盟对某些钢铁产品的保障措施向世界贸易组织提出磋商请求(DS595)

2020 年 3 月 19 日,世界贸易组织发布第 WT/DS595/1 号通报称,土耳其于 2020 年 3 月 13 日就欧盟对某些钢铁产品的保障措施(safeguard measures on certain steel products)向世界贸易组织争端解决机构(DSB)申请进行磋商。该案件于 2020 年 8 月 28 日建立工作组,中国作为第三方参与其中。

(十八)中国香港就美国对产地来源标记要求向世界贸易组织提出磋商请求(DS597)

2020 年 11 月 3 日,世界贸易组织发布第 WT/DS597/1 号通报称,中国香港于 2020 年 10 月 30 日就美国对产地来源标记要求(origin marking requirement)向世界贸易组织争端解决机构(DSB)申请进行磋商。

第二节　中国参与世界贸易组织争端情况评述

根据《世界贸易组织争端解决规则与程序的谅解》(简称DSU)的规定,世界贸易组织争端解决机制由适用范围、管理与运作、一般原则、基本程序、建议与裁决的实施和监督、补偿与减让的中止、涉及最不发达成员国的特殊程序、专家组的工作程序、专家组复审等环节构成。世界贸易组织争端解决机制的实质在于:不是决定当事国在有关案件中的胜败或制裁某一当事方,而是求得有关争端的有效解决,维持和恢复争端当事方依照有关协议的权利和义务之间的平衡。世界贸易组织争端解决机制为增强多边贸易体制的可预见性和保障多边贸易体制有效运行发挥了十分重要的作用,而且日益取得发展中国家的信赖,成为国际贸易争端解决最主要的方式。

一、中国在世界贸易组织争端解决活动中的表现与特点

在加入世界贸易组织前,我国政府官员及学者几乎一致认为,中国加入世界贸易组织的好处之一就是:借助世界贸易组织争端解决机制,改善中国的谈判地位和贸易待遇,反击中国出口所遭受的各种不公平做法,减轻或避免单方贸易报复威胁或贸易报复,为中国对外经济贸易创造一个和平、稳定、安全的环境。加入世界贸易组织以来,中国在外贸领域取得的成就举世瞩目,但与各贸易伙伴的贸易摩擦也在不断增多。这近20年来,中国一直密切关注争端解决机制的运行,作为新成员,还处于学习与了解世界贸易组织规则的阶段,尽管主动运用世界贸易组织争端解决机制不够,但是一直通过第三方的身份积极参与争端解决活动,关注与中国贸易利益相关的争议问题。中国政府非常重视世界贸易组织争端解决机制,虽然加入世界贸易组织只有19年,但截至2020年底,中国作为起诉方、被诉方和第三方的案件总数在世界贸易组织争端解决案件中排在第四位(见表9.1)。

表9.1　　　中国参与世界贸易组织争端解决案件情况(截至2020年底)　　　单位:起

次序	成员	总数	起诉	被诉	第三方
1	美国	443	124	156	163
2	欧盟	401	104	88	209
3	日本	261	27	16	218
4	中国	254	21	45	188
5	加拿大	225	40	23	162
6	印度	224	24	32	168
7	巴西	206	33	17	156

续表

次序	成员	总数	起诉	被诉	第三方
8	韩国	174	21	19	134
9	墨西哥	146	25	15	106
10	澳大利亚	138	10	16	112

资料来源：https://www.wto.org/english/tratop_e/dispu_e/dispu_by_country_e.htm.

截至 2020 年 12 月 31 日，中国作为投诉方的案件一共有 21 起（见图 9.1），大部分是针对中国主要的贸易伙伴欧美，其中起诉美国的案件有 16 起，起诉欧盟的案件有 5 起，其中有 1 起案件（DS452）专门针对的是欧盟成员国意大利和希腊。而中国被投诉的案件有 45 起（见图 9.2），其中来自美国的有 23 起，来自欧盟的有 9 起，来自墨西哥的有 4 起，来自加拿大的有 4 起，来自日本的有 2 起，来自危地马拉、巴西和澳大利亚的各有 1 起。

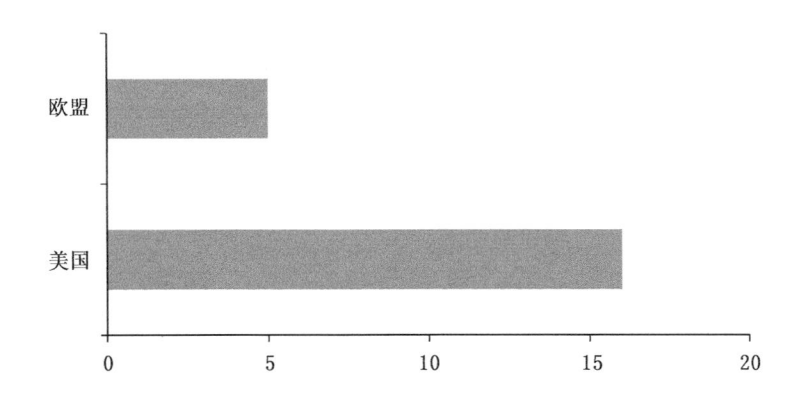

资料来源：https://www.wto.org/english/tratop_e/dispu_e/dispu_by_country_e.htm.

图 9.1　中国作为投诉方的案件

资料来源：https://www.wto.org/english/tratop_e/dispu_e/dispu_by_country_e.htm.

图 9.2　中国作为被诉方的案件

2019—2020年度,在世界贸易组织争端解决机制下,中国参与世界贸易组织争端解决的总体情况如表9.2所示。其中,起诉案件数为1起,相较于2017—2018年度减少了4起;被诉案件数2起,相较于2017—2018年度减少了3起;作为第三方参与的案件数为18起,相较于2017—2018年度减少了15起(见图9.3)。

表9.2　　　　　中国参与世界贸易组织争端解决案件情况(2019—2020年)

起　　诉	被　　诉	第三方
DS587	DS589　DS598	DS573　DS576　DS577 DS578　DS579　DS580 DS581　DS582　DS583 DS584　DS585　DS588 DS590　DS591　DS592 DS593　DS595　DS597

资料来源:https://www.wto.org/english/tratop_e/dispu_e/dispu_by_country_e.htm.

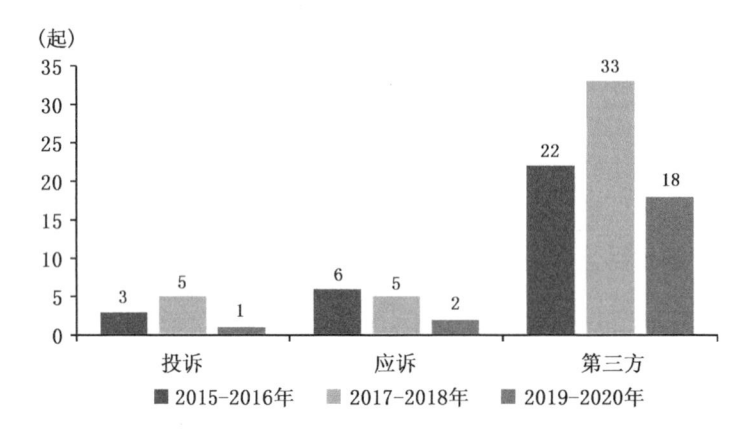

图9.3　2015—2016年、2017—2018年和2019—2020年中国参与世界贸易组织争端解决情况

综观我国在2019—2020年世界贸易组织争端解决活动中的投诉、应诉和以第三方身份参与情况,可以看出下列特点:

(1)中美贸易战持续,中国积极主动投诉美国,争取贸易正当权益。

中美贸易争端一直不断。2003—2005年,由美国单方面挑起的一系列贸易摩擦给中美贸易关系蒙上了浓重的阴影,贸易大战似乎一触即发,中美两国进入了前所未有的贸易摩擦期。中美贸易摩擦作为中美经贸关系的一部分,随着中美政治关系的发展和国际局势的变幻而发生变化。2018年3月23日,特朗普政府不顾中方劝阻,执意发动贸易战,掀起了又一轮的中美贸易争端。美国的单边主义做法已经违背了世贸易组织的基本精神和原则,是DSU第23条所明确禁止的,世界贸易组织成为解决中美贸易战的必要方案,在此背景下,世界贸易组织采取行动合理合法。在处理涉及世界贸易组织的经贸事项时,美国必须依据世界贸易规则和争端解决机构的最终裁决,不能通过301调查等单方面认定其他成员是否违反规则。美国一系列关于进口商品加征关税的做法,已经违反了世界贸易组织规则。基于此,中国在2019—2020年度的世界贸易组织投诉案件中,依旧针对美国发起的贸易战主动上诉,主要涉及美国对进口中国商品的关税措施(DS587),详情见表9.3。

表9.3　2019—2020年度中国在世界贸易组织争端中新增投诉案件(截至2020年12月31日)

案件名称及编号	起诉方及投诉时间	所涉及的协定条文	第三方	现状
中国就美国对中国的某些商品的关税措施(第三部分)向世界贸易组织提出磋商请求(DS587)	中国,2019年9月4日	GATT1994:条款Ⅰ,Ⅰ:1(a)和条款Ⅱ,Ⅱ:1(b);DSU条款23.1,23.2(b)和23.2(c)	暂无	在协商中

(2)中国积极参与世界贸易组织争端解决,依旧是非常活跃的第三方参与者。

自加入世界贸易组织以来,中国以第三方身份参与了188件投诉的争端解决活动,其中2019—2020年度达到了18件,位居第三(见表9.4)。

表9.4　　2019—2020年度中国在世界贸易组织争端中
第三方主要参与成员及新增案件数(截至2020年12月31日)

次序	成员	2019—2020新增第三方参与案件数(起)
1	加拿大	20
2	巴西	19
3	中国	18
4	日本	18
5	美国	15
6	印度	13
7	欧盟	12
8	韩国	10
9	澳大利亚	5
10	墨西哥	4

世界贸易组织争端解决机制中的第三方制度,既能保护第三方的实质利益不受损害,又可身临其境、现场观察争端当事各方解决贸易争端的战略和战术,学习别国的经验、吸取他国的教训;不仅可以监督世界贸易组织争端解决机制的正常运转,而且还能

维护和坚持世界贸易组织争端解决机制的多边特性;无承受败诉压力与风险之苦,有影响争端解决进程之乐。中国之所以广泛作为第三方参与,除上述第三方制度的好处外,还有下列特殊考虑:

首先,中国作为贸易大国有广泛的贸易利益。近些年来,中国进出口贸易位居世界前列,因此,凡是涉及中国贸易伙伴贸易制度的争端,中国都有实质性贸易利益。从维护中国贸易利益的角度,中国应当作为第三方广泛参与世界贸易组织案件的审理。

其次,作为第三方参与可以获得大量的国际贸易信息。作为第三方参与,一般可以了解到大量的有关世界贸易组织成员中争端各方贸易管理制度的信息和贸易体制,包括其法律规定和实际运转情况。这些信息对于中国未来与这些世界贸易组织成员发展贸易,以及参照制定中国自己的贸易管理体制,都具有很重要的价值。在作为第三方参与的过程中,中国政府主管部门特别注意与国务院其他有关部门、进出口商会、行业协会、大型企业保持密切合作,共同研究确定中国参与这些案件的立场,同时推动有关产业跟踪国际贸易体制的发展动态。

再次,作为第三方可以参与世界贸易组织规则的制定与发展。世界贸易组织争端解决专家组和上诉机构在审理案件的过程中,会对世界贸易组织规则进行创造性的解释和发展,从而丰富完善世界贸易组织法律体系。此外,某些争端解决案件是在世界贸易组织多边谈判不能解决的背景下发生的,例如欧盟和美国之间有关农产品补贴的案件,就是在通过世界贸易组织争端解决机制寻求谈判上的突破口。在这些案件中,中国通过提交书面文件和参加开庭,阐述中国对世界贸易组织规则的理解,从而对世界贸易组织规则的制定和发展施加了影响。

最后,中国加入世界贸易组织的时间只有十几年,还处于学习阶段,急需培养和锻炼中国政府处理世界贸易组织争端解决活动的专业队伍。虽然中国政府已经建立了一支比较稳定的争端解决参与队伍,但世界贸易组织争端解决是一项高度专业化的法律工作,不仅要对世界贸易组织规则有很深入的了解,还要具有高超的诉讼技巧,只有大量参与世界贸易组织案件的审理工作,才能不断提高中国处理世界贸易组织争端解决活动的专业队伍的业务水平,更好地维护中国的贸易利益。

(3)被诉案件主要涉及中国进口的主要农产品,一是中国对进口加拿大油菜籽的禁令,二是中国对来自澳大利亚大麦的反倾销和反补贴措施。

就被诉来说,据世界贸易组织秘书处统计,2019—2020年度中国在世界贸易组织争端解决机制下的被诉案件共两起(见表9.5),一是加拿大投诉中国对进口加拿大油菜籽的禁令(DS589),二是澳大利亚投诉中国对来自澳大利亚大麦的反倾销和反补贴措施(DS598)。

表 9.5　2019—2020 年度中国在世界贸易组织中被诉案件(截至 2020 年 12 月 31 日)

案件名称及编号	起诉方及起诉时间	所涉及的协定条文	第三方	现状
加拿大就中国从加拿大进口油菜籽的措施向世界贸易组织提出磋商请求(DS589)	加拿大, 2019 年 9 月 9 日	卫生检验检疫措施,条款 2.2,2.33.1,3.3,5.1,5.2,5.4,5.5,5.6,5.7,7,8,附件 B,附件 C,附件 C 段 1(a),附件 C 段 1(b);GATT 1994,I:1,III:4,X:3(a),XI:1,XXIII:1 条款(b);贸易便利化,1.1,5.1 和 7.4 条款	暂无	协商中
澳大利亚就中国对来自澳大利亚大麦的反倾销和反补贴措施向世界贸易组织提出磋商请求(DS598)	澳大利亚, 2020 年 12 月 16 日	反倾销,附件 II,条款:1,1.1,1.2,2.1,2.2,2.3,2.4,2.4.2,2.6,3.1,3.2,3.4,3.5,3.6,4.1,5.1,5.2,5.2(i),5.2(iv),5.3,5.4,5.8,6.1,6.2,6.4,6.5.1,6.6,6.8,6.9,6.10,6.13,9.1,9.2,9.3,12.2,12.2.2,19.4;GATT,条款 VI,VI:2,VI:3;补贴与反补贴措施,条款:6,10,11.1,11.2,11.2(i),11.2(iv),11.3,11.4,11.9,12.1,12.2,12.3,12.4.1,12.5,12.7,12.8,12.11,15.1,15.2,15.4,15.5,15.6,16.1,22.3,22.5,32.1	暂无	协商中

从 2019 年 3 月开始,中国撤销了加拿大两家油菜籽出口商的许可证,作为加拿大油菜籽最大的出口市场,中方对加拿大油菜籽作物的进口下达禁令。数据显示,2018 年加拿大对中国出口油菜籽共计 27 亿加元,中国市场占加拿大油菜籽出口总量约 40%,由于对中国的销售大幅下滑,2019 年夏天加拿大油菜籽库存飙升至纪录高点。2019 年 9 月 6 日,加拿大贸易部长卡尔表示,加拿大在世界贸易组织正式采取第一步措施,挑战中国对进口加拿大油菜籽的禁令。2019 年 9 月 9 日,加拿大就中国从加拿大进口油菜籽的措施向世界贸易组织提出磋商请求(DS589),目前该案件正在进一步的磋商中。

澳大利亚是中国最大的大麦供应国,对中国出口占澳大利亚大麦出口总量的一半以上。2018 年 11 月 19 日和 12 月 21 日,中国商务部应国内产业申请,决定对原产于澳大利亚的进口大麦发起反倾销调查和反补贴调查。2019 年 5 月 18 日,商务部公布了对调查的最终裁定。根据裁定,原产于澳大利亚的进口大麦存在倾销和补贴,中国国内产业受到了实质损害,且倾销和补贴与实质损害之间存在因果关系,故对上述产品征收反倾销税和反补贴税。其中,反倾销税税率为 73.6%,反补贴税税率为 6.9%,征收期限为 5 年。自 2018 年 5 月 19 日起,对原产于澳大利亚的进口大麦征收反倾销税和反补贴税。2020 年 12 月 16 日,澳大利亚在世界贸易组织争端解决机制项下就中国对自澳大利亚进口大麦采取的反倾销和反补贴措施向中方提出磋商请求(DS598),目前该案件处于进一步的磋商中。

(4) 尽管2019—2020年中国投诉和被诉的案件数有所下降,但从加入世界贸易组织的时间趋势来看,依然呈现线性增长(见图9.4)。

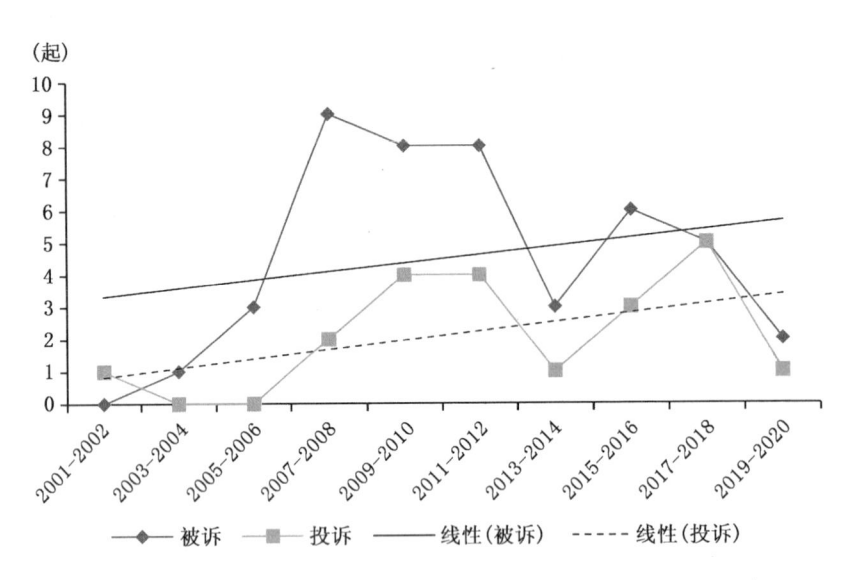

资料来源:https://www.wto.org/english/tratop_e/dispu_e/dispu_status_e.htm.

图9.4 中国加入世界贸易组织以来投诉和应诉的世界贸易争端案件数变化

就向世界贸易组织投诉的总体情况而言,图9.5比较清楚地说明了20年来世界贸易组织受理案件的年度分布情况。中国自2001年12月11日加入世界贸易组织以来,贸易规模愈来愈大,中国被投诉案件数也呈现上升趋势。随着反全球化及贸易保护主义抬头,加之中美贸易战持续,中国很可能已经进入被投诉的高峰期。如前所述,中国不仅已成为世界贸易组织成员中位列第三位的被诉方,而且成为美国、欧盟、加拿大等世界贸易组织主要成员的重点投诉目标,这不仅使中国的应诉能力面临更严峻的考验,而且给中国提供了前所未有的进一步参与世界贸易组织争端解决活动的机遇。

(5) 通过积极参与世界贸易组织争端解决,中国政府不仅加深了对世界贸易组织争端解决机制的认识,而且增强了通过世界贸易组织争端解决机制解决国际贸易摩擦的信心。

加入世界贸易组织20年来,中国在世界贸易组织争端解决中,政策高调积极、行事低调节制,外交解决为主、诉讼手段为辅。更为重要的是,随着日益深入地参加世界贸易组织争端解决活动,中国政府对世界贸易组织争端解决机制的认识水平不仅得到了进一步的提高,而且增强了通过世界贸易组织争端解决机制解决国际贸易摩擦的信心,越来越自觉地把世界贸易组织争端解决机制视为执行本国贸易政策的重要工具。在中美贸易战持续的背景下,多边贸易体系依旧是中美贸易的唯一基础,世界贸易组

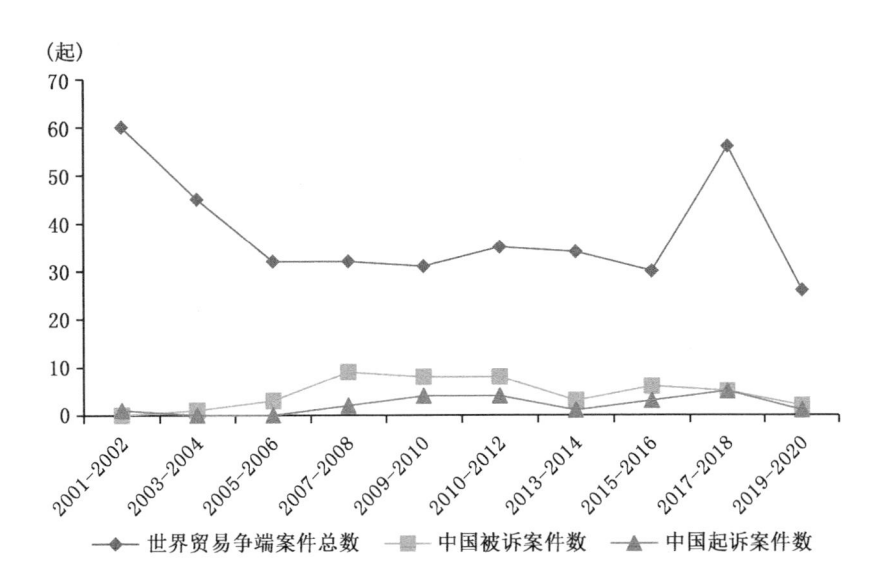

资料来源：https://www.wto.org/english/tratop_e/dispu_e/dispu_status_e.htm.

图 9.5　中国加入世界贸易组织以来起诉、被诉和世界贸易争端案件总数的比较

织规则对解决中美贸易争端作用依旧很大。

二、关于中国进一步参与世界贸易组织争端解决活动的思考

自1995年世界贸易组织创建以来，世界经济快速发展并出现多重深刻演变。信息技术产业革命与互联网快速普及重构世界经济，电子商务与数字经济新业态蓬勃发展要求创新相关多边经贸规则。随着中国经济和其他新兴经济体的崛起，世界经济贸易贸易格局越来越多元化。应对这些新发展，世界贸易组织改革就成为这个时代的需要与趋势。

世界贸易组织有三大功能，分别是争端解决、贸易谈判和贸易政策审议。其中，争端解决机制被视为"皇冠上的明珠"。2019—2020年，美国特朗普政府在全世界推行贸易保护主义和单边主义，不断挑起贸易摩擦，自由贸易和多边贸易体制遭遇巨大挑战。世界贸易组织的上诉机构（appellate body）是其争端解决机制的最高机构，在特朗普政府阻止上诉机构新法官的任命之后，该机构自2019年以来实际上已经瘫痪。当前，美国民主党政府当政，拜登政府的世界贸易政策取向尚不明朗，中国应抓住世界贸易改革的大趋势，积极参与世界贸易组织的改革。

作为世界贸易组织成员中最大的新兴经济体，中国政府高度重视世界贸易组织改革。从近期改革进展情况看，中国在上述及其他问题采取了务实理性的改革立场，并重视处理几个方面的关系：一是中国经济社会发展利益和要求与多边规则与时俱进演变发展的关系,二是坚定支持维护广大发展中成员诉求权益与推动某些必要改革议程的关系,三是明确抵制反对个别发达国家不合理主张及片面要求与务实合作及必要灵活性的关系。从上述改革议程最新进展看,中国目前合理务实的主张取得了较好的反馈和成效。

中国在世界贸易组织改革进程中,应大力呼吁坚持世界贸易组织的基本原则,也就是最惠国待遇、国民待遇、关税约束、透明度、特殊与差别待遇等,以及贸易自由化的总体方向,不能另起炉灶,推倒重来;坚持改革应该以发展为核心,照顾发展中成员的合理诉求;坚持改革应该在相互尊重、平等互利的基础上,循序渐进,优先解决危及世界贸易组织生存的问题。

(本章执笔:高军博士)

第十章

经济全球化与关税政策展望

一、2019年以来经济全球化发展概述

2019年以来,世界经济继续在动荡中深度调整,主要经济体增速放缓,国际贸易和投资需求低迷,经济区域化加速发展,国际贸易保护抬头,逆全球化趋势进一步发酵。受中美贸易摩擦升级和经济不确定性加剧等因素影响,国际货币基金组织(IMF)发布最新《世界经济展望》(WEO)报告[①],下调2019年全球经济增速预测至3%,贸易增速进一步降至2.6%,二者均创金融危机后的最低点。在2019年底,新冠肺炎疫情爆发更是重创全球经济和贸易秩序,造成全球产业链和供应链断裂,国际经贸活动锐减,供应链的缩短或本地化成为各国的新选择,全球化被进一步分割、削弱,给世界经济复苏带来更大困难。

在国际贸易冲突叠加新冠肺炎疫情的双重影响下,全球经济增长前景被进一步看跌。国际货币基金组织在年中进一步下调2020年全球经济增长预期,将增速预期由之前的-3%降至-4.9%。[②] 与此同时,联合国贸易和发展会议发布的《2020年贸易和发展报告》也给出预测,预计2020年全球经济将收缩4%以上,全球产出将减少超过6万亿美元,全球贸易则将减少约五分之一,而外国直接投资则有可能下降超过40%。[③] 针对疫情影响下的全球经济和贸易,世界银行首席经济学家卡门·莱因哈特表示:当前,新冠肺炎疫情正在演变成一场重大的经济危机,并会带来非常严重的金融

---

① 国际货币基金组织. 世界经济展望[R/OL]. https://baijiahao.baidu.com/s? id=1647471295380730784&wfr=spider&for=pc, 2019-10-15.

② 国际货币基金组织. 世界经济展望: 下调2020年全球经济增速预期, 但中国将是唯一正增长大国[R/OL]. https://baijiahao.baidu.com/s? id=1670386874548300628&wfr=spider&for=pc, 2020-06-04.

③ 联合国贸易和发展会议. 2020年贸易和发展报告[R]. 2020-09-22.

后果。未来两年,全球贸易增长仍面临巨大压力,经济复苏需要应对的挑战有增无减。在这一背景下,经济全球化在曲折中发展,并呈现一系列新的变化。

(一)新冠肺炎疫情重击国际贸易,世界经济陷入深度衰退

受世界经济增长前景不明拖累,全球贸易和投资自 2017 年以来持续低迷。据经济合作与发展组织统计,在金融危机之前,全球贸易年均增速约为经济增速的 2 倍,金融危机之后则与经济增速大体持平。根据世界银行数据,2009—2019 年,全球经济和货物贸易年均增长率分别为 2.6% 和 2.2%,其中经济增速明显低于 1960—2019 年年均 3.5% 的长期增长率。进入 2020 年,新冠肺炎疫情席卷全世界,给全球贸易和投资带来重大冲击。国际货币基金组织发布预测报告称,受新冠肺炎疫情影响,2020 年全球贸易将在 2019 年基础上下降 30% 左右,2021 年仅反弹至 7.2%;全球直接投资则将下降约 40%,2021 年继续下降 5%~10%。[①]

新冠肺炎疫情是人类自第二次世界大战以来面临的最大公共危机。截至 2020 年 12 月 15 日,全球已经有 230 多个国家或地区发现确诊病例,累计确诊 2 650 万例,死亡超过 140 万例(依据世界卫生组织公布的最新疫情防控数据)。国际贸易作为全球化的重要引擎,在 2020 年受新冠肺炎疫情影响尤为严重。世界贸易组织数据显示,2020 年 2 月,全球进出口跨境贸易同比下降约 10%。贸易骤降导致全球经济增速明显下滑。2020 年 3 月 2 日,经济合作与发展组织发布经济预测报告,把美国 2020 年增长预期由 2% 降至 1.5%,日本由 0.6% 降至 0.2%,欧元区从 1.1% 降至 0.9%。联合国 2020 年 7 月下旬发布经济走势预测称,受新冠肺炎疫情影响,2020 年全球贸易将萎缩 15%,因新冠肺炎疫情继续扰乱国际旅游业,全球贸易复苏将再次放缓。新冠肺炎疫情的大流行,对于原本已陷入低迷的国际贸易更是雪上加霜。在严峻的疫情形势面前,各国纷纷采取隔断式防控措施,国家间产品与要素流动停滞,造成很多国家经济"停摆",世界经济和全球贸易由此陷入严重萎缩。世界银行、国际货币基金组织、世界贸易组织等国际经济组织发布的最新报告,均一致认为此次经济衰退将是过去 150 年以来程度最深的一次衰退。

世界银行 2020 年 6 月发布《全球经济展望》估算,在基线情景预测下,2020 年全球经济将下降 5.2%,其中发达经济体将萎缩 7.0%,新兴和发展中经济体下滑 2.5%,全球贸易则将大幅下降 13.4%;另一种悲观情景预测下,全球经济下滑幅度可能高达 7.8%,其中发达经济体下滑 9.7%,新兴和发展中经济体下降 5.0%,全球贸易下滑 23.8%(见表 10.1)。该报告同时认为,就过去 60 年间世界经济历经的 5 次衰

---

① 国际货币基金组织. 2020 年全球货物和服务贸易中期展望[Z]. Wind 资讯,2020-08-16.

退比较,此次衰退是自1960年以来程度最深的一次衰退,其下降幅度约为次深的2009年(—1.8%)的近3倍。其中,新兴市场及发展中经济体为60年来整体上首次收缩(见表10.2)。

表10.1　　　　　　　　2020年世界经济和贸易增长可能前景　　　　　　　单位:%

范　围	基线情景下	悲观情景下
全球经济	—5.2	—7.8
发达经济体经济	—7.0	—9.7
新兴和发展中经济体	—2.5	—5.0
国际贸易	—13.4	—23.8

资料来源:根据世界银行2020年6月发布的《全球经济展望》(*Global Economic Prospects*)数据整理得到。

表10.2　　　　　1960年以来5次全球衰退中世界经济增长率比较　　　　　单位:%

范　围	世界经济衰退年份					1960—2020年		
	1975	1982	1991	2009	2020	平均	非衰退	全期
全球经济	1.1	0.4	1.3	—1.8	—5.2	—0.8	3.7	3.4
发达经济体	0.2	0.3	1.3	—3.4	—7.0	—1.7	3.3	2.8
发展中经济体	4.2	0.9	1.5	1.8	—2.5	1.2	4.8	4.5

资料来源:根据世界银行2020年6月发布的《全球经济展望》(*Global Economic Prospects*)数据整理得到。

(二)经济全球化遭遇空前逆流

回顾工业革命以来的世界经济发展史,可以发现一个规律,即保护主义和孤立主义往往与世界经济衰退相伴而生。一旦世界经济遭遇严重衰退、收入与利益分配不均、社会结构性变化等问题突出时,孤立主义的逆全球化思潮就会接踵而至。2008年金融危机以来,经济全球化对发达国家国内收入分配不均效应凸显。根据斯蒂格利茨(2018)的研究,美国男性劳动者收入中位数与40年前相同,最底层劳动者实际工资则与60年前相同。[①] 收入分配不均和增长停滞导致美英等发达国家内部民众对经济全球化的不满情绪扩大,引发了大范围的反全球化潮流。以英国脱欧为标志,"逆全球化"潮流兴起。2017年,特朗普就任美国总统后推行"美国优先"政策,并大举退出国际多边组织,使经济逆全球化趋势进一步凸显。受其影响,德国、法国、意大利和巴西等国均不同程度转向保守,美、欧、日等发达经济体之间竞相开展新一轮自由贸易协定

---

① Stiglitz J. *Globalization and Its Discontents Revisited*:*Anti-Globalization in The Era of Trump*[M]. New York:W. W. Norton & Company,2018.

谈判,如《美墨加协定》(USMCA)、《全面与进步跨太平洋伙伴关系协定》(CPTPP)、《欧日经济伙伴关系协定》(EPA)等相继诞生,经济全球化遭受重大挫折。

自2020年3月以来,大多数国家全面实施严格的社区隔离和旅行交通限制,进一步割裂了脆弱的全球价值链体系。根据世界贸易组织报告,从2020年3月15日到6月30日,承载主要国际航空货物的全球商业航班,其运输量和航次平均下降了约70%,这对全球生产链和供应链尤其高端科技产品生产供给造成巨大冲击。依照价值链分工规律,某一产品或行业的产业链越长越复杂,则越容易被分工打断,致使全球化生产更加不稳定。同时,全球化与国际分工在贸易与交通中断时会致使一些国家出现物资产品短缺,在抗疫中捉襟见肘。西方舆论将这些原因归咎于全球化,并纷纷出台相关措施要让制造业回归,以本国生产和区域化替代全球化。美国、日本等国都出台了相关政策大力鼓动和吸引本国企业回归。

(三)欧美民粹主义抬头,贸易保护主义升温

欧盟,尤其是欧元区的经济一体化在演变过程中问题重重。欧盟一体化一直是高水平经济一体化的表率,其经济合作除在贸易、投资领域保障高水平的自由开放之外,还突破了主权国家之间的权力架构,走向更深层次的政策协同与跨国融合。但欧元区的财政货币政策在一体化过程中并不一致,统一的贸易、投资和货币政策也难以兼顾每个成员国的经济发展,致使不同成员国加入欧盟的收益出现分化:爱尔兰、匈牙利等小国收益明显,作为欧盟支柱的德、英、法等国经济增长则不尽如人意,希腊、葡萄牙等国则出现停滞。2020年英国脱欧成功,进一步打击了欧盟一体化的向心力,并严重削弱了欧盟在世界经济版图中的影响力。经济停滞、债务高企,加之难民安置等问题困扰,进一步引发这些国家民粹主义抬头和政治右倾。德国、法国都面临各种不同的阶层冲突和社会困扰,其国内民族主义抬头,经济倾向普遍右转,并在对外贸易合作中愈加保守。

在美国,2017年1月20日,特朗普就任美国第45任总统,即秉持"美国优先"原则率先从全球化中回撤。在上任之初,特朗普即宣布退出《跨太平洋伙伴关系协定》(TPP),而其与欧盟之间商谈的《跨大西洋贸易与投资伙伴协议》(TTIP)也在经历多轮谈判后搁浅。在区域合作方面,美国推出《美墨加协定》(USMCA)以取代原来的《北美自由贸易协定》(NAFTA),USMCA与原来的NAFTA相比进一步提高了区域内汽车零部件自给比例,更严格的原产地规则使得产业链区域化特征更加明显。在中美贸易方面,特朗普政府把中国定位为最大经济竞争对手,认为中国的发展"给美国带来了前所未有的利益与安全威胁",为维护美国自身利益和优势地位,自2018年3月22日起,特朗普政府先后4次对中国输美商品加征10%至25%不等的进口关税,范围涵盖机电产品、纺织品、钢铁及日用品等,并对中兴、华为等中国高科技公司实施封锁打压。中美贸易摩擦在 2019—2020 年进一步扩大升级,涉及领域也由传统行业向新兴产业、高技术产业扩展。以美国为代表的发达国家大力扶持制造业回流,通过出台减税等相应政策,吸引汽车制造、装备制造、电子信息、生物医药等行业向国内回归,进一步加剧了全球产业链和供应链的分化调整。

在亚洲,受中美贸易摩擦及新冠疫情冲击,中国与日本双边贸易维持大体稳健而稳中有降态势。据日本海关统计,2018 年日本与中国货物进出口额达到 3 175.3 亿美元,2019 年货物进出口额为 3 039.1 亿美元,同比下降 4.29%。[①] 其中日本对中国出口 1 346.9 亿美元,下降 6.4%;自中国进口 1 692.2 亿美元,下降 2.5%。随着中日两国在经济实力、贸易规模和对外投资方面优劣易位,以及中国产品出口升级转型加快,日本由对华贸易顺差变为逆差,中日之间在产品结构、出口类别、贸易对象及目标市场等方面竞争都更加激烈。2019—2020 年,日本以知识产权、市场准入、环保标准及原产地来源不清等为依据,就中国输日产品提起诉讼并开展反倾销调查达 29 起。[②] 在美国退出后,以日本为主导的 CPTPP 谈判"排中"意味明显。中日韩自由贸易协定谈判遥遥无期,中日双边自由贸易协定迟迟未有动静,均能反映日本对于加强与中国经贸合作的顾虑与谨慎。同样情况发生在日韩之间。2019 年 7 月 1 日,日本经济产业省宣布将限制对韩国出口氟聚酰亚胺、光刻胶和高纯度氟化氢 3 种半导体材料,直接导致韩国半导体行业出货数量锐减、出口成本剧增,并引发两国之间爆发激烈的贸易诉讼与反制裁。考虑到中日、日韩之间的历史遗留问题和美国干预等因素的影响,东亚区域经济整合的工作仍然任重道远。

(四)区域合作蓬勃发展,经济全球化机遇与挑战并存

新冠肺炎成为 2020 年全球经济面临的主要威胁,为应对新冠肺炎疫情造成的损失,美国、欧盟等发达经济体采取了逆全球化思路。与之对应,亚太区域很多国家则选择加强区域合作,通过深化全球化、继续坚持自由贸易和多边主义来应对经济危机。据世界贸易组织最新统计,目前在全球范围内,涉及亚洲经济体的自由贸易协定数量占全部自由贸易协定数量的一半以上,截至 2020 年 7 月,亚洲区域内处于生效中的自由贸易协定有 52 个,亚洲经济体与区域外经济体签署并处于生效中的自由贸易协定更多达 106 个。[③]

---

① 日本经济产业省. 2019 年日本货物贸易现状及中日贸易发展现状分析[EB/OL]. https://www.chyxx.com/industry/202007/881406.html,2020-07-14.
② 日中经济协会. 2020 年日本对华贸易及投资发展总结[Z]. 2020-09-26.
③ 参见《世界贸易组织成员国通报》(简称《通报》)。《通报》中分别统计了货物和服务等贸易协议,网址可查:https://www.wto.org/english/tratop_e/region_e/region_e.htm。

近年来,全球商品贸易链条化趋势日趋明显,并越来越以区域内贸易为主,主要经济体之间的单独贸易往来不断弱化。以东亚地区为例,在上世纪90年代,北美地区吸收了东亚国家35%的出口份额,2019年这一比例已下降至20%不到,其主要原因即是因为东亚区域内贸易份额逐年上升;2020年,中日韩和东盟10国之间的贸易规模预计将占该地区总贸易份额的51%。① 在区域合作方面,继2018年CPTPP正式生效之后,2020年底,由东盟10国发起的全球最大的自由贸易协定——《区域全面经济伙伴关系协定》(RCEP)正式签署。RCEP成员国中,既有日本、澳大利亚、新加坡等发达国家,也有老挝、柬埔寨等发展中国家。相较于发达国家主导的USMCA和TTIP,RCEP更加灵活宽泛,体现出高质量、包容性与普遍受惠的特点。RCEP生效后,协定区域内90%以上的货物贸易将实现零关税,大多数立刻实现零关税或在10年内实现零关税。李克强总理指出,"RCEP与世界贸易组织规则有效衔接,并与其他区域自由贸易协定相辅相成,是多边贸易体制的有益补充,将有利于促进经济全球化和贸易自由化"。

与此同时,中日韩自由贸易区谈判也在持续推进,截至2019年,谈判已举行16轮,三方就货物贸易、服务贸易、投资和规则议题深入交换了意见,并取得积极进展。在新冠肺炎疫情冲击下,中日韩三国政府也在积极行动,加快推进中日韩自由贸易协定谈判,力争尽早取得实质性成果,进而打造"RCEP+"的自由贸易协定。

(五)总结展望

受困当下新冠肺炎疫情肆虐,全球经济不稳定性增强,发达国家与新兴经济体之间的"脱钩"也时有发生,但总体而言,全球经济一体化的趋势仍是主流,世界各国也因产业链、价值链及碎片化生产而被更加紧密地连接在一起。当前,全球贸易体系正处于百年大变局中,发达经济体与发展中经济体、工业化地区与新兴市场之间的任何合作博弈结果,都将深刻影响未来国际贸易的发展走向。在后疫情时代,面对逆全球化现象和经济区域化分割等趋势,全球分工合作的模式将如何调整,国际供应链将会发生哪些变化,价值链又将如何重组,国际社会尚未形成共识,其背后体现的是各方利益主体对当下国际经贸规则主导权的调整与重构。不可否认,多边贸易体制正面临多重挑战,但全球化开启了一条符合各国共同利益的互利共赢的贸易合作新路径,这仍是当今世界经济发展的主旋律。

二、关税实施及政策梳理

2019年,受困中美贸易摩擦、世界经济复苏乏力影响,我国外贸经历空前艰难一

---

① 亚洲开发银行.2020亚洲经济发展与国际贸易远景展望[Z].2020-08-07.

年。2019年,中国全年进出口总值为45 753亿美元,同比下降7.2%。面对发达国家新一轮国际经贸协定谈判的"ABC"(anyone but China)趋势,以及美特朗普政府对中国发动的贸易战和加征的高额关税,中国外贸形势空前严峻。在此背景下,为化解防范外贸风险,中国政府坚持扩大开放既定方针,着力挖掘国内消费潜力,积极与周边国家开展区域互利合作,努力推动国内国际双循环相互促进的新发展格局构建。为缓解外贸下行压力,保障正当经济利益,中国政府积极运用关税手段,通过对美加征关税、设定暂行税率、增加关税减免、加大税收优惠实施、建设海南自由贸易港等有针对性的措施,以有效应对当前复杂局面。2019年以来的关税政策演变体现出以下特征:

(1)灵活施策,有效应对美国贸易战

特朗普政府上台后,以美国贸易逆差和中美贸易不平衡为由,挑起了新一轮贸易摩擦。继2018年分两次、三阶段对中国输美产品加征10%～25%不等的关税之后,2019年5月9日美国政府宣布,自5月10日起对从中国进口的2 000亿美元清单商品加征关税税率由10%提高到25%。为反制美方单边主义、贸易保护主义的霸凌行径,中国也相应调整加征关税措施,国务院关税税则委员会决定自2019年6月1日0时起,对已实施加征关税的600亿美元清单美国商品中的部分提高加征关税税率,分别实施25%、20%或10%加征关税。

2019年8月23日,中国对美实施第三轮关税反制,发布《国务院关税税则委员会关于对原产于美国的部分进口商品(第三批)加征关税的公告》(税委会公告〔2019〕4号)和《国务院关税税则委员会关于对原产于美国的汽车及零部件恢复加征关税的公告》(税委会公告〔2019〕5号),对美约750亿美元商品分两批加征10%、5%关税,对此前暂停加征关税的美汽车及零部件恢复加征25%、5%关税。其中,对750亿美元清单一商品的加征关税措施,于2019年9月1日起实施;对750亿美元清单二商品的加征关税措施,以及对美汽车及零部件恢复加征关税的措施,原定于2019年12月15日起实施。

2019年12月15日,国务院关税税则委员会发布公告,对原定于当日加征关税的750亿美元清单二商品,暂不征收10%、5%关税,对美汽车及零部件继续暂停加征关税。此次调整关税反制措施,自2020年2月14日13时01分起,对750亿美元清单一已实施加征10%关税的商品,加征税率由10%下调至5%;已实施加征5%关税的商品,加征税率由5%下调至2.5%。

2020年1月16日美方发布公告,自2020年2月14日起,已于2019年9月1日起加征15%关税的1 200亿美元商品,加征关税由15%调整为7.5%,下调比例1/2。为缓解经贸摩擦,扩大经贸合作,中方同步调整有关措施,国务院关税税则委员会决定,调整对原产于美国约750亿美元进口商品的加征关税措施,自2020年2月14日13时01分起,2019年9月1日起已加征10%关税的商品,加征税率调整为5%;已加征5%关税的商品,加征税率调整为2.5%。

2020年2月21日,国务院关税税则委员会公布第二批对美加征关税商品第一次排除清单,对清单一和清单二所列商品,自2020年2月28日至2021年2月27日,不再加征为反制美301措施所加征的关税。对清单一已加征的关税税款予以退还,清单二已加征的关税税款则不予退还。2020年5月12日,国务院关税税则委员会公布第二批对美加征关税商品第二次排除清单,规定对附件清单所列商品,自2020年5月19日至2021年5月18日,不再加征为反制美301措施所加征关税,对已加征的关税税款予以退还。

2020年9月14日,国务院关税税则委员会公布对美加征关税商品第一次排除延期清单,对清单附件所列16项商品,之前(税委会公告〔2019〕6号)的规定排除期限延长一年,自2020年9月17日至2021年9月16日,继续不加征为反制美301措施所加征的关税。2020年12月25日,国务院关税税则委员会公布对美加征关税商品第二次排除延期清单,对清单附件所列6项商品,2019年(税委会公告〔2019〕8号)的规定排除期限延长一年,自2020年12月26日至2021年12月25日,继续不加征为反制美301措施所加征的关税。

(2) 践行"优进",助力贸易高质量发展

为积极扩大进口,优化进口结构,自2019年1月1日起,我国对850余项商品实施低于最惠国税率的进口暂定税率。其中,对国内相对紧缺或具有国外特色的日用消费品进口,新增或降低冻猪肉、冷冻鳄梨、非冷冻橙汁等商品的进口暂定税率。为降低用药成本,促进新药生产,对用于治疗哮喘的生物碱类药品和生产新型糖尿病治疗药品的原料实施零关税;为扩大先进技术、设备和零部件进口,支持高新技术产业发展,新增或降低半导体检测分选编带机、高压涡轮间隙控制阀门、自动变速箱用液力变矩器和铝阀芯、铌铁、多元件集成电路存储器、大轴胶片原料、光刻胶用分散液、培养基等商品进口暂定税率;为鼓励国内有需求的资源性产品进口,新增或降低部分木材和纸制品进口暂定税率。

为推动"一带一路"高质量发展,构建面向全球的高标准自由贸易区网络,根据与有关国家(地区)签订的自由贸易协定或优惠贸易安排,2019—2020年我国继续对原产于23个国家或地区的部分商品实施协定税率。[①] 其中,进一步降税的有中国与新

---

① 详细信息可参阅商务部中国自由贸易区服务网 http://fta.mofcom.gov.cn/。

西兰、秘鲁、哥斯达黎加、瑞士、冰岛、新加坡、澳大利亚、韩国、格鲁吉亚、智利、巴基斯坦自由贸易协定以及亚太贸易协定。2020年,继续对与我国建交并完成换文手续的最不发达国家实施特惠税率,并根据联合国最不发达国家名单和我国过渡期安排,调整特惠税率适用国别。

自2020年7月1日起,我国对176项信息技术产品的最惠国税率实施第五步降税。同时,与此次降税相衔接,相应调整其中部分信息技术产品的进口暂定税率。这些关税调整措施有利于降低进口成本,促进国际国内要素有序自由流动,推动建设更高水平开放型经济新体制;有利于提高对外开放水平,不断拓展贸易发展新空间,加快高标准自由贸易区建设;有利于与其他国家和地区共享发展成果,开创开放合作、包容普惠、共享共赢的国际贸易新局面。

(3)关税税率大幅调减,促进更高水平开放

2019年以来,世界经济遭遇新冠肺炎疫情冲击,国际贸易和投资需求呈现断崖式下跌,金融危机深层次影响持续探底,我国遇到的贸易摩擦和保护主义也更加频繁和激烈,外需在短期内恢复难度极大。为破解外贸困局,中国着力扩大内需外,也通过削减进口关税税率扩大进口、优化出口,积极完善和落实减免税、出口退税、先征后返等税收优惠政策,推动贸易转型升级和平稳发展。

最惠国税率方面,为促进更高水平开放,我国在2018年陆续出台一系列降低关税的措施,例如,自2018年7月1日起对汽车、汽车零部件、部分消费品实行关税下调;自2018年11月1日起降低1585个税目的进口关税税率。关税总水平降至7.5%。在此基础上,2019年关税调整中最惠国税率保持相对平稳,仅自2019年7月1日起,对298项信息技术产品的最惠国税率实施第四步降税。

暂定税率方面。为更好发挥关税宏观调控的作用,继续支持创新驱动发展和供给侧结构性改革,积极扩大进口,结合国内外市场供需情况变化,2019年1月1日起,我国对700余项商品实施进口暂定税率。相较于2018年948个实施暂定税率的商品,此次调整暂定税率税目有进一步的变化,主要包括生物医药制品、航空发动机及其零部件、棉花及部分毛皮以及新能源汽车用锂电池等共计17个税号154种商品。此外,鉴于2019年7月1日起,中国将对298项信息技术产品适用暂定税率,因此自2019年7月1日起,取消14项信息技术产品(包括手机用物镜、红外线测温仪传感器元件等)进口暂定税率,同时缩小1项进口暂定税率适用范围。2019年12月23日,国务院关税税则委员会发布通知,自2020年1月1日起,我国对850余项商品实施低于最惠国税率的进口暂定税率。2020年7月1日起,我国再次对176项信息技术产品的最惠国税率实施第五步降税,并相应调整其中部分信息技术产品的进口暂定税率。

协定税率方面,截止2020年7月,我国已与二十五个国家或地区签订了双边或多边自由贸易协定。原产于这些国家和地区的进口商品将适用协定税率,协定税率通常低于最惠国税率。2019年协定税率主要变化包括:根据中国与新西兰、秘鲁、哥斯达黎加、瑞士、冰岛、澳大利亚、韩国、格鲁吉亚自由贸易协定以及亚太贸易协定,对原产于相关国家和地区的进口商品进一步实施降税;根据内地与港澳签署的货物贸易协议,对原产于香港、澳门的进口货物全面实施零关税;随着最惠国税率降低,相应调整亚太贸易协定项下的孟加拉和老挝两国特惠税率。

出口关税税率。出口关税的设置与调整主要综合考虑国内市场的供给情况,对高耗能、高污染和鼓励留在国内的资源性产品进行征收。2019年,中国将继续对108项出口商品征收出口关税或者实行出口暂定税率,税率维持不变;其中对78个税目的商品实行出口暂定税率,包括苯与黄铜丝等税目在内的部分商品的出口暂定税率为0。与2018年对202项出口商品征收出口关税或者实行出口暂定税率相比,2019年取消了化肥、磷灰石、铁矿砂、银矿砂、铀矿砂、矿渣、煤焦油、木浆等94项商品的出口关税或出口暂定税率。其他方面,为适应出口管理制度的改革需要,促进能源资源产业的结构调整、提质增效,自2019年1月1日起,我国对化肥、磷灰石、铁矿砂、矿渣、煤焦油、木浆等94项商品不再征收出口关税。

关税配额税率。继续对小麦等8类商品实施关税配额管理,税率不变。其中,对尿素、复合肥、磷酸氢铵3种化肥的关税配额税率继续实施1%的进口暂定税率。适当降低棉花配额外暂定税率,稳定和提升棉纺行业竞争力。

(4)针对性实施关税减让,助推区域一体化合作加快

2020年11月15日,我国与东盟十国、澳大利亚、新西兰、韩国、日本共同签署《区域全面经济伙伴关系协定》(RCEP),标志着全球规模最大的自由贸易协定正式达成。RCEP包含东盟,以及中国、日本、韩国、澳大利亚、新西兰十五个经济体,涵盖全球29.7%的人口、28.9%的GDP和31.7%的出口总额,同时覆盖全球最有增长潜力的两个大市场,一是14亿人口的中国市场,另一个是6亿多人口的东盟市场,是世界人口规模最大、成员结构最多元、发展潜力最大的自由贸易区,其签署是继东盟建成后东亚地区经济一体化的又一重要里程碑。在全球贸易保护主义抬头的当下,RCEP签订为中国破解欧美发达经济体的产业和贸易"围堵"、迈向更高水平改革开放提供了契机,也为全球经济治理新格局打下了的良好开端。RCEP中所含内容十分广泛,除了消除内部贸易壁垒、创造和完善自由的投资环境、扩大服务贸易,RCEP还将涉及知识产权保护、竞争政策等多领域。

中国积极推进RCEP签署实施,并率先做出整体关税减让承诺。目前,除日本

外,RCEP各缔约方已与我国先后签署实施包括《亚太贸易协定》《中国—东盟自由贸易协定(升级版)》《中国—新西兰自由贸易协定》《中国—新加坡自由贸易协定》《中国—韩国自由贸易协定》及《中国—澳大利亚自由贸易协定》6项优惠贸易安排。

从表10.3可知,在RCEP实施后,中国将对86%的日本和韩国产品关税最终降为零,对东盟、澳大利亚、新西兰产品关税最终降为零的比例则达到90%以上,分别为90.5%、90%、90%。其他缔约方对我国产品关税最终降为零的比例均达到85%以上,其中澳大利亚高达98.2%,具体参见表10.4。

表10.3　　　　　　　　　　中国对其他缔约方降税一览表

降税模式		日本	韩国	东盟	澳大利亚	新西兰
协定生效立即降为零		25%	38.6%	67.9%	65.8%	66.1%
过渡期降为零	10年降为零	46.5%	41%	12.7%	14.2%	13.9%
	15年降为零	11.5%	3.1%	3%	0	0
	20年降为零	3%	3.2%	6.9%	10%	10%
最终零关税比例		86%	86%	90.5%	90%	90%
部分降税		0.4%	1%	5.4%	5.5%	5.6%
例外产品		13.6%	13%	4.1%	4.5%	4.4%

资料来源:根据中国自由贸易区服务网整理。

表10.4　　　　　　　　　　其他缔约方对中国降税一览表

降税模式	日本	韩国	东盟 马来西亚、越南、新加坡、泰国、印度尼西亚、菲律宾、文莱	东盟 老挝、柬埔寨、缅甸(最不发达国家)	澳大利亚	新西兰
协定生效立即降为零	57%	50.4%	74.9%	29.9%	75.3%	65.4%
最终零关税比例	88%	86%	90.5%	86.3%	98.2%	91.8%
部分降税	0	1.1%	5.5%	0	1.1%	8.2%
例外产品	12%	12.9%	4%	13.7%	0.7%	0

资料来源:根据中国自由贸易区服务网整理。

在执行层面,我国关税减让承诺针对不同缔约方共包括五张关税承诺表。降税模式主要包括4种:协定生效立即降为零、过渡期降为零、部分降税以及例外产品。过渡期的时间主要为10年、15年和20年等。根据RCEP协定文本,我国关税减让承诺涉及 8 位税号共 8277 个商品,上述清单商品主要基于 2012 年版 HS 协调制度,基于 2017 年版协调制度的税号转版工作正在进行。

RCEP 签订对中国及域内各国外贸发展均是重大利好,双边关税减让力度和范围显著提高,为践行贸易自由化提供了强大动力。以中国-东盟、中国-澳大利亚、中国-新西兰关税减让为例,总体来看,RCEP 签署后,中国与上述国家立即降至零关税的商品项数占比均超过 65%,最终零关税商品项数占比均超过了 90%,例外产品项数占比则均不超过 5%;仅就东亚地区中、日、韩三国之间的贸易而言,若 RCEP 签订实施,中国-日本、中国-韩国关税减让立即降至零关税商品项数占比分别为 25.0% 和 38.6%,最终零关税商品项数占比均为 86%,例外产品项数占比分别为 13.6% 和 13.0%,这无疑将大大有助于中日韩自由贸易协定早日签署。

(5)总结展望

随着国家宏观调控目标变化以及外部贸易环境日益复杂,关税政策的变化更加频繁。在当前发达国家贸易保护主义不断高涨时,国家愈加重视利用不同进出口税收政策引导产业升级和促进行业良性竞争,进而推动国民经济健康发展。

2019 年是中国"十三五(2016—2020)"战略规划的关键之年,2020 年则是收官之年。一方面,国家对于产业结构政策调整的目标更为清晰,对符合国家政策鼓励类行业的企业,其相关商品进口税率得到进一步调减,这有利于充分利用国家税收优惠政策,汇聚成本优势;另一方面,随着产业技术和产品更新换代愈加频繁,企业需要主动沟通行业协会或中介机构与等职能部门展开对话协商,及时反映税目和税率调整诉求,如申请设定特定税则税目、实施暂定关税税率、提高出口退税率等,以有效提升产品国际竞争力,破解国外非关税壁垒。随着"一带一路"建设的不断推进,中国正积极与更多国家和地区签订双边及多边自由贸易协定。同时,随着各类关税税率不断调整,协定税率与最惠国税率及暂定税率之间的差异也在不断变化。未来,相关受惠企业应充分评估、复核供应链现状并做出适当安排;同时积极关注中国正在进行的自由贸易协定谈判进展,以便未来在协定谈判完成生效后可以最大限度地利用协定税率所带来的优惠待遇。

关税处于国内国际双循环的中间联结点,具有统筹国内国际两个市场两种资源的独特优势,因此在未来加快构建双循环新发展格局中大有可为。科学、高效用好关税杠杆,可以更好地撬动国内经济和外贸对的高质量发展。未来我国关税政策的走向,应紧紧围绕十九届五中全会以来中央政策部署,找准关税工作定位,积极用好关税政策,在营商环境、开放发展、产业转型等方面发挥作用,统筹推进国际市场布局、国内区域布局、商品结构、经营主体、贸易方式"五个优化",从而助力建设现代化经济体系,全方位推进高质量发展超越。展望"十四五",关税政策所发挥的作用将会更加凸显。职能部门则应围绕"十四五"关税工作重点,依托各地开放实际,积极服务并深度融入新发展格局,为关税政策体系优化、为地区推动更深层次改革和更高水平开放贡献积极力量。

三、前瞻:多方压力下的中国应对思路

(1)开放型经济新秩序建设困难重重

在贸易保护主义和发达国家"再工业化"的背景下,中国关于推动建设"开放型、包容性"世界经济新秩序的倡议将面临十分不利的国际环境,甚至有可能遭受美欧等国的集体打压,形成被主要发达国家孤立的局面。中国关于开放型世界经济建设的构想困难重重。

首先,美国对华贸易保护主义或将变本加厉。中美经贸摩擦不仅是贸易之争,更是全球经济地位之争,或将长期持续甚至反复激化。2020年5月22日美国商务部宣布,将33家中国企业和机构列入贸易管控的"实体清单",中国产品或将面对日益敌对的国际市场和十分不利的出口条件。

其次,国际投资大幅萎缩或对中国的外资、就业、产业升级、市场竞争环境产生不利影响。联合国贸易和发展会议2020年3月发布《全球投资趋势监测报告》指出,2020—2021年全球FDI或将下降30%~40%。[①] 未来两年甚至更长时期,外资流入中国势必会减少,某些涉及核心、敏感和国计民生产业的外资甚至可能撤出中国。跨国公司核心企业外迁将使中国一些外围配套企业供应链断裂,国内企业脱离全球价值链将很难独立生存,面临艰难局面。

最后,中国在当前国际经贸规则谈判与国际经贸秩序重建中处于不利地位。美国等少数国家出于国内政治与国际战略考量,借新冠肺炎疫情加大对中国的指责,未来很可能会采取一些减少经贸往来、降级经贸关系、结伙围堵中国等政策。欧盟、日本等国虽与美国立场不全相同,但在国际经贸秩序与规则重塑上、在对中国经济体制的认识上以及对世界贸易组织等国际经济组织的改革上,颇多相近或相似的看法。这些因素客观上都将使中国推动建设开放型世界经济的国际环境更加复杂。

如上所述,必须承认既往经济全球化的秩序面临重大挑战,很难以小修小补形式继续维持。然而,这并不是说经济全球化从此寿终正寝。尽管新冠肺炎疫情冲击使逆全球化思潮激化,但仍然有诸多支持全球化的有利因素:第一,经济全球化是历史大势

---

① 2021年1月24日,联合国贸易和发展会议(UNCTAD)发布《全球投资趋势监测》报告,报告指出,2020年全球外国直接投资(FDI)大幅下降42%至8 590亿美元,比2009年全球金融危机后的低谷时期还低30%。

所趋。全球化与国际分工有利于发挥比较优势,有利于物质财富创造和福利水平提升。自20世纪90年代以来,经济全球化是促进世界经济增长的重要引擎,全球财富迅猛增长,民众物质福利大幅提升,这是经济全球化与国际分工不可阻挡的基本因素。第二,经济全球化是世界经济发展和科技进步的必然结果。当前,科技进步使全球各国在交通通信领域高度连接,地理距离和成本被极大地拉近,彼此关联更加密切。第三,全球价值链、供应链深入发展也是大势所趋。跨国公司在全球产业链、供应链、价值链中发挥主导作用,出于盈利目的,其必然希望经济全球化继续深化和发展。因此,无论逆全球化思潮如何抬头,无论此次新冠肺炎疫情如何推波助澜,全球化都不会停止,更不会终结。

当然,未来的经济全球化,将以新思维、新理念、新原则构建新的全球化秩序。在这一过程中,中国将发挥重要引领作用。中国具有的产业链优势、市场优势、制度优势,可以为推动共建开放合作、开放创新、开放共享的世界经济体系创造有利条件。这种开放性合作、创新、共享的世界经济体系,也将是新的全球化结构的基础。

(2)中国应对:以我为主,未雨绸缪

在未来,中国既要面对新一轮工业革命加快经济全球化进程的局面,又要面对美国全力阻止中国参与经济全球化进程的各种压力,有时还要面对来自多数发达经济体和部分发展中国家的共同压力。针对如此复杂的局面,中国需要未雨绸缪、尽早谋划,既要避免被排斥在新一轮全球化进程之外,又要保持开放发展的自主性和某种独特性。

第一,坚定恪守"人类命运共同体"理念,继续积极深度参与全球化。通过官方表态、学者交流和企业往来等多种途径,通过深化分工合作与贸易关联力证经济全球化不是零和博弈而是合作共赢;继续同包括美国在内的发达经济体和发展中国家共同探讨,协商通过加强国内治理和国际合作降低全球化负面影响的可能渠道。

第二,打牢基础,练好内功。在未来可预见的一个时期,经济全球化将遭遇较大阻力,美国等西方国家对中国高科技产业和工业现代化打压有增无减,在面临外部挤压和地缘政治波动的背景下,中国需要做好三个方面准备:一是注重前沿科技领域的投入,提升国家核心竞争力。国家应在营造良好的社会秩序、构建公平的竞争环境方面重点布局,为基础科学研究提供资金,引进人才,集中资源进行关键技术攻坚,争取摆脱"卡脖子"现象。同时,鼓励企业进行技术创新和市场化应用。这是中国参与下一轮经济全球化并立于不败之地的必要条件。二是重视改革。改革的重点是适应国内经济高质量发展的需要。未来的改革不应局限于管理制度变革,而应注重包括教育、医疗、养老、法治等整体营商环境的改善。三是注重产业调整。要充分用好中国经济体量大、区域发展不平衡的特点,有序引导企业在省际之间的产业转移,保持完整的产业链条,着力构建"以国内大循环为主体、国内国际双循环相互促进的新发展格局"。

第三,国际方面,在经济全球化问题上要与美、日等发达经济体既斗争又合作。对世界贸易组织改革应保持积极立场,尽快拿出改革方案。坚决抵制美国等发达经济体排斥中国出核心经济圈的企图;在气候变化、环境保护、数字货币、信息安全等问题上寻找与美欧日等国家的共同利益,协商制订可接受的共同的游戏规则;在有关中国"发展中国家"定位的问题上,则可适当体现灵活性,与各方共同确定标准。

第四,以推进"国际国内大循环发展格局"为契机,充分用好"一带一路"抓手,加强与新兴经济体和广大发展中国家的经济联系,努力扩大经济领域的朋友圈。在签署RCEP后,应争取印度参与,扩大发展过国家的共同利益;继续推动中日韩自由贸易区谈判,并就加入CPTTP开展谈判;继续落实"一带一路"与欧亚经济联盟对接的相关程序,在上合组织框架内加大沿线国家和地区之间经贸合作的力度;进一步探讨推动中欧投资协定(CAI)的落地实施,着力拓展外贸多元化布局,有效提升双边技术交流及贸易合作潜力;继续推动中非、中拉务实合作,构筑更加牢固、广阔的发展中经济体之间的合作机制。

(本章执笔:赵永辉博士)

附表一

中国海关税收收入情况一览（1980—2020）

年份	全国海关税收收入（亿元，不含船舶吨税收入）	关税收入（亿元）	进口环节税收收入（亿元）	船舶吨税收入（亿元）	中央一般公共预算收入（亿元）	海关税收占中央一般公共预算收入比重（％）
1980	34.80	33.53	1.27		284.45	12.23
1981	59.80	54.04	5.76		311.07	19.22
1982	54.70	47.46	7.24		346.84	15.77
1983	63.90	53.88	10.02		490.01	13.04
1984	126.00	103.07	22.93		665.47	18.93
1985	350.50	205.21	145.29		769.53	45.55
1986	246.70	151.62	95.08		778.42	31.69
1987	250.30	142.37	107.93		736.29	33.99
1988	262.80	155.02	107.78		774.76	33.92
1989	339.30	181.54	157.76		822.52	41.25
1990	282.70	159.01	123.69		992.42	28.49
1991	338.40	187.28	151.12		938.25	36.07
1992	381.00	212.75	168.25		979.51	38.90
1993	447.80	256.47	191.33		957.51	46.77
1994	622.40	272.68	349.72		2 906.50	21.41
1995	680.10	291.83	388.27		3 256.62	20.88
1996	793.10	301.84	491.26		3 661.07	21.66
1997	853.10	319.49	533.61		4 226.92	20.18
1998	879.00	313.04	565.96		4 892.00	17.97
1999	1 590.70	562.23	1 028.47		5 849.21	27.20
2000	2 242.00	750.48	1 491.52		6 989.17	32.08
2001	2 492.40	840.52	1 651.88	6.00	8 582.74	29.04
2002	2 590.70	704.27	1 886.43	8.45	10 388.64	24.94
2003	3 711.60	923.13	2 788.47	9.38	11 865.27	31.28
2004	4 744.20	1 043.77	3 700.43	11.54	14 503.10	32.71
2005	5 278.50	1 066.17	4 212.33	13.81	16 548.53	31.90
2006	6 104.40	1 141.78	4 962.62	15.74	20 456.62	29.84

续表

年份	全国海关税收收入（亿元，不含船舶吨税收入）	关税收入（亿元）	进口环节税收收入（亿元）	船舶吨税收入（亿元）	中央一般公共预算收入(亿元)	海关税收占中央一般公共预算收入比重（%）
2007	7 586.00	1 432.57	6 153.43	18.20	27 749.16	27.34
2008	9 161.10	1 769.95	7 391.15	20.11	32 680.56	28.03
2009	9 213.60	1 483.81	7 729.79	23.79	35 915.71	25.65
2010	12 518.30	2 027.83	10 490.47	26.63	42 488.47	29.46
2011	16 142.09	2 559.12	13 582.97	29.74	51 327.22	31.45
2012	17 579.10	2 783.93	14 795.17	40.95	56 175.23	31.29
2013	16 635.17	2 630.61	14 004.56	43.55	60 198.48	27.63
2014	17 268.71	2 843.41	14 425.30	45.23	64 493.45	26.78
2015	15 094.19	2 560.84	12 533.35	46.97	69 267.19	21.80
2016	15 384.00	2 603.75	12 781.00	48.02	72 365.62	21.26
2017	18 968.52	2 997.85	15 970.67	50.40	81 123.36	23.38
2018	19 726.75	2 847.78	16 878.97	49.78	85 456.46	23.08
2019	18 701.47	2 889.13	15 812.34	50.26	89 309.47	20.94
2020	17 099.75	2 564.25	14 535.50	53.72	82 770.72	20.66

注：船舶吨税收入于2001年开始纳入财政预算，此前的收入数据不详。

资料来源：2019年以前的数据来源于历年《中国统计年鉴》。2020年数据来源于财政部公布的《2020年中央一般公共预算收入决算表》。

附表二

中美贸易摩擦中的关税政策变化一览(2018—2020)

时 间	内 容	主要文件	备 注
2018-03-22	美国政府发布对华"301调查"报告,宣布"因知识产权侵权问题对中国商品征收500亿美元关税,并实施投资限制"。		美国首先挑起经贸摩擦
2018-03-23	美国对进口钢铁和铝分别征收25%和10%的关税,其法律依据是以国家安全为由的232调查。		
2018-04-01	中国国务院关税税则委员会发布通知,决定自2018年4月2日起,对原产于美国的部分进口商品中止关税减让义务。其中对原产于美国的水果及制品等120项进口商品中止关税减让义务并加征15%的关税,对原产于美国的猪肉及制品等8项进口商品中止关税减让义务,加征25%的关税。	税委会〔2018〕13号	针对美国对进口钢铁和铝产品加征关税而采取的反制措施
2018-04-04	美国政府发布加征关税的商品清单,将对我输美的1 333项500亿美元的商品加征25%的关税。		
2018-04-04	中国国务院关税税则委员会发布公告,决定对原产于美国的大豆、汽车、化工品等14类106项约500亿美元商品加征25%的关税。实施时间另行公告。	税委会公告〔2018〕1号	第一批加征关税清单公布
2018-06-15	美国政府发布了加征关税的商品清单,将对从中国进口的约500亿美元商品加征25%的关税,其中对约340亿美元商品自2018年7月6日起实施加征关税,同时就约160亿美元商品加征关税开始征求公众意见。		
2018-06-16	中国国务院关税税则委员会发布公告,决定对原产于美国的659项约500亿美元进口商品加征25%的关税,其中545项约340亿美元商品(清单一)自2018年7月6日起实施加征关税,对化工品、医疗设备、能源产品等114项商品(清单二),加征关税实施时间另行公告。	税委会公告〔2018〕5号	
2018-07-06	美国开始对第一批清单上价值340亿美元的中国商品(818项)加征25%的进口关税。同时,中国对美同等规模340亿美元的美国产品(545项)加征25%的进口关税。		第一批第一次商品加征关税正式实施
2018-07-11	美国政府公布进一步对华加征关税清单,拟对包括海产品、农产品、水果、日用品等项目约2 000亿美元中国产品加征10%的关税。并就该措施征求公众意见。		

续表

时间	内容	主要文件	备注
2018-08-02	8月2日,美方宣布拟对上述2 000亿美元商品加征的关税税率由10%提高到25%。		
2018-08-03	中国国务院关税税则委员会发布公告,决定对原产于美国的5 207个税目进口商品加征关税。该措施涉及自美进口贸易额约600亿美元。其中对附件1所列2 493个税目商品加征25%的关税,对附件2所列1 078个税目商品加征20%的关税,对附件3所列974个税目商品加征10%的关税,对附件4所列662个税目商品加征5%的关税。实施日期另行公布。	税委会公告〔2018〕6号	第二批加征关税清单公布
2018-08-08	中国国务院关税税则委员会发布公告,根据税委会公告〔2018〕5号,对美加征关税商品清单二的商品,以本公告附件为准(调整至333项商品),自2018年8月23日12时01分起实施加征关税。	税委会公告〔2018〕7号	
2018-08-23	美国开始对第一批清单上价值160亿美元的中国商品(279项)加征25%的进口关税。同时,中国对美同等规模160亿美元的美国产品(调整至333项)加征25%的进口关税。		第一批第二次商品加征关税正式实施
2018-09-18	美国宣布实施对从中国进口的约2 000亿美元商品加征关税措施,决定自2018年9月24日起加征关税税率10%,2019年1月1日起加征关税税率提高到25%。		
2018-09-18	中国国务院关税税则委员会发布公告,对税委会公告〔2018〕6号所附对美加征关税商品清单的商品,自2018年9月24日12时01分起加征关税,对其附件1所列2 493个税目商品、附件2所列1 078个税目商品加征10%的关税,对其附件3所列974个税目商品、附件4所列662个税目商品加征5%的关税。其他事项按照税委会公告〔2018〕6号执行。	税委会公告〔2018〕8号	
2018-09-24	美国实施对从中国进口的约2 000亿美元商品(5745项)加征10%关税的措施。同日,中国对原产于美国的约600亿美元商品(5 207个税目),加征10%或5%的关税。		第二批第一次加征关税措施正式实施
2018-12-14	美国宣布将针对中国2 000亿美元产品加征关税从10%提高至25%的时间由2019年1月1日改为2019年3月1日。		

续表

时　间	内　容	主要文件	备　注
2018-12-14	中国国务院关税税则委员会发布公告,决定对原产于美国的汽车及零部件暂停加征关税3个月,涉及211个税目。从2019年1月1日起至2019年3月31日,对附件1所列28个税目商品暂停征收《国务院关税税则委员会关于对原产于美国500亿美元进口商品加征关税的公告》(税委会公告〔2018〕5号)所加征25%的关税;对附件2所列116个税目商品暂停征收《国务院关税税则委员会关于对原产于美国约160亿美元进口商品加征关税的公告》(税委会公告〔2018〕7号)所加征25%的关税;对附件3所列67个税目商品暂停征收《国务院关税税则委员会关于对原产于美国约600亿美元进口商品实施加征关税的公告》(税委会公告〔2018〕8号)所加征5%的关税。	税委会公告〔2018〕10号	为落实中美两国元首阿根廷会晤共识,同意停止相互加征新的关税
2019-02-15	美方宣布推迟原定的2019年3月1日起对价值2 000亿美元中国输美商品提高关税的期限。		
2019-03-31	中国国务院关税税则委员会发布公告,决定对原产于美国的汽车及零部件从2019年4月1日起继续暂停加征关税。暂停加征关税措施截止时间另行通知。	税委会公告〔2019〕1号	
2019-05-09	美国政府宣布,自2019年5月10日起,对从中国进口的2 000亿美元清单商品加征的关税税率由10%提高到25%。		美国第二批加征关税税率提高
2019-05-10	美国实施对从中国进口的约2 000亿美元商品加征关税税率由10%提高至25%的措施。		
2019-05-13	中国国务院关税税则委员会发布公告,决定自2019年6月1日0时起,对原产于美国的部分进口商品提高加征关税税率。即:对附件1所列2493个税目商品,实施加征25%的关税;对附件2所列1078个税目商品,实施加征20%的关税;对附件3所列974个税目商品,实施加征10%的关税。对附件4所列595个税目商品,仍实施加征5%的关税。其他事项按照税委会公告〔2018〕6号执行。	税委会公告〔2019〕3号	
2019-05-13	中国国务院关税税则委员会发布公告,决定试行开展对美加征关税商品排除工作,根据我国利益相关方的申请,将部分符合条件的商品排除出对美加征关税范围,采取暂不加征关税、具备退还税款条件的退还已加征关税税款等排除措施。	税委会公告〔2019〕2号	加征关税商品排除

续表

时　间	内　容	主要文件	备　注
2019-06-01	中国对原产于美国的部分进口商品(5 140个税目)提高加征关税税率。提高后关税税率分别为25%、20%、10%、5%。		中国第二批加征关税税率提高
2019-08-15	美国政府宣布,对从中国进口的约3 000亿美元商品加征10%关税,分两批自2019年9月1日、12月15日起实施。		
2019-08-23	中国国务院关税税则委员会发布公告,决定对原产于美国的5 078个税目、约750亿美元进口商品加征关税。 其中,自2019年9月1日12时01分起,对附件1第一部分所列270个税目商品加征10%的关税,对附件1第二部分所列646个税目商品加征10%的关税,对附件1第三部分所列64个税目商品加征5%的关税,对附件1第四部分所列737个税目商品加征5%的关税,具体商品范围见附件1。 自2019年12月15日12时01分起,对附件2第一部分所列749个税目商品加征10%的关税,对附件2第二部分所列163个税目商品加征10%的关税,对附件2第三部分所列634个税目商品加征5%的关税,对附件2第四部分所列1815个税目商品加征5%的关税,具体商品范围见附件2。	税委会公告〔2019〕4号	第三批加征关税清单公布
2019-08-23	中国国务院关税税则委员会发布公告,决定自2019年12月15日12时01分起,对原产于美国的汽车及零部件恢复加征关税。加征关税税率分别为25%、5%。	税委会公告〔2019〕5号	
2019-09-01	美国对从中国进口的3 000亿美元产品中第一批加征15%关税措施正式实施。 同时,中国对从美国进口的约750亿美元产品中清单一商品加征10%、5%的关税。		第三批第一次加征关税措施正式实施
2019-09-11	中国国务院关税税则委员会发布公告,公布第一批对美加征关税商品第一次排除清单。	税委会公告〔2019〕6号	
2019-10	中美第十三轮高级别磋商达成实质性第一阶段协议。美国宣布,暂缓实施12月15日对从中国进口第三批商品加征关税措施。		

续表

时　　间	内　　容	主要文件	备　注
2019-12-15	中国国务院关税税则委员会发布公告,决定暂不实施对原产于美国的部分进口商品的加征关税措施。 即自2019年12月15日12时01分起,税委会公告〔2019〕4号附件2商品暂不实施加征10%和5%的关税措施。 同时,自2019年12月15日12时01分起,暂不实施税委会公告〔2019〕5号对原产于美国的汽车及零部件恢复加征25%和5%关税的措施。	税委会公告〔2019〕7号	第三批第二次加征关税措施暂不实施
2019-12-19	中国国务院关税税则委员会发布公告,公布第一批对美加征关税商品第二次排除清单。	税委会公告〔2019〕8号	
2020-01-15	中美第一阶段经贸协议文本签署。		
2020-01-16	美方发布公告,自2020年2月14日起,已于2019年9月1日起加征15%关税的商品,加征关税税率由15%调整为7.5%,下调比例1/2。		
2020-02-01	中国国务院关税税则委员会发布公告,为积极支持新型冠状病毒感染的肺炎疫情防控工作,对按照防控新型冠状病毒感染的肺炎疫情进口物资免税政策进口且原产于美国的物资,不实施对美加征关税措施,即恢复我对美232措施所中止的关税减让义务、不加征我为反制美301措施所加征的关税;已加征税款予以退还。上述不实施加征关税措施与免税政策实施时间保持一致。	税委会〔2020〕6号	
2020-02-06	中国国务院关税税则委员会发布公告决定,自2020年2月14日13时01分起,调整税委会公告〔2019〕4号规定的加征税率。即加征税率,由原10%调整为5%;原5%调整为2.5%。	税委会公告〔2020〕1号	
2020-02-14	美国对从中国进口的第三批商品加征关税税率由15%调整为7.5%。 同时,中国对从美国进口的第三批商品加征关税税率分别由10%和5%调整为5%和2.5%。		第三批加征关税税率下调1/2
2020-02-17	中国国务院关税税则委员会发布公告,决定开展对美加征关税商品市场化采购排除工作,根据相关中国境内企业的申请,对符合条件、按市场化和商业化原则自美采购的进口商品,在一定期限内不再加征我国对美国301措施反制关税。	税委会公告〔2020〕2号	加征关税商品市场化采购排除

续表

时　　间	内　　容	主要文件	备　　注
2020-02-21	中国国务院关税税则委员会发布公告,公布对第二批对美加征关税商品第一次排除清单。	税委会公告〔2020〕3号	
2020-05-12	中国国务院关税税则委员会发布公告,公布第二批对美加征关税商品第二次排除清单。	税委会公告〔2020〕4号	
2020-09-14	中国国务院关税税则委员会发布公告,决定第一批对美加征关税商品第一次排除清单期限延长1年。	税委会公告〔2020〕8号	
2020-12-25	中国国务院关税税则委员会发布公告,决定第一批对美加征关税商品第二次排除清单期限延长1年。	税委会公告〔2020〕10号	

资料来源:根据财政部关税司网页 http://gss.mof.gov.cn/gzdt/zhengcefabu/相关资料整理。

附表三

中国原产地规则主要法律文件一览（截至 2020 年 12 月）

序号	原产地规则	主要法规、规章、文件	国际协定	备注
1	原产地条例	《中华人民共和国进出口货物原产地条例》（国务院令 2004 年第 416 号公布）		非优惠原产地规则
2	非优惠原产地规则实质性改变标准	《关于非优惠原产地规则中实质性改变标准的规定》（海关总署令第 122 号公布，第 238 号修改）		
3	优惠原产地管理规定	《中华人民共和国海关进出口货物优惠原产地管理规定》（海关总署令第 181 号公布）		优惠原产地规则
4	亚太贸易协定原产地规则	《中华人民共和国海关〈亚太贸易协定〉项下进出口货物原产地管理办法》（海关总署令第 177 号公布，第 198 号修改）	《亚洲及太平洋经济和社会理事会发展中国家成员国关于贸易谈判的第一协定》	优惠原产地规则
5	中国-东盟自由贸易区原产地规则	《中华人民共和国海关〈中华人民共和国与东南亚国家联盟全面经济合作框架协议〉项下进出口货物原产地管理办法》（海关总署令第 199 号公布）	《中华人民共和国与东南亚国家联盟全面经济合作框架协议》	优惠原产地规则
6	内地与香港 CEPA 原产地规则	《中华人民共和国海关关于执行〈内地与香港关于建立更紧密经贸关系的安排〉项下〈关于货物贸易的原产地规则〉的规定》（海关总署令第 106 号公布，第 141 号、第 198 号、第 206 号修改）	《内地与香港关于建立更紧密经贸关系的安排》	优惠原产地规则
7	内地与澳门 CEPA 原产地规则	《中华人民共和国海关关于执行〈内地与澳门关于建立更紧密经贸关系的安排〉项下〈关于货物贸易的原产地规则〉的规定》（海关总署令第 107 号公布，第 142 号、第 198 号、第 207 号修改）	《内地与澳门关于建立更紧密经贸关系的安排》	优惠原产地规则
8	中国-巴基斯坦自由贸易协定原产地规则	《中华人民共和国海关〈中华人民共和国政府与巴基斯坦伊斯兰共和国政府自由贸易协定〉项下进口货物原产地管理办法》（海关总署令第 162 号公布，第 198 号修改）	《中华人民共和国政府与巴基斯坦伊斯兰共和国政府自由贸易协定》	优惠原产地规则
9	中国-智利自由贸易协定原产地规则	《中华人民共和国海关〈中华人民共和国与智利共和国政府自由贸易协定〉项下进口货物原产地管理办法》（海关总署令第 151 号公布，第 198 号修改，第 224 号修改）	《中华人民共和国与智利共和国政府自由贸易协定》	优惠原产地规则

续表

序号	原产地规则	主要法规、规章、文件	国际协定	备注
10	中国-新西兰自由贸易协定原产地规则	《中华人民共和国海关〈中华人民共和国政府和新西兰政府自由贸易协定〉项下进出口货物原产地管理办法》(海关总署令第175号公布,第198号修改)	《中华人民共和国政府和新西兰政府自由贸易协定》	优惠原产地规则
11	中国-新加坡自由贸易协定原产地规则	《中华人民共和国海关〈中华人民共和国政府和新加坡共和国政府自由贸易协定〉项下进出口货物原产地管理办法》(海关总署令第178号公布,第203号修改)	《中华人民共和国政府和新加坡共和国政府自由贸易协定》	优惠原产地规则
13	中国-秘鲁自由贸易协定原产地规则	《中华人民共和国海关〈中华人民共和国与秘鲁共和国政府自由贸易协定〉项下进口货物原产地管理办法》(海关总署令第186号公布)	《中华人民共和国政府和秘鲁共和国政府自由贸易协定》	优惠原产地规则
14	大陆与台湾ECFA原产地规则	《中华人民共和国海关〈海峡两岸经济合作框架协议〉项下进出口货物原产地管理办法》(海关总署令第200号公布)	《海峡两岸经济合作框架协议》	优惠原产地规则
15	台湾地区农产品零关税原产地规则	《海关总署关于对原产于台湾地区15种进口鲜水果实施零关税有关事宜的公告》(海关总署公告2005年第37号)《海关总署关于对原产于台湾地区的19种进口农产品免征关税有关事宜的公告》(海关总署公告2007年第6号)。		优惠原产地规则
16	中国-哥斯达黎加自由贸易协定原产地规则	《中华人民共和国海关〈中华人民共和国政府和哥斯达黎加共和国政府自由贸易协定〉项下进出口货物原产地管理办法》(海关总署令第202号公布)	《中华人民共和国政府和哥斯达黎加共和国政府自由贸易协定》	优惠原产地规则
17	中国-冰岛自由贸易协定原产地规则	《中华人民共和国海关〈中华人民共和国政府和冰岛政府自由贸易协定〉项下进出口货物原产地管理办法》(海关总署令第222号公布)	《中华人民共和国政府和冰岛政府自由贸易协定》	优惠原产地规则
18	中国-瑞士自由贸易协定原产地规则	《中华人民共和国海关〈中华人民共和国和瑞士联邦自由贸易协定〉项下进出口货物原产地管理办法》(海关总署令第223号公布)	《中华人民共和国和瑞士联邦自由贸易协定》	优惠原产地规则

续表

序号	原产地规则	主要法规、规章、文件	国际协定	备注
19	中国-澳大利亚自由贸易协定原产地规则	《中华人民共和国海关〈中华人民共和国政府和澳大利亚政府自由贸易协定〉项下进出口货物原产地管理办法》（海关总署令第228号公布）	《中华人民共和国政府和澳大利亚政府自由贸易协定》	优惠原产地规则
20	中国-韩国自由贸易协定原产地规则	《中华人民共和国海关〈中华人民共和国政府和大韩民国政府自由贸易协定〉项下进出口货物原产地管理办法》（海关总署令第229号公布）。	《中华人民共和国政府和大韩民国政府自由贸易协定》	优惠原产地规则
21	最不发达国家特惠关税待遇原产地规则	《中华人民共和国海关关于最不发达国家特别优惠关税待遇进口货物原产地管理办法》（海关总署令第231号公布）		优惠原产地规则
22	中国-格鲁吉亚自由贸易协定原产地规则	《中华人民共和国海关〈中华人民共和国政府和格鲁吉亚政府自由贸易协定〉项下进出口货物原产地管理办法》（海关总署公告2017年第61号）	《中华人民共和国政府和格鲁吉亚政府自由贸易协定》	优惠原产地规则
23	亚洲-太平洋贸易协定原产地规则	《亚洲-太平洋贸易协定》原产地规则（海关总署公告2018年第69号）	《〈亚洲-太平洋贸易协定〉第二修正案》	优惠原产地规则
24	内地与澳门CEPA货物贸易协议原产地规则	《中华人民共和国海关〈〈内地与澳门关于建立更紧密经贸关系的安排〉货物贸易协议〉项下进出口货物原产地管理办法》（海关总署公告2018年第213号）	《〈内地与澳门关于建立更紧密经贸关系的安排〉货物贸易协议》	优惠原产地规则
25	内地与香港CEPA货物贸易协议原产地规则	《中华人民共和国海关〈〈内地与香港关于建立更紧密经贸关系的安排〉货物贸易协议〉项下进出口货物原产地管理办法》（海关总署公告2018年第214号）	《〈内地与香港关于建立更紧密经贸关系的安排〉货物贸易协议》	优惠原产地规则
26	中国-智利自由贸易协定原产地规则	《中华人民共和国海关〈中华人民共和国政府和智利共和国政府自由贸易协定〉项下进出口货物原产地管理办法》（海关总署公告2019年第39号）	《中华人民共和国政府和智利共和国政府自由贸易协定》	优惠原产地规则
27	中国-东盟自由贸易区经修订的原产地规则	《中华人民共和国海关〈中华人民共和国与东南亚国家联盟全面经济合作框架协议〉项下经修订的进出口货物原产地管理办法》（海关总署公告2019年第136号）	《中华人民共和国与东南亚国家联盟关于修订〈中国-东盟全面经济合作框架协议〉及项下部分协议的议定书》	优惠原产地规则

续表

序号	原产地规则	主要法规、规章、文件	国际协定	备注
28	中国-新加坡自由贸易协定经修订的原产地规则	《中华人民共和国海关〈中华人民共和国政府和新加坡共和国政府自由贸易协定〉项下经修订的进出口货物原产地管理办法》（海关总署公告 2019 年第 205 号）	《中华人民共和国政府和新加坡共和国政府关于升级〈中华人民共和国政府和新加坡共和国政府自由贸易协定〉的议定书》	优惠原产地规则
29	中国-毛里求斯自由贸易协定原产地规则	《中华人民共和国海关〈中华人民共和国政府和毛里求斯共和国政府自由贸易协定〉项下进出口货物原产地管理办法》（海关总署公告 2020 年第 128 号）	《中华人民共和国政府和毛里求斯共和国政府自由贸易协定》	优惠原产地规则

资料来源：根据海关总署网站 http://www.customs.gov.cn/ 相关资料整理。

附表四

中国已经签订的自由贸易协定情况一览(截至 2020 年 12 月)

序号	自由贸易协定(FTA)名称	说明
1	中国-东盟 FTA	2002 年 11 月 4 日,《中国与东盟全面经济合作框架协议》签署,自由贸易区建设正式启动。这是中国对外商谈的第一个自由贸易区,也是东盟作为整体对外商谈的第一个自由贸易区。2010 年 1 月 1 日,中国-东盟自由贸易区全面建成,共有 11 个成员国。
	中国-东盟 FTA 升级	2015 年 11 月 22 日,《中华人民共和国与东南亚国家联盟关于修订〈中国-东盟全面经济合作框架协议〉及项下部分协议的议定书》签署。这是我国对外签署的第一个自由贸易区升级协定。
2	内地与香港更紧密经贸关系安排(CEPA)	《内地与香港关于建立更紧密经贸关系的安排》及其 6 个附件分别于 2003 年 6 月 29 日、9 月 29 日在香港签署,于 2004 年 1 月 1 日开始实施。
	内地与香港更紧密经贸关系安排(CEPA)升级	2018 年 12 月 14 日,《〈内地与香港关于建立更紧密经贸关系的安排〉货物贸易协议》签署,于 2019 年 1 月 1 日起实施。CEPA 升级目标完成。
3	内地与澳门更紧密经贸关系安排(CEPA)	《内地与澳门关于建立更紧密经贸关系的安排》及其 6 个附件于 2003 年 10 月 17 日在澳门签署,于 2004 年 1 月 1 日开始实施。
	内地与澳门更紧密经贸关系安排(CEPA)升级	2018 年 12 月 12 日,《〈内地与澳门关于建立更紧密经贸关系的安排〉货物贸易协议》签署,于 2019 年 1 月 1 日起实施。CEPA 升级目标完成。
4	中国-智利 FTA	2005 年 11 月 18 日,《中华人民共和国政府和智利共和国政府自由贸易协定》签署,于 2006 年 10 月 1 日开始实施。这是中国与拉美国家签订的第一个自由贸易协定。
	中国-智利 FTA 升级	2017 年 1 月 11 日,《中华人民共和国政府与智利共和国政府关于修订〈自由贸易协定〉及〈自由贸易协定关于服务贸易的补充协定〉的议定书》签署,于 2019 年 3 月 1 日正式生效实施。这是我国与拉美国家签署的第一个自由贸易区升级协定。
5	中国-巴基斯坦 FTA	2006 年 11 月 24 日,《中华人民共和国政府和巴基斯坦伊斯兰共和国政府自由贸易协定》签署,于 2007 年 7 月 1 日开始实施。
	中国-巴基斯坦 FTA 第二阶段	2019 年 4 月 28 日,《中华人民共和国政府和巴基斯坦伊斯兰共和国政府关于修订〈自由贸易协定〉的议定书》签署,于 2019 年 12 月 1 日正式生效。
6	中国-新西兰 FTA	2008 年 4 月 7 日,《中华人民共和国政府与新西兰政府自由贸易协定》签署,于 2008 年 10 月 1 日开始生效。这是我国与发达国家签订的第一个自由贸易协定。
	中国-新西兰 FTA 升级	2021 年 1 月 26 日,《中华人民共和国政府与新西兰政府关于升级〈中华人民共和国政府与新西兰政府自由贸易协定〉的议定书》签署。

续表

序号	自由贸易协定（FTA）名称	说 明
7	中国-新加坡 FTA	2008 年 10 月 23 日，《中华人民共和国政府和新加坡共和国政府自由贸易协定》签署，于 2009 年 1 月 1 日开始生效。这是我国与东盟国家签订的第一个自由贸易协定。
	中国-新加坡 FTA 升级	2018 年 11 月 12 日，《中华人民共和国政府与新加坡共和国政府关于升级〈自由贸易协定〉的议定书》签署，于 2019 年 10 月 16 日生效。
8	中国-秘鲁 FTA	2009 年 4 月 28 日，《中华人民共和国政府和秘鲁共和国政府自由贸易协定》签署，于 2010 年 3 月 1 日起实施。 这是我国与拉美国家签署的第一个涵盖货物、服务、投资、知识产权、贸易救济等领域的一揽子自由贸易协定。
9	中国-哥斯达黎加 FTA	2010 年 4 月 8 日，《中华人民共和国政府和哥斯达黎加共和国政府自由贸易协定》签署，于 2011 年 8 月 1 日起正式生效。这是我国与中美洲国家签署的第一个一揽子自由贸易协定。
10	中国大陆与台湾地区的海峡两岸经济合作框架协议（ECFA）	2010 年 6 月 29 日，《海峡两岸经济合作框架协议》签署，于 2011 年 1 月 1 日生效。
11	中国-冰岛 FTA	2013 年 4 月 15 日，《中华人民共和国政府和冰岛政府自由贸易协定》签署，于 2014 年 7 月 1 日正式生效。这是我国与欧洲国家签署的第一个自由贸易协定，涵盖货物贸易、服务贸易、投资等诸多领域。
12	中国-瑞士 FTA	2013 年 7 月 6 日，《中华人民共和国和瑞士联邦自由贸易协定》签署，于 2014 年 7 月 1 日正式生效。这是我国与欧洲大陆国家签署的首个自由贸易协定。
13	中国-韩国 FTA	2015 年 6 月 1 日，《中华人民共和国政府和大韩民国政府自由贸易协定》签署，于 2015 年 12 月 20 日正式生效。
14	中国-澳大利亚 FTA	2015 年 6 月 17 日，《中华人民共和国政府和澳大利亚政府自由贸易协定》签署，于 2015 年 12 月 20 日正式生效。
15	中国-马尔代夫 FTA	2017 年 12 月 7 日，《中华人民共和国政府和马尔代夫共和国政府自由贸易协定》签署。这是马尔代夫对外签署的首个双边自由贸易协定。该协定至今尚未正式生效。
16	中国-格鲁吉亚 FTA	2017 年 5 月 13 日，《中华人民共和国政府和格鲁吉亚政府自由贸易协定》签署，于 2018 年 1 月 1 日正式生效。这是"一带一路"倡议发起后中国与相关国家启动谈判并达成的第一个自由贸易协定，也是中国与欧亚地区国家商签的第一个自由贸易协定。
17	中国-毛里求斯 FTA	2019 年 10 月 17 日，《中华人民共和国政府和毛里求斯共和国政府自由贸易协定》签署，于 2021 年 1 月 1 日正式生效。这是我国与非洲国家的第一个自由贸易协定。
18	中国-柬埔寨 FTA	2020 年 10 月 12 日，《中华人民共和国政府和柬埔寨王国政府自由贸易协定》签署。

续表

序号	自由贸易协定（FTA）名称	说　明
19	区域全面经济伙伴关系协定（RCEP）	2020年11月15日，《区域全面经济伙伴关系协定》（RCEP）签署。这是当前世界上涵盖人口最多、成员构成最多元、经贸规模最大、发展最具活力的自由贸易区，共有15个成员国。
20	亚太贸易协定*	《亚太贸易协定》前身为签订于1975年的《曼谷协定》，这是在联合国亚太经济社会委员会主持下，为促进南南合作，在发展中国家之间达成的一项优惠贸易安排。2005年11月2日，《亚洲及太平洋经济和社会委员会发展中成员国关于贸易谈判的第一协定修正案》签署，《曼谷协定》更名为《亚太贸易协定》。2017年1月13日，《〈亚洲-太平洋贸易协定〉第二修正案》签署，并于2018年7月1日正式实施。 2001年5月23日，中国正式成为《曼谷协定》成员，这是中国参加的第一个区域性多边贸易组织。 截至2020年底，共有中国、孟加拉国、印度、老挝、韩国、斯里兰卡和蒙古国7个成员。

注：* 严格意义上说，《亚太贸易协定》是一项多边优惠贸易安排，而非自由贸易协定。

资料来源：根据中国自由贸易区服务网 http://fta.mofcom.gov.cn/ 相关资料整理。

附表五

中国正在谈判的自由贸易协定情况一览（截至 2020 年 12 月）

序号	自由贸易协定(FTA)名称	主要概况
1	中国-海合会	2005 年 4 月 23—24 日，中国-海湾合作委员会（海合会）自由贸易区首轮谈判在沙特阿拉伯首都利雅得举行。至 2020 年 12 月，中国-海合会自由贸易区谈判进行了 9 轮。
2	中国-挪威	2008 年 9 月 18 日，中国-挪威自由贸易区启动仪式暨第一轮谈判在挪威奥斯陆举行。至 2020 年 12 月，中挪自由贸易区谈判进行了 16 轮。
3	中日韩	2012 年 11 月 20 日，中日韩自由贸易区谈判宣布启动。2013 年 3 月 26—28 日，中日韩自由贸易区第一轮谈判在韩国首尔举行。至 2020 年 12 月，中日韩自由贸易区谈判进行了 16 轮。
4	中国-斯里兰卡	2014 年 9 月 16 日，中国-斯里兰卡自由贸易区谈判宣布正式启动。2014 年 9 月 17—19 日，首轮谈判在斯里兰卡首都科伦坡举行。至 2020 年 12 月，中国-斯里兰卡自由贸易区谈判进行了 5 轮。
5	中国-以色列	2016 年 3 月，中国-以色列自由贸易区谈判宣布启动。至 2020 年 12 月，中国-以色列自由贸易区谈判进行了 8 轮。
6	中国-摩尔多瓦	2017 年 12 月 28 日，中国-摩尔多瓦自由贸易协定谈判正式启动。2018 年 3 月 5—6 日，首轮谈判在摩尔多瓦首都基希讷乌举行。至 2020 年 12 月，中国-摩尔多瓦自由贸易协定谈判进行了 4 轮。
7	中国-巴拿马	2018 年 6 月 12 日，中国-巴拿马自由贸易协定谈判宣布正式启动。2018 年 7 月 9—13 日，第一轮谈判在巴拿马首都巴拿马城举行。至 2020 年 12 月，中国-巴拿马自由贸易协定谈判进行了 5 轮。
8	中国-巴勒斯坦	2018 年 10 月 23 日，中国-巴勒斯坦自由贸易协定谈判宣布正式启动。2019 年 1 月 30 日，首轮谈判在拉马拉举行。
9	中国-韩国 FTA 第二阶段	2017 年 12 月 14 日，中国-韩国自由贸易协定第二阶段谈判正式启动。至 2020 年 12 月，中韩自由贸易协定第二阶段谈判进行了 8 轮。
10	中国-秘鲁 FTA 升级	2019 年 4 月 1—4 日，中国-秘鲁自由贸易协定升级第一轮谈判在北京举行。至 2020 年 12 月，中秘自由贸易协定升级谈判进行了 3 轮。

资料来源：根据中国自由贸易区服务网 http://fta.mofcom.gov.cn/相关资料整理。